国家新农合跨省就医结算与监管信息系统设计与实施

中国医学科学院医学信息研究所　编著

李亚子　主编

人民卫生出版社
·北京·

版权所有，侵权必究！

图书在版编目（CIP）数据

国家新农合跨省就医结算与监管信息系统设计与实施 / 中国医学科学院医学信息研究所编著. —北京：人民卫生出版社，2024.11

ISBN 978-7-117-35833-0

Ⅰ. ①国… Ⅱ. ①中… Ⅲ. ①医疗保险 — 异地结算 — 政策选择 Ⅳ. ① F842.6

中国国家版本馆 CIP 数据核字（2024）第 020490 号

人卫智网	www.ipmph.com	医学教育、学术、考试、健康，购书智慧智能综合服务平台
人卫官网	www.pmph.com	人卫官方资讯发布平台

国家新农合跨省就医结算与监管
信息系统设计与实施
Guojia Xinnonghe Kuasheng Jiuyi Jiesuan yu Jianguan
Xinxi Xitong Sheji yu Shishi

编　　著：中国医学科学院医学信息研究所
出版发行：人民卫生出版社（中继线 010-59780011）
地　　址：北京市朝阳区潘家园南里 19 号
邮　　编：100021
E - mail：pmph @ pmph.com
购书热线：010-59787592　010-59787584　010-65264830
印　　刷：北京盛通数码印刷有限公司
经　　销：新华书店
开　　本：787×1092　1/16　　印张：13
字　　数：300 千字
版　　次：2024 年 11 月第 1 版
印　　次：2024 年 12 月第 1 次印刷
标准书号：ISBN 978-7-117-35833-0
定　　价：98.00 元

打击盗版举报电话：010-59787491　E-mail：WQ @ pmph.com
质量问题联系电话：010-59787234　E-mail：zhiliang @ pmph.com
数字融合服务电话：4001118166　E-mail：zengzhi @ pmph.com

《国家新农合跨省就医结算与监管信息系统设计与实施》

编 写 组

主　　编　李亚子

编写组成员（以姓氏笔画为序）

　　　　叶　媛　刘　阳（大）　刘　阳（小）　孙异凡　苏　曼　李亚子

　　　　杨晨柳　张小娟　张芳源　张钟元　陆春吉　郑见立　姜骁桐

　　　　贾　菲　钱　庆　郭珉江　曹艳林　曹晓琳　章　迟　彭　博

前　言

　　时光悠悠、岁月匆匆,国家新型农村合作医疗制度(简称"新农合制度")自 2003 年试点开始,走过了 20 年,与城镇职工基本医疗保险、城镇居民基本医疗保险共同构建了 13.5 亿中国人的医疗保障(简称"医保")网。中华人民共和国成立以来,作为农业人口众多的大国,合作医疗制度为我国农村卫生事业发展探索出了一条具有中国特色的道路,几经经济体制的变革,合作医疗逐步由松散的合作共济形式发展为具有社会保障性质的全民医疗保险,确定了新型农村合作医疗制度。2018 年,随着国家医疗保障局的成立,新农合制度归并为城乡居民医疗保险制度。虽然基本医疗保险制度在不断变革和优化,但其降低疾病风险、减轻疾病负担、保障人民健康的初心和使命不变。

　　伴随着新农合制度的快速发展,参合、报销等经办业务催生了利用信息化技术提高科学管理水平的需求,各地纷纷开展信息系统建设,实现新农合参保人员身份识别、医疗保障基金管控等服务。为加强国家层面对新农合制度的总体指导,2011 年 3 月,卫生部委托中国医学科学院医学信息研究所(以下简称"医科院信息所")承建国家新农合信息平台,利用该平台联通各省新农合信息平台、大型医院信息系统、区域卫生信息平台和国家级相关信息系统,以实现新农合制度的费用核查、综合监管、决策支持、跨省就医管理以及相关政策新闻的展示。截至 2015 年底,全国已实现省级新农合信息平台的全面联通,95% 以上的区县建立起了新农合业务信息系统。

　　医科院信息所承担国家新农合异地就医结算管理工作的渊源,可以追溯到 2009 年。2009 年 9 月,医科院信息被纳入国家新农合信息平台建设的候选单位之一,以解决全国新农合数据分散、各区县之间网络不通,跨统筹地区就医和费用核查困难,无法利用数据进行新农合制度调整的依据等瓶颈问题。医科院信息所组织卫生政策、信息化等多领域专家组建专班,赴江苏、安徽、河南等地调研现状、梳理需求,提出技术方案和实施路径,并制定了跨省联通数据交换标准规范;至 2013 年底,实现卫生部门主管新农合制度 18 个省份的全部联通,并开通跨省就医费用核查服务,减少新农合基金的"跑冒滴漏"问题。2014 年开始,针对跨省务工流动人员多、随子女迁移老人日益增多等现状,跨省就医直接结算的需求越发强烈,国家卫生计生委规划跨省就医结算工作,医科院信息所依托国家新农合信息平台的基础,开发了原型系统;2015 年选择了内蒙古自治区和北京大学人民医院作为试点统筹地区、医院验证技术路径和资金流转方式等功能。2016年5月,国家卫生计生委委托医科院信息所在前期建设国家新农合信息平台的经验基础上,开发国家新农合跨省就医结算与监管信息系统;2017年,医科院信息所组建了健康与医疗保障研究中心,承担新农合跨省就医结算的经办管理工作,并实施信息系统的开发;2017年5月,中央编办批复医科院信息所加挂"国家卫生计生委新型农村合作医疗异地就医结算管理中心",发挥其在全国异地就医结算工作中的管理、业务指导和结算服务等职能作用;2017年6月,国家卫生计生委副主任马晓伟赴医科院信息所进行挂牌,全面了解国家卫生计生委基层卫生司、医科院信息所新农合跨省就医结算政策、经办力量、系统运行以及资金周转方式等。2017年9月实现31个省(自治区、直辖市)、2 000余家医疗机构的全面覆盖,系统支持转诊、住院登记、预结算、结算、清算、资金划拨等多功能。同时引入相关保险部门建立跨省就医结算周转金,确保医疗机构垫付资金在一个月以内通过周转金回款,在1个月以内患者所在统筹地区将新农合报销基金汇款至周转金账户。2018年5月至2021年底,国家医疗保障局新建了国家医疗保障信息平台,为完成过渡时期参合患者跨省就医权益不受影响,医科院信息所继续运行,并做好了医疗机构垫付资金、周转金、各新农合统筹地区跨省就医基金的清算,并将转诊患者信息平移至新的国家医疗保障信息平台备案登记数据库中,确保信息系统平稳有序交接。

新的国家医疗保障信息平台包括了内部统一门户系统、医疗保障业务管理系统、异地就医管理系统等在内的14个子系统,并利用数据中台实现多个系统数据和业务的接续,15项信息标准同步进行落地实施,面向智慧医保经办管理,跨出重要一步。回首我国医疗保障制度的发展,2018年之前医疗保障信息化方面的主要标准为《社会保险管理信息系统指标体系》和《新型农村合作医疗信息系统基本规范(2008年修订版)》等,为了更好地使大家了解医疗保障信息系统发展脉络和趋势,我们编制了《国家新农合跨省就医结算与监管信息系统设计与实施》,以新型农村合作医疗信息化标准为主,兼顾社会保险信息系统标准,制订了数据交换技术方案等内容,本书从医疗保障信息系统基础理论、系统建设背景、系统架构设计、应用系统设计、应用支撑平台设计、网络系统设计、数据处理和存储系统设计、系统安全建设、标准规范建设、系统运维与数据分析等方面,全面阐述了系统研究设计和实施的过程。在建设过程中,原国家卫生计生委基层卫生司全程参与指导信息系统的建设,组织制订了《全国新型农村合作医疗异地就医结报实施方案》,构建了全国参保群众跨省就医的制度框架,针对转诊、住院登记、出院预结算和结算、清算等制定了《新型农村合作医疗跨省就医联网结报转诊流程与信息交换操作规范(试行)》《城乡居民基本医疗保险(新型农村合作医疗)跨省就医联网结报指定医疗机构操作规范》等政策和业务流程规范,并通过《城乡居民基本医疗保险(新型农村合作医疗)跨省就医联网结报数据交换技术方案(试行)》落地实施。为了解决医院和各省、各统筹地区之间垫付和回款划拨基金工作量大、手续烦琐、耗时长等问题,引入相关保险部门建立了跨省就医结算周转金,医院在1个月内通过周转金收到已经垫付的新农合就医报销基金,再由周转金与各省进行清算,减轻了回款的环节。在信息系统推广和运维的过程中得到了吉林、辽宁、内蒙古、安徽、贵州、四川、陕西、海南、甘肃等省份新农合中心和各省卫生健康部门相关人员的帮助,先后组织了70余场培训会议,极大地调动了各方积极性,加快推进各项工作的开展。

　　国家新农合跨省就医结算与监管信息系统建设大致可以分为基础建设、深化应用和总结三个阶段。2009—2015 年为构建全国新农合跨省交换数据枢纽基础建设阶段,制订了跨省跨系统的数据交换技术方案、开发了具备数据采集、整合等功能的信息系统,搭建了连接各省新农合信息平台、基于 VPN 的数据交换网络,并实现了初步的跨省就医费用核查功能;2016—2019 年为深化应用阶段,开发了具备转诊、结算、清算、智能监控等功能的信息系统,并推广应用转诊、异地医院窗口结算报销等功能;2020—2021 年为总结阶段,对跨省和医院之间基金进行了清算,结束了新农合跨省就医结算工作,相关功能和服务转移接续至新的国家医疗保障信息平台。

　　全书最后附录了相关政策文件,帮助读者了解系统建设逻辑思路背后的政策依据。期望能够为广大医保管理人员、卫生信息化人员、医务人员、相关学者以及感兴趣的各界人士提供医保信息系统建设、医保数据治理等方面的参考。

　　因篇幅有限和编者自身能力及认识的局限性,难免存在遗漏和不足,诚挚希望各界读者批评指正,提出宝贵的意见和建议。

本书编写组
2023 年 8 月

目 录

第一章

医疗保障信息系统基础理论

基础理论是由相关概念、原理和范畴组成的学科逻辑体系,在一门学科发展中起基础性作用,并具有一定的根本性、稳定性和普适性。医疗保障信息系统是基于医疗保障和信息系统相关学科理论,结合多方面的应用需求和技术要求搭建起来的支撑软件;因此,在搭建医疗保障信息系统之前,需要对医疗保障和信息系统的相关基础理论进行梳理和总结。

本章对医疗保障制度相关概念的起源与发展进行了阐述,并梳理了我国医疗保障制度特有的发展历程。同时,针对医疗保障信息系统的概念和发展阶段进行了描述,并在此基础上,重点对医疗保障信息系统的需求分析,设计规划,可行性分析,标准与规范建设,网络设计,系统的实现、测试与维护等理论进行了梳理。

第一节　医疗保障制度相关概念

一、医疗保障相关概念

"小康"和"大同"社会一直是中华民族孜孜以求的美好希冀,在实现这一美好愿景的道路上,社会保障无论是在思想层面还是在实践层面都发挥着至关重要的作用,甚至被视为国家政府职能的重要组成部分。自商周朝代以来,我国历史上就有着十分丰富的社会保障思想与实践活动,但此时并无社会保障的系统性概念,比如:商朝王室推行的巫术救荒、养恤赎子等措施;西周时期提出的"一曰慈幼,二曰养老,三曰赈穷,四曰恤贫,五曰宽疾,六曰安富"的社会救济政策;孔子亦提出"使老有所终,壮有所用,幼有所长,矜寡孤独废疾者,皆有所养";等等。此后,历代统治者均将救荒、济困、养老、恤孤、优抚、施医等措施作为政府的重要职能。纵观国际,社会保障作为理论概念最早出现于1935年美国颁行的《社会保障法》中的"social security"一词,社会保障实践最早源于19世纪末的欧洲工业社会,1938年"社会保障"一词出现于新西兰的一项法案中,1941年《大西洋宪法》使用了该词汇,1944年,第26

届国际劳工大会发表了《费城宣言》,国际组织开始正式使用社会保障的概念。1986年,《中华人民共和国国民经济和社会发展第七个五年计划》中首次提出"要有步骤地建立起具有中国特色的社会主义的社会保障制度雏形","社会保障"一词在我国开始广泛使用。社会保障概念经过180多年的发展,现已推行到世界160多个国家和地区,成为各国政府治国安邦的一项基本制度。

"现代社会保障"是指国家面向全体国民、依法实施的具有经济福利性、社会化的各项国民生活保障系统的统称,主要包括社会保险、社会救助、社会福利、社会优抚和非法定的各种补充保障措施,是通过对社会财富分配的国家干预,以维护社会公平、增进人民福祉和实现国民共享发展成果的基本制度保障。其中,社会保险作为社会保障的核心,主要包括养老保险、失业保险、医疗保险、工伤保险和生育保险等项目,是国家通过立法形式确定并强制实施的一种保险形式,对全体劳动者在因年老、失业、患病、工伤、生育而减少劳动收入时给予经济补偿,使他们能够享有基本生活保障的一项社会保障制度。在社会保险中,医疗保险作为其重要的组成部分,是由国家立法、通过强制性社会保险原则和方法筹集医疗保险基金,当参保人生病或受到伤害时,由国家或社会提供医疗服务和经济补偿的一种社会保险制度,有利于减轻患者及其家庭因疾病所导致的经济负担。

医疗保障制度是社会保障制度的重要组成部分,社会保障的每个子系统中都包含有医疗保障方面的具体内容,如病伤、生育、养老等都会遇到的医疗问题。医疗保障是通过法律途径规定国家、企业和个人之间的权利与义务关系,动员全社会的医疗卫生资源,筹备和支付医疗保障基金,并通过组织有效的卫生服务和医疗物资提供,包括药品、疫苗和医疗器械等必要的物资保障,最大限度地分担社会成员的疾病风险,保障人群健康的重要社会保障制度安排,是现代政府职能的重要组成部分。从制度内容看,医疗保障制度主要由国家医疗保障制度和补充性医疗保障措施两大类构成。其中,国家医疗保障制度由国家立法统一规范并由政府主导,一般包括基本医疗保障(主要分为社会医疗保险和国家卫生服务制度)、医疗救助以及特殊人群的医疗保障制度;在国家和社会建立的基本医疗保险制度以外,对某一部分社会成员起补充作用的各种保险措施统称为补充性医疗保障,主要包括企业补充医疗保险、商业医疗保险以及家庭保障等医疗经济风险分担形式。在我国,原有的基本医疗保险主要包括城镇职工基本医疗保险、城镇居民基本医疗保险和新型农村合作医疗保险"三大支柱",分别从制度上覆盖城镇就业人口、城镇非就业人口和农村居民;2016年,国务院将新型农村合作医疗保险和城镇居民基本医疗保险整合为城乡居民基本医疗保险,我国现行基本医疗保险主要包括城镇职工基本医疗保险和城乡居民基本医疗保险。

二、我国医疗保障制度改革历程

健康是人类最基本的需求,疾病是人生难以避免的风险,为了化解人民的疾病医疗后顾之忧并提升全民健康素养,自中华人民共和国成立以来,随着经济和社会的不断发展,我国医疗保障制度经历了从无到有、试点探索再到全民覆盖的改革阶段,截至2022年底,基本医疗保险覆盖超过13.4亿人,覆盖率稳定在95%以上,我国已建成世界上覆盖人数最多的社会保障网,已建立城乡统一的居民基本医疗保险和大病保险制度,初步建成以基本医疗保险为主体、大病保险为延伸、医疗救助为托底、其他保障措施共同发展的多层次医疗保障制度体系。

(一)计划经济体制时期:城镇劳保医疗、公费医疗与农村传统合作医疗制度并行(1949—1978 年)

中华人民共和国成立伊始,我国国民经济和财政基础薄弱,百业待兴。各地医疗卫生资源严重短缺,人民群众的就医需求和医疗保障难以满足。为此,党和政府高度重视医疗保障制度建设并在全国迅速掀起大规模的爱国卫生运动。由于当时我国经济政策受苏联计划经济体制的影响,我国医疗保障制度也是在社会主义公有制的基础上和高度集中的计划经济体制背景下建立起来的。

1949 年 9 月 29 日,中国人民政治协商会议第一届全体会议通过《中国人民政治协商会议共同纲领》,提出逐步实行劳动保险制度;1951 年 2 月 26 日,中央人民政府政务院颁布了《中华人民共和国劳动保险条例》,确立了劳保医疗制度。随后,1953 年 1 月 26 日劳动部颁布《中华人民共和国劳动保险条例实施细则修正草案》,进一步完善劳保医疗制度。以企业为主责的劳保医疗是对全民所有制企业和城镇集体所有制企业的职工及离退休人员(改革开放后还包括中外合资企业职工在内)的医疗费用予以保障的制度,劳动保险的各项费用全部由实行劳动保险的企业或资方负担,职工医疗费用均由劳保医疗承担,职工亲属的手术费及普通药费由企业或资方负担 1/2。

1952 年 6 月 27 日,中央人民政府政务院发布《关于全国各级人民政府、党派、团体及所属事业单位的国家工作人员实行公费医疗预防的指示》,标志着公费医疗制度的建立。1952年 8 月 30 日发布的《国家工作人员公费医疗预防实施办法》和 1953 年 1 月 23 日发布的《卫生部关于公费医疗的几项规定》,对公费医疗的实施进行了具体规定。以财政为主责的公费医疗是对国家机关、事业单位等工作人员以及高等院校在校学生等人员的医疗费用予以保障的制度,公费医疗所需经费由国家财政负担。

合作医疗萌芽于陕甘宁边区 1938 年创立的保健合作社和 1939 年创立的卫生合作社,随着农业合作化运动的兴起,1955 年 5 月,山西省高平县米山乡通过建立联合保健站最早办起了"医社结合"的合作医疗,开启了中国传统农村合作医疗之路。1959 年 11 月,全国农村卫生工作会议在山西省召开,正式肯定了农村合作医疗制度。1965 年 9 月,中共中央批转卫生部党委《关于把卫生工作重点放到农村的报告》,极大地推动了农村合作医疗的发展。1978 年,合作医疗被明确写入《中华人民共和国宪法》,成为我国公民医疗保障体系的重要组成部分。1979 年 12 月,卫生部等多部委联合发布《农村合作医疗章程(试行草案)》,正式对合作医疗进行了制度化规范。农村合作医疗制度是通过村集体和个人集资,为农村居民提供低费的医疗保健服务的一种互助互济制度,到 20 世纪 70 年代末,合作医疗覆盖率达到90%,对解决广大农村缺医少药的问题发挥了积极作用,被世界银行誉为"发展中国家解决卫生经费的唯一范例"。

综上,劳保医疗制度面向城镇企业职工并惠及其家属,公费医疗制度面向机关事业单位工作人员并惠及其家属,农村合作医疗制度面向所有农业户籍居民,这三大医保制度覆盖了当时全国 90% 以上的人口(表 1-1-1),形成了与计划体制相适应的初级全民医保制度体系,使全国人民健康水平迅速提升,人均预期寿命持续延长。

表 1-1-1　中国计划经济时期医疗保障制度特点

医保类别	享受对象	资金来源	报销范围
合作医疗	以农民为主	集体和个人共同筹资	视资金而定减免费,报销范围和比例不一
劳保医疗	企业单位工人和职员	企业福利费留成	基本属于免费医疗,直系亲属享有部分医疗费报销待遇
公费医疗	国家机关、事业单位工作人员,机关退休人员,革命伤残军人,高校学生,在华专家等	国家财政预算支出	基本属于免费医疗

(二)改革开放以来:传统医疗保障制度转型与新型医疗保障制度探索(1978—2009 年)

改革开放后,我国正式进入从计划经济向社会主义市场经济、农业经济向工业经济的双转型时期,为适应社会经济体制改革,面对城市就业人口增多、用人单位医保负担加重、医疗机构财政支持减少、农村集体经济解体等情况,我国逐渐建立起新型医疗保障制度。

率先进行的是职工医疗保障制度改革。自 20 世纪 80 年代初,在经历了一些地方和企业的自主改革探索后,1993 年,中国共产党第十四届中央委员会第三次全体会议审议并通过了《中共中央关于建立社会主义市场经济体制若干问题的决定》,明确城镇职工医疗保险由单位和个人共同负担,实行社会统筹和个人账户相结合的制度模式。1994 年,国家体改委等四部委颁布《关于职工医疗制度改革的试点意见》,明确在江苏镇江和江西九江两个已有大病统筹制度基础的城市开展"统账结合"模式的职工医疗保险制度改革试点(俗称"两江试点")。1996 年,国务院出台了《关于职工医疗保障制度改革扩大试点意见》,将试点扩大到全国 58 个城市。经过 4 年多的试点和扩大试点的探索,国务院于 1998 年 12 月颁布《国务院关于建立城镇职工基本医疗保险制度的决定》(国发〔1998〕44 号),确立了现行职工基本医疗保险制度的基本框架与实质内容,标志着实行了半个世纪的公费医疗和劳保医疗制度被城镇职工基本医疗保险制度所取代。以此为起点,我国进入了社会医疗保险的发展阶段。

改革开放后,随着我国经济体制改革以及家庭联产承包责任制的推行,合作医疗赖以生存的农村集体经济解体,到 1985 年,合作医疗覆盖率降至 5%。为解决中国广大农村居民因病致贫、因病返贫、无医疗保障等问题,1996 年全国卫生工作会议提出发展和完善农村合作医疗制度。2002 年 10 月,《中共中央 国务院关于进一步加强农村卫生工作的决定》(中发〔2002〕13 号),提出逐步建立新型农村合作医疗制度。2003 年 1 月,《国务院办公厅转发卫生部等部门关于建立新型农村合作医疗制度意见的通知》,正式提出建立新型农村合作医疗制度,将新型农村合作医疗制度定义为"是由政府组织、引导、支持,农民自愿参加,个人、集体和政府多方筹资,以大病统筹为主的农民医疗互助共济制度"。2003 年 10 月,新型农村合作医疗在全国各地陆续开始试点,截至 2008 年,新型农村合作医疗制度覆盖人口达到 8.91 亿人,参合率达到 91.53%,基本实现制度全覆盖。

为实现基本建立覆盖城乡全体居民的医疗保障体系的目标,面对没有被医疗保险覆盖的城镇非就业人口,2007 年 7 月,《国务院关于开展城镇居民基本医疗保险试点的指导意见》(国发〔2007〕20 号)发布,正式启动针对城镇老年人、未成年人和其他非从业居民的医保试点工作,全国选取了 88 个城市作为试点城市。2010 年,城镇居民基本医疗保险制度在全国全面推行。该制度采取自愿参加的原则,在筹资来源上实行个人缴费和财政补贴相结合,重点保障大病医疗需求。截至 2007 年底,我国城镇居民参保人数已经达到 4 291 万人。

自此,我国初步形成了包括城镇职工基本医疗保险、城镇居民基本医疗保险和新型农村合作医疗在内的基本医疗保险体系,分别覆盖城镇就业者、城镇非就业者和农村居民,在制度类型与参保身份上将所有人群纳入了医疗保险体系。

(三)新医改以来:全民医保制度探索与发展(2009 年至今)

2009 年 3 月,《中共中央 国务院关于深化医药卫生体制改革的意见》(中发〔2009〕6 号)提出建设包括覆盖城乡居民的医疗保障体系在内的四位一体的基本医疗卫生制度,开启了"新医改"的进程。2010 年 10 月,第十一届全国人民代表大会常务委员会制定了《中华人民共和国社会保险法》,设立专章规制医疗保险制度,为医疗保险改革与发展提供了原则性的法律规制。2012 年 3 月,《政府工作报告》指出 2011 年我国 13 亿城乡居民参加基本医疗保险,全民医保体系初步形成;其中,城镇居民基本医疗保险参保人数达到 2.2 亿,新农合参合人数达到 8.3 亿,参合率超过 96%,此后全国基本医疗保险参保覆盖率稳固在 95% 以上。2012 年 11 月,党的十八大报告提出了"医疗保障全覆盖"的发展目标。2015 年 8 月,国务院决定全面实施城乡居民大病保险。2016 年 1 月,《国务院关于整合城乡居民基本医疗保险制度的意见》(国发〔2016〕3 号),要求对原来相互分割的城乡居民医疗保险制度进行整合。2016 年 12 月,人力资源社会保障部、财政部正式启动异地就医住院费用的直接结算工作,从异地就医住院费用的直接结算迈向兼顾异地门诊费用的直接结算。2017 年 6 月,《国务院办公厅关于进一步深化基本医疗保险支付方式改革的指导意见》(国办发〔2017〕55 号),为医保支付方式的改革提供了基本依据。

2018 年 5 月,国家医疗保障局成立,全面整合了与医疗保险相关的各项职能,划入国家卫生计生委的新农合,人力资源社会保障部的城镇职工和城镇居民基本医疗保险、生育保险,国家发展改革委的药品和医疗服务价格管理,以及民政部的医疗救助等职责,这是医疗保险政策变迁过程中的重大改革。国家医疗保障局成立以来,实施了统一医保业务标准、谈判价格与集中采购、医保支付方式改革、建立医疗保障待遇清单制度、建立全国一体化医保基金监控系统以及医疗保障反贫困等一系列措施,在缓解群众看病难看病贵、支持医药卫生事业发展、维护社会和谐稳定、推动实现共同富裕等方面发挥了重要作用。

第二节　医疗保障信息系统相关概念

一、医疗保障信息系统相关概念

系统是指相互作用、相互依存的若干要素所组成的具有特殊功能并处于一定环境中的有机整体。在计算机信息领域,系统一般指控制和管理整个计算机系统的硬件设备和软件资源,并合理地组织和调度计算机的工作和资源的分配,以提供给用户和其他软件方便的接口和环境,它是计算机系统中最基本的系统软件。

信息系统是由计算机硬件、网络和通信设备、计算机软件、信息资源、信息用户和规章制度等组成的以处理信息流为目的的人机一体化系统,信息系统的发展先后经历了简单的数据处理信息系统、孤立的业务管理信息系统、集成的智能信息系统三个阶段,基本功能主要包括信息的输入、存储、处理、输出和控制等。

医疗保障信息系统是应用于医疗保障服务、管理和决策的信息系统的统称,具体而言是指以人为主导,运用计算机硬件、软件、网络通信等信息技术及其他办公设备,进行医保相关信息的收集、传输、加工、存储、更新和维护,以提高医疗保障管理效益和效率为目的,具备基金缴纳、记录、核算、支付以及查询等功能的集成化的人机系统。其主要功能有:①数据处理。对医疗保障服务和管理过程中产生的数据进行收集、传递、加工、存储和导出,以便于查询和使用。②业务监管。方便医保经办机构费用核查等工作,为管理机构提供医保业务服务和基金运行监管等,为医保制度的平稳运行提供系统支撑。③决策支持。对各项医疗保障制度的运行进行快速评价和趋势预测,为相关医保政策的制定和优化提供决策参考。

由于新型农村合作医疗是我国原基本医疗保障体系的重要组成部分,因此,新型农村合作医疗信息系统也是我国医疗保障信息系统的重要组成部分。根据《新型农村合作医疗管理信息系统基本规范(2008年修订版)》(卫办农卫发〔2008〕127号),新型农村合作医疗信息系统是指利用计算机软硬件技术、网络通信技术等现代化手段,对新型农村合作医疗工作中发生的有关信息进行采集、存储、处理、提取、传输和汇总加工,从而为农村合作医疗工作提供全面的、自动化的管理及各种服务的信息系统。该系统可以实现在线的费用审核报销、即时结报、实时监管功能,并为决策制定提供数据支撑。

二、医疗保障信息系统发展阶段

随着信息系统所处的技术环境和应用情景的不断变化,医疗保障信息系统的发展先后经历了以下四个阶段。

(1)单机版:系统规模小、功能简单,只能完成一般账户的数据管理、医疗费用报销和数据统计。

（2）C/S（客户端/服务器）模式：系统规模大、功能较为完善，加强了数据安全机制，增加了定点医疗机构和药店业务，实现个人门诊费用的结算。

（3）B/S（浏览器/服务器）模式：系统规模大、功能较为完备，统一了全省或全国范围内医保信息系统集中存储数据；全省范围内以统筹地区为单元，各自独立运行，数据集中存储共享，可以实现费用的跨省结算。

（4）云计算：主要以省为单位，省域内部署私有云，各级信息系统数据存储在云内，应用依托云平台进行部署。

我国的医保信息化先后经历了客户端 C/S 架构（1999—2009 年）、浏览器 B/S 架构（2009—2018 年）、以平台为底座的国家统一信息平台（2018 年至今）三个阶段。目前，我国已搭建纵向贯通、横向联通、内外互通、生态融通的全国医保信息平台支撑体系，在信息化建设的集约化、医保治理的现代化、公共服务的均等化等方面发挥了行业的示范引领作用。

第三节 医疗保障信息系统设计

一、规划与可行性分析

（一）医保信息系统建设规划

在医保信息系统建设之前，应根据信息技术的发展现状、政策环境、社会需求和医保事业发展战略对系统进行全面规划。信息系统建设规划可以保证系统开发方向与医保发展战略的有效匹配、对业务需求的有效满足以及明确系统开发的优先顺序，从而最大程度避免非必要的重复建设、项目缺陷以及风险导致的资源浪费和损失，促进系统建设过程的统一性和标准化。信息系统建设规划的主要内容包括需要哪些医保信息系统、如何获取这些医保信息系统、现有的医保信息系统与实际需求的差距以及医保信息系统应急计划。一般由信息系统建设规划书按照一定的结构和格式进行说明。

信息系统建设规划分为战略性规划和执行性规划两大部分。其中，战略性规划是指在宏观的医疗保障事业的发展战略规划的指导下，考虑当前的政策、管理和信息技术等环境因素对信息系统的影响，从而对信息系统的开发设计工作进行合理安排，确定信息系统在组织中的地位以及结构关系，并制订出分阶段的发展目标、关键任务和主要内容，具体包括设计系统整体结构、制订资源配置计划以及确定子系统的开发次序。执行性规划是对战略性规划的具体落实，具体活动包括项目开发的具体时间、资金筹集、人员组织、管理办法、工作步骤和控制指标等，主要内容涉及系统目标与范围的描述、运行环境描述、硬件与系统软件配置以及系统开发方案的编制。

(二)医保信息系统建设可行性分析

医保信息系统建设的可行性分析是通过初步调查,明确原系统存在的问题以及新系统的目标与范围,对新系统的执行性规划进行审定和可行性分析,初步评价解决问题的集中设想和方案,对是否有必要建立一个新的医保信息系统而提出建议。其中,初步调查是可行性分析的基础,需要综合考虑社会需求、政策环境、业务需求、管理需求、信息系统情况、系统开发资源情况、机构领导与职能部门对新系统建设的支持情况等因素。

1. 可行性分析内容

医保信息系统建设的可行性分析是分析在技术、经济、管理和法理等因素上的可行性。其中,技术的可行性是指评价信息系统建设规划所提出的技术条件,如硬件、软件、网络、数据库以及开发运维能力等,能否满足新系统目标的要求,并对达到新系统目标的技术难点和解决方法的可行性进行分析。经济的可行性指进行系统的投资-效益分析,新系统的投资包括硬件、系统软件、辅助设备费、机房建设和环境设施、系统开发费、人员培训费以及运行费等,新系统的效益主要从减轻就诊患者经济负担、降低政府管理成本、避免欺诈骗保行为、提高业务工作效率等方面取得,将初步算出的新系统可能获得的年经济收益,与系统投资相比较,从而估算出投资效果系数和投资回收期,并根据估算的直接经济效果和各种间接效益,评价新系统经济上的可行性。管理的可行性对有可能制约信息系统建设的管理因素进行分析,主要指信息系统建设能否获得相关领导或职能管理部门的支持。法理的可行性主要是指信息系统建设是否存在违背国家或政府所公布的法律法规以及道德和伦理等非法律强制的社会性行为约束的风险。

2. 可行性分析过程

可行性分析的过程一般包括成立可行性分析小组、确定可选方案、进行可行性研究、撰写可行性分析报告,具体如下。

(1)成立可行性分析小组:由信息系统的主管领导、系统工程师和有经验的信息管理专家组成。

(2)确定可选方案阶段:准备多个可选方案。

(3)可行性研究阶段:确定最佳方案,最终要得出项目是否可行的结论。

(4)撰写可行性分析报告阶段:参照国家规定的可行性分析模板来撰写书面的可行性分析报告,也可以使用专门软件辅助完成。

(5)可行性分析的结论:包括4种结论,分别为可以立即开始开发;需要推迟至某些条件具备后才能开发;需要对系统目标进行修改后才能开发;项目不可行,应立即终止工作。

二、需求分析与系统设计

(一)医保信息系统建设需求分析

需求分析是描述系统的建设需求,即回答"系统必须做什么"的问题,是医保信息系统设计过程中的第一个阶段,也是在可行性分析基础上的进一步深化和细化,关系到系统开发的成败和质量。

1. 信息系统需求分析流程

在需求分析阶段,需要完成需求的获取、分析、规格说明、变更、验证、管理等一系列工作,并编写需求规格说明、数据要求说明和初步的用户手册。系统开发者和用户需要进行大量的调查研究,包括收集信息、明确系统功能以及了解系统应具备的各项功能。

需求的获取、分析和定义的过程也是发现、求精、建模、形成需求规格说明的过程。其中,需求的获取主要结合用户访谈、问卷调查、现场观摩以及阅读相关政策和历史文档等方式,通过组织各个领域专家、关键业务代表、系统分析师和开发团队代表召开讨论会来获取需求,并对获取的需求进行整理分析和确认,形成最终的系统需求。

2. 医保信息系统需求分析内容

(1)系统现状分析:分析现行的医保信息系统功能状况,包括与当前政策要求和政务目标的匹配程度,与医保相关的社会问题的相关性,与患者就医、医院管理、医保经办需求的满足程度,与信息技术发展的适应程度以及信息系统存在的功能缺陷等。

(2)医保信息系统功能需求:根据当前医疗保障工作相关要求,通过业务专家访谈讨论、业务边界分析、业务模型分析、业务功能需求梳理、业务流程梳理重构、数据流需求分析等环节,制订医保信息系统业务功能需求,主要包括内部统一门户业务需求、基础信息管理业务需求、医保业务基础管理业务需求、跨省异地就医管理业务需求、药品和医用耗材招采管理业务需求、医疗服务价格管理业务需求、支付方式管理业务需求、信用评价管理业务需求、基金运行及审计监管系统业务需求、医疗保障智能监管业务需求、内部控制业务需求、运行监测业务需求、宏观决策大数据应用系统业务需求、公共服务业务需求。

(3)新农合信息系统功能需求:根据新农合业务工作相关要求,结合 2012 年《卫生部统计信息中心关于征求〈基层医疗卫生信息系统基本功能规范〉等 7 项标准征求意见稿意见的函》中的《新型农村合作医疗信息系统基本功能规范(征求意见稿)》,新农合信息系统业务功能需求一般如下。

1)业务功能

业务服务功能:①统筹区域系统业务服务功能。参合管理(参合登记、账户管理、变更管理)、审批管理(如慢性病资格待遇审批、特殊疾病资格待遇审批、重大疾病资格待遇审批、转诊审批)、补偿与结算管理(诊疗管理、补偿管理、二次补偿管理、结算管理)、年检管理、体检管理(体检对象确认、体检信息管理、体检信息查询与统计、体检参数维护)。②省级平台业务服务管理。转诊申请提交、转诊患者确认、异地人员住院监测和住院清单审核、异地实时补偿、转诊结算与基金划拨。

业务管理功能:①统筹区业务管理功能。基金管理(基金预算、基金筹集、基金分配、基金预拨、基金支付、基金结余、基金结转)、会计核算(账套管理、凭证管理、账簿管理、报表管理)、统计分析与辅助决策(参合群体分析、疾病信息分析)、方案设计与预算(医疗风险度测算、主要参数测算、补偿回算)。②省级平台业务管理功能。会计报表、统计分析与辅助决策(参合及受益情况分析、医疗服务利用和医药费用控制情况分析、基金筹集与到位情况分析、基金分配与使用情况分析、参合人员疾病经济负担情况分析、经办机构人员及收支情况分析、地市新农合指标比较分析）。

业务监督功能：①统筹区域系统业务监督功能，包括监测分析（参合及受益情况分监测、医疗服务利用和用药费用控制情况监测、基金筹集与到位情况监测、基金分配与使用情况监测、参合人员疾病经济负担情况监测、经办机构人员及收支情况监测、医疗服务评价监测）、统计报表（社会经济与参合情况、基金筹集情况、基金分配与支出情况、住院补偿情况、门诊补偿情况、其他补偿情况、经办机构人员及收支情况、自定义报表）。②省级平台业务监督功能，包括基金监管（基金数据采集、基金筹集监测、基金使用监测、基金预算监测、财务业务数据比对、基金压力测试与预警）、统计报表（国家法定报表、自定义报表）。

信息服务功能：①统筹区域系统信息服务，包括信息查询（分类查询、综合查询）、业务公示（基本政策公示、定点机构公示、参合人员公示、门诊费用补偿公示、住院费用补偿公示、其他补偿公示）。②省级平台信息服务功能，包括地理信息系统（geographic information system，GIS）查询（参合情况查询、参合人员缴费情况查询、参合人员补偿情况查询、医疗机构补偿情况统计、行政区划报销统计、自定义查询分析）、门户网站（政策法规、工作动态、公众服务、业务公示、办事指南、监督投诉、新农合培训）。

系统管理功能：①统筹区域系统管理功能，包括机构维护、字典维护、参数维护、系统维护。②省级平台系统管理功能，包括机构维护、字典维护、系统维护。

2）模块功能需求

用户权限需求分析：系统根据用户所属机构的不同，结合用户的业务及管理类型进行个性化的用户权限管理。用户在系统登录时获取相应权限，完成相应功能。

审批需求分析：医保经办业务和行政管理工作均需要对相关材料和事由进行审批处理。

3）非功能性需求

用户界面需求：在充分考虑用户操作习惯的基础上，保证设计的一致性、美观性、扩展性等，包括页面内容和风格、导航结构和技术环境。

系统性能需求：包括基础数据说明、交易相应时间（交互类业务、查询类业务、交易接口服务、批量业务处理所需的相应时间）、各系统业务量测算（用户类型及数量、业务并发数等）、网络连接需求、网络宽带需求、计算资源需求、存储资源需求。

安全防护需求：明确系统安全管理目标，通过安全技术，制订安全策略和管理机制。

运行维护需求：主要针对计算机存储设备、网络设备、安全设备以及应用系统进行维护，包括运维管理平台、运维组织体系、运维管理制度体系和运维考核指标体系。

容灾需求：为业务系统提供风险预防机制和灾难恢复措施，确保数据安全和业务运行的连续性，包括容灾类型选择、容灾级别定级、容灾建设目标、容灾建设原则。

（二）医保信息系统设计

在专家和用户对系统规划、可行性分析和需求分析评审通过后，开发工作进入系统设计阶段，系统设计一般应遵循系统性、灵活性、可靠性和经济性等原则，目的是将用户需求转换为信息系统的物理模型。软件设计是对软件的整体结构、程序结构、数据结构、文件结构、接口定义等的设计。分总体设计和详细设计两个步骤,一般应完成的文档包括:结构设计说明、详细设计说明和测试计划初稿。

1. 系统设计内容

根据医疗保障管理业务需求,医疗保障信息系统的设计应满足参保登记与缴费、医保待遇管理、业务经办管理、费用审核与结算、基金支付与管理、医疗服务监督、运行分析和辅助决策等功能需求。医疗保险信息系统通过接口与定点医疗机构、定点零售药店系统以及医疗保险经办机构系统连接,进行信息交换,实现医疗保险经办、管理和服务的相关功能,见图1-3-1。

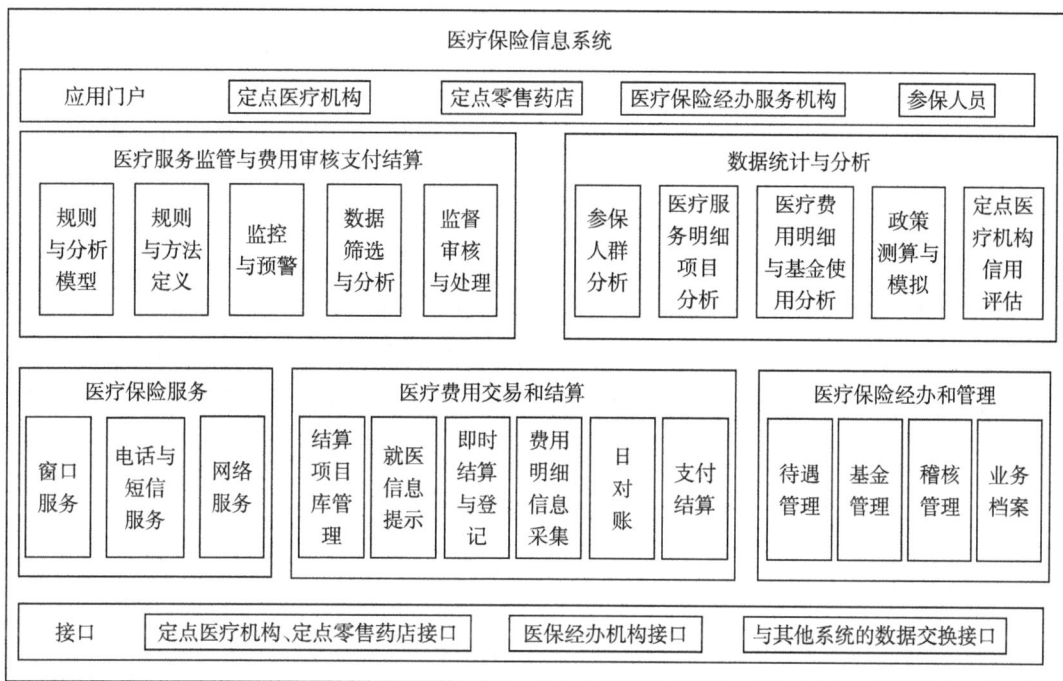

图 1-3-1 医疗保险管理信息系统功能设计

2. 系统设计任务

系统设计的主要任务包括系统总体设计(系统网络设计、功能模块设计、系统流程图设计、系统物理配置方案设计)、系统详细设计(数据库设计、编码设计、用户界面设计、输入设计、输出设计等)以及编写系统设计说明书和用户操作手册,具体如下。

(1)系统网络设计:设计计算机网络的拓扑结构和资源配置图。

(2)功能模块设计:将复杂的系统功能自上而下分解为多个功能单一、明确、具体的功能模块,模块之间相互独立。

(3)系统流程图设计:用于描述信息在系统内的处理过程,表达各功能之间的数据传递关系,包括信息在系统内部的流动、转换、存储和处理的情况。

(4)系统物理配置方案设计:根据系统的吞吐量、响应时间、可靠性能、分布方式、地域范围、数据管理方式等因素,选择合适的计算机硬件类型、通信网络选择和设计、平台操作系统以及应用软件。

（5）数据库设计：根据数据库性能、数据库管理系统平台、安全保密要求、数据类型、数据存取结构等因素，选择合适的数据库管理系统。

（6）编码设计：根据用户需求，选择合适的代码类型、代码校验方法以及编码标准，制定代码设计规范。

（7）用户界面设计：保护门户网站和业务系统界面的配色、文字、版式布局和常用组件的设计。

（8）输入设计：设计合适的输入类型、输入数据源、输入数据内容、输入数据格式、输入数据校验以及输入设备。

（9）输出设计：设计合适的输出信息内容、输出格式、输出设备和输出介质等。

（10）系统设计说明书：对信息系统设计的规格说明，一般包括系统的总体结构、数据库设计、模块结构等技术文档。系统设计说明书一经审查批准，系统开发工作将进入实施阶段。

三、标准与规范建设

在医疗保障信息平台建设过程中，标准的建立和实施是非常重要的基础性工作。参考《新型农村合作医疗管理信息系统基本规范（2008年修订版）》（卫办农卫发〔2008〕127号），医疗保障信息系统的建设标准与规范主要包括平台建设规范、功能规范、基本数据集规范、数据代码规范、分析指标规范，以及数据传输规范等。具体标准规范类型，见表1-3-1。

表 1-3-1　医疗保障信息系统的标准规范构成（以新农合为例）

标准规范分类	标准规范构成
平台建设规范	软件工程规范
	网络系统建设规范
	主机系统建设规范
	数据库系统建设规范
	存储系统建设规范
	系统建设安全规范
功能规范	县级业务系统功能规范
	省级管理信息系统功能规范
基本数据集规范	相关机构数据标准
	县/乡镇/村自然档案数据标准
	农民家庭参合数据标准
	农民个人参合数据标准
	医疗记录及补偿数据标准
	基金管理数据标准
	财务管理、监督审计管理数据标准

续表

标准规范分类	标准规范构成
数据代码规范	标准引用、编写规则
	数据代码规范目录
	数据代码规范
分析指标规范	基本统计指标项
	会计报表指标项
	综合分析指标项
数据传输规范	数据传输技术规范
	业务数据传输内容规范
	统计指标传输内容规范
	会计报表传输内容规范
	参合农民规范化传输内容规范

第四节　医疗保障信息系统网络

一、网络类型概述

根据医保业务需求和特点,结合当前网络技术发展现况,医保系统网络连接一般可采用以下几种方式。

（1）专线:指在广域或城域连接中使用光纤或者租用运营商的专用线路。

（2）电子政务网:由政务内网和政务外网构成,两网之间物理隔离,政务外网和互联网之间逻辑隔离。政务内网主要是政务部门的办公网;政务外网是政府的业务专网,主要运行政务部门面向社会的专业性业务和不需要在内网上运行的业务。根据政务外网所承载的业务和系统服务类型的不同,在逻辑上,将政务外网划分为专用网络区、公用网络区和互联网接入区三个功能域。其中,专用网络区用于实现不同部门或不同业务之间的虚拟专用网络（virtual private network,VPN）相互隔离,公用网络区用于实现各部门、各地区互联互通,互联网接入区用于实现各级政务部门面向社会的公共服务需求。

（3）虚拟专有拨号网络（virtual private dial network,VPDN）:在虚拟专用网中基于隧道协议（L2TP）技术搭建的一种网络连接方式,用户可通过 VPDN 账户进行远程访问。

二、医保信息系统网络设计

医保信息系统网络接入用户分为医保系统内部用户和外部用户,医保系统内部用户主要通过纵向网络接入,完成医保系统内部上下级之间的网络连接,包括国家医疗保障部门与省级、市级、区/县级、乡镇/社区各级之间的网络连接,可通过专线和电子政务外网实现;医保系统内部用户外出时可通过 VPDN 方式进行远程网络连接。医保系统外部用户包括人力资源社会保障、卫生健康、民政、公安、税务、其他信息资源共享部门以及医院、药店、商业银行、保险公司等,主要通过横向网络接入完成与医保信息系统的网络连接,其中与同级的人力资源社会保障、卫生健康、民政、公安、税务等部门的连接依靠电子政务外网实现,与医院、药店、商业银行、保险公司的连接通过专线实现。

数据中心网络系统设计一般按照网络安全等级保护的要求,采用分区分域安全架构设计,总体可划分为核心业务区、公共服务区以及安全隔离区三个区域。其中,核心业务区是连接各级医疗保障部门的大型网络系统,是医保信息系统的运行基础以及各级医保部门开展业务工作及内部办公管理工作的重要支撑,包括核心业务服务器区、核心业务网络区、核心业务数据交换区以及核心业务出口区等;公共服务区是互联网逻辑隔离的内部局域网络,是各级医保部门为本级内部用户提供互联网接入服务,并通过互联网向社会提供医保信息和医保业务服务的网络,包括公共服务业务服务器区、公共服务网络区、安全管理区、公共服务隔离区(demilitarized zone,DMZ)以及公共服务出口区。

第五节 医疗保障信息系统实现、测试和维护

一、信息系统实现

信息系统的实现是根据信息系统设计方案进行编码和安装调试,目的是为用户提供完整、有效、易用的信息系统。信息系统实现阶段的主要任务包括完成源程序的编码、编译和排错调试到无语法错的程序清单;编写进度报告;完成用户手册等面向用户的文档的编写工作,完成测试计划的编制;设计和搭建数据库,购置、安装和调试计算机软硬件以及搭建网络系统。

系统实现前需要进行的准备工作包括:①成立领导小组,制订实施计划;②组织实施人员,进行工作协调;③确定和分解实施任务;④编制质量控制和验收标准。

系统实现阶段的具体步骤包括:①按照系统物理配置方案要求,在充分市场调研后,购置性价比较高且必需的软硬件设备,其中,硬件设备包括计算机主机、存储设备、输入输出设备、辅助设备、通信设备等,软件系统包括操作系统、数据库管理系统以及各类应用软件和工具软件等。②根据计算机网络环境要求,确定系统工作模式,进行相关网络通信设备与通信线路的架构和连接、网络操作系统软件的安装和调试、整个网络系统的运行性能与安全性测试以及网络用户权限管理体系的实施等。③根据前期数据流程分析和数据库建设需求,搭建数据库结构,收集有关数据并进行录入工作,为系统测试做准备。④依据系统设计说明书中对各个功能模块的功能描述进行程序设计和编制可视化开发工具。

二、信息系统测试

把开发系统放在客户要求的环境下,包括客户软硬件平台和应用软件等,在实际运行操作过程中的一系列测试,称为系统测试,一般要完成测试分析报告。系统测试的目的是验证系统是否满足了相关需求,发现系统存在的问题并进行处理,系统测试是保证信息系统质量的关键环节。

为做好集成测试和验收测试,需要制订实施计划来帮助组织测试信息系统。计划应包括测试的内容、进度、条件、人员、测试用例的选取、测试结果允许的偏差范围等。

系统测试的流程依次为:①单元测试。对具体程序模块的测试,一般在模块编程后及时进行,可以由程序员承担。②集成测试。对集成后的系统进行测试。③确认测试。对装配好的整个软件系统的整体效果进行测试。④验收测试。系统发布或交付前的试运行及最终检测,主要对软硬件的协调性、新系统平台上业务的顺畅性和准确性以及用户的操作水平等进行全面检测。

三、信息系统维护

信息系统维护是对运行中的信息系统作出的检测、修改和更新升级等保护性活动。系统维护的目的是使信息系统始终处于正常可用的状态,保证信息系统能适应用户工作和环境的变化并有效地提供服务。信息系统维护环节是软件系统生命周期中耗时最长、累计工作量最大的活动。

根据维护对象的不同,系统维护可分为应用软件维护、数据维护、代码维护、计算机硬件设备维护、数据库与代码维护和系统安全维护。其中,应用软件维护是对程序的维护,也是系统维护中最主要的内容,包括完善性维护、适应性维护、纠错性维护和预防性维护;数据维护是指随着业务流程和数据需求的变化,进行数据删除、新增、结构调整、备份和恢复等;代码维护是指根据信息系统应用范围和应用环境的变化,对系统内代码进行新增、删除或修改等;计算机硬件设备维护是指对计算机硬件系统进行日常监测、定期检修和易损件更换等;数据库与代码维护包括数据库转储与恢复、数据库安全性与完整性控制、数据库性能监督分析与改造、数据库重组织和重构造等;系统安全维护包括对硬件设备安全、应用软件与文档安全以及数据安全等的维护。

信息系统的维护一般需要具备组织机构、运行管理制度、维护人员、维护任务安排、维护工具等要素。其中,组织机构是信息系统开发、运行维护和管理的综合性职能部门,多为信息中心或外包第三方机构,一般包括行政管理部门、数据与信息维护部门和软硬件维护部门,由系统分析师、程序员、数据库管理员和用户协调员等人员组成;运行管理制度是信息系统运行的保障和工作开展的依据,包括信息安全等级保护制度、信息安全保密制度、系统运行操作规程、系统运行日志及填写规定、系统定期维护制度、系统安全管理制度、用户操作规程以及系统修改规程等;维护人员须掌握或参与系统开发过程,能够对系统问题进行预测,并根据业务需求及时完善系统功能;维护任务安排包括对系统运维任务进行分类评估和排序,按一定顺序完成维护任务;维护工具是指使用一定的辅助工具,帮助系统运维人员将已修改的信息更新到系统文档和说明书。

参考文献

[1] 郑功成,申曙光.医疗保障蓝皮书:中国医疗保障发展报告(2020)[M].北京:社会科学文献出版社,2020.

[2] 郑功成.中国社会保障论[M].北京:中国劳动社会保障出版社,2009.

[3] 郑功成.社会保障学[M].北京:中国劳动社会保障出版社,2005:7-8.

[4] 郑功成.中国社会保障改革与发展战略(总论卷)[M].北京:人民出版社,2011.

[5] 郑功成,桂琰.中国特色医疗保障制度改革与高质量发展[J].学术研究,2020(4):79-86.

[6] 郑功成.中国社会保障演进的历史逻辑[J].中国人民大学学报,2014,28(1):2-12.

[7] 龙玉其,王延中.新时代中国特色社会保障道路:经验、特征与形成逻辑[J].中共中央党校(国家行政学院)学报,2021,25(6):140-146.

[8] 王延中,龙玉其.中国医疗保障制度改革的回顾、挑战与展望[J].北华大学学报(社会科学版),2022,23(1):77-85.

[9] 姚兰,熊先军.医疗保障学[M].2版.北京:人民卫生出版社,2013.

[10] 仇雨临.医疗保险[M].北京:中国劳动社会保障出版社,2016.

[11] 仇雨临.中国医疗保障70年:回顾与解析[J].社会保障评论,2019,3(1):89-101.

[12] 仇雨临,王昭茜.我国医疗保险制度发展四十年:进程、经验与展望[J].华中师范大学学报(人文社会科学版),2019,58(1):23-30.

[13] 郑伟.社会保障与现代化国家建设[J].人民论坛·学术前沿,2021(20):27-33.

[14] 郭心洁,张蕊.医疗保障百年大事记[J].中国医疗保险,2021(7):16-21.

[15] 韩克庆.中国社会保障学科建设:发展现状、核心问题与制度应对[J].社会科学,2021(10):47-56.

[16] 国家医疗保障局.2021年医疗保障事业发展统计快报[EB/OL].[2022-10-06].http://www.nhsa.gov.cn/art/2022/3/4/art_7_7927.html.

[17] 刘宏,王俊,方海.个人信息认知对医疗保障改革的影响[J].经济研究,2010,45(10):48-62.

[18] 张栋,刘涵,巫艳思.我国农村合作医疗发展历程及展望[J].经济研究导刊,2010(23):50-52.

[19] 顾海,王伟,王江曼.农村居民医疗消费行为的变化及对策研究:以海门市为例[J].卫生软科学,2010,24(6):540-543.

[20] 刘丽杭.中国医疗保障制度发展的历史回顾[J].湖南医科大学学报(社会科学版),1999(1):57-61.

[21] 邹长青.中国医疗保障制度发展的历史演进(1949—1978年)[J].当代中国史研究,2018,25

(5):120.

［22］中国医学科学院医学信息研究所．新型农村合作医疗发展 15 年［M］.北京:中国协和医科大学出版社,2018.

［23］仇雨临,王昭茜．我国医疗保险制度发展四十年:进程、经验与展望［J］.华中师范大学学报(人文社会科学版),2019,58（1）:23-30.

［24］王世伟．信息安全辞典［M］.上海:上海辞书出版社,2013.

［25］何大龙．医疗保险信息管理系统设计与实现［D］大连:大连理工大学,2017.

［26］李亚子．中国医疗保险:统筹规划、上下联动,顶格推进医保信息平台建设与应用［EB/OL］.［2023-05-13］.https://baijiahao.baidu.com/s? id=1732680947910307570&wfr=spider&for=pc.

［27］彭连刚,张震．管理系统中计算机应用［M］.上海:上海交通大学出版社,2008.

［28］张震．管理系统中计算机应用［M］.上海:上海交通大学出版社,2020.

［29］周山芙,赵苹．管理系统中计算机应用［M］.北京:外语教学与研究出版社,2012.

［30］陈承欢,彭勇．管理信息系统基础与开发技术［M］.北京:人民邮电出版社,2005.

［31］上海市质量技术监督局．医疗保险信息系统建设与运行规范:DB31/T 905—2015［EB/OL］.［2023-10-06］. https://dbba.sacinfo.org.cn/stdDetail/fa9743adc22fd0b2d6708ee218e9e5c9.

［32］中华人民共和国卫生部．新型农村合作医疗管理信息系统基本规范(2008 年修订版):卫办农卫发［2008］127 号［EB/OL］.［2022-10-06］. https://www.doc88.com/p-79459335914.html.

第二章

系统建设背景

　　随着我国社会经济的发展、医学科技的进步以及个人健康意识的提高,人民对医疗卫生资源的需求日益增长,但由于我国各地医疗资源分配不均、诊疗水平参差不齐等原因,新农合参保人员遇到重大疾病不得不转诊到北京、上海等地的大型医院就诊,同时,由于地区经济发展不均衡,大量到外省务工的农民工就医时不得不选择在打工所在省份的医疗机构就诊,导致跨省就医的参合农民人群日益增多。2014 年,全国流动人口为 2.53 亿人,其中跨省务工流动人口近 1 亿人,他们的异地就医、就学和社会保障等问题是关系城乡一体化进程和劳动力充分就业的根本问题,该人群在户籍地参加新农合,在务工地就医后需要回到参合地报销,提高了就医成本,影响了生产能力,造成巨大经济与疾病负担,也给新农合管理部门跨省就医费用核查和补偿带来了很大挑战。为解决因病需跨省异地就医人群新农合费用结算的问题,原国家卫生和计划生育委员会(以下简称"原国家卫生计生委")成立国家卫生计生委信息化工作领导小组,在有关部门的指导下,由医科院信息所在前期建设国家新农合信息平台的经验基础上建设和运维覆盖全国 31 个省(自治区、直辖市)的新农合跨省就医结算与监管信息系统,该系统实现了新农合患者跨省就医转诊、入院登记、出院结报、基金结算、业务监管与决策支持等功能,通过门户网站对外发布新农合参保人员跨省就医相关政策等信息,方便了新农合患者尤其是外出务工人员的跨省就医费用结算和快速补偿,减轻了患者的资金垫付压力和误工误时成本,优化了新农合基金结算报销流程和安全运行管理效率。同时,加快基本医保异地就医联网结报工作也是推进"健康中国"建设的重要内容,对于深化医药卫生体制改革、落实分级诊疗制度、完善基本医保制度建设和提升城乡居民的获得感具有重要意义。

第一节　建设基础

一、工作基础

(一)以国家新农合信息平台为建设基础

新农合跨省就医结算与监管信息系统是在国家新农合信息平台的基础上,扩建已有的数据交换平台和跨省费用核查功能,并新建转诊管理、费用结算、基金结算、业务监测和决策支持、服务门户等多个子系统功能而建设完成的。

国家新农合信息平台是 2011 年卫生部委托医科院信息所建设的,2013 年已实现与北京、内蒙古、吉林、江苏、安徽、河南、湖北、湖南、海南 9 个省级平台的试点联通,为今后参合农民通过该平台实现异地就医及时报销奠定了基础。在新农合跨省就医结算与监管信息系统建设之前,国家新农合信息平台尚存在以下主要问题和现实差距,这也体现了对新农合跨省就医结算与监管信息系统建设的迫切需求。

1. 无法满足分级诊疗业务模式需求,不能有效进行跨省就医转诊管理

由于我国医疗资源配置不均衡,导致老百姓看病难问题发展成为医改必须面对的顽疾。同时,受本地医疗水平限制,参合农民遇到重大疾病不得不转诊到北京、上海等医疗资源比较集中区域的大型医院就诊,导致跨省就医的参合农民人群增多,然而大量的非疑难病症患者也在占用着大型医院紧张的医疗资源。"看病难,难在大医院"。因此,迫切需要加强对新农合省外转诊就医的管理,充分运用医疗、医保、价格"三个杠杆",完善"基层首诊、分级诊疗、双向转诊"体系,提高我国医疗卫生资源整体效率,缓解群众看病难问题,使得大型医院集中解决疑难病症。

2. 跨省费用核查系统覆盖范围不足,无法满足大部分地区费用核查需求

作为国家新农合信息平台规划中原有业务子系统之一的跨省费用核查子系统已于 2011 年开始建设,其主要建设目的是解决各地新农合经办机构面临的跨省就医患者的费用核查难题,预计此后两年通过费用核查子系统进行结算占结算总量的 35%。当时,跨省费用核查子系统已初步联通 22 个省级平台以及实现对分布于北京、上海、广州等重点城市的 19 家医院患者费用信息的采集,其中,北京大学人民医院、中国医学科学院肿瘤医院等医院已完成数据的持续上传。同时,该子系统增加了新农合费用核查相关的业务功能,具体包括参合农民基本信息管理、新农合经办机构费用核查申请单管理、医疗机构医疗费用单管理、医疗费用核查和分析统计等功能,基于上述功能部分地区已经开展了新农合患者跨省就医费用信息的核查业务,但地区覆盖面有待进一步扩大,费用核查功能还需进一步完善。

3. 信息资源缺乏统一规划和标准,无法建立全国统一的信息体系

由于缺乏统一的信息资源规划和标准规范,尚没有国家级的新农合信息资源目录,已联通的 22 个省级平台的就诊相关信息汇总后无法进行有效分析。同时,各省级平台已有数据的准确性和完整性有待提高。

4. 无法满足全国新农合业务监管和决策支持的需要

亟须建立国家级的新农合业务监管与决策支持系统,实现对全国新农合业务的动态监管,及时反映各省新农合运行情况,对异常和违规业务进行监控,为新农合管理人员提供决策支持手段,为我国新农合政策的持续发展提供有效支撑。

5. 缺乏国家级的新农合服务门户

当前,8 亿多参合农民无法通过有效途径获取新农合相关政策及服务信息,亟须建立相关门户平台将官方信息向社会动态发布,以帮助参合患者及时掌握就医报销政策等相关信息,提高就诊报销便捷性。

(二)全民健康保障信息化工程业务应用之一

新农合跨省就医结算与监管信息系统是全民健康保障信息化工程六大业务应用之一,是全民健康保障信息化工程的重要组成部分和信息资源的重要数据来源,同时也是全民健康保障信息化工程惠民服务的重要体现。

全民健康保障信息化工程的重点建设目标是以全员人口信息、城乡居民电子健康档案和中西医电子病历为核心,实现公共卫生、医疗服务、医疗保障(新农合)、药品供应保障、计划生育、综合管理六大类业务应用的互联共享和业务协同,设定了未来两年内新农合异地费用核查请求响应率不低于 85%,跨省就医即时结报提高到 1 600 万人次 / 年的具体业务目标。全民健康保障信息化工程建设内容,见图 2-1-1,其中红框标出部分是新农合业务建设内容。

二、建设运维机构

(一)领导和管理机构

新农合跨省就医结算与监管信息系统是一个包括多业务协同、多数据库建设、网络接入、设备采购、应用系统开发、数据利用及维护等建设内容的复杂的系统工程。为了保证工程能够稳步建设,达到预期效果,必须科学、合理、有效组织与管理工程建设,因此,需要由专门的领导和管理机构来确保工程的顺利进行。

原国家卫生计生委信息化工作领导小组是系统建设的领导机构,下设新农合跨省就医结算与监管信息系统项目办公室,并完善专家咨询委员会。原国家卫生计生委基层卫生司负责业务指导,统筹协调系统的建设,监督落实,切实加强项目的全过程管理。原国家卫生计生委规划与信息司负责技术指导,组织协调各级区域卫生信息平台或新农合信息平台、医疗机构信息系统、新农合跨省就医结算与监管信息系统的互联互通和数据交换等工作。

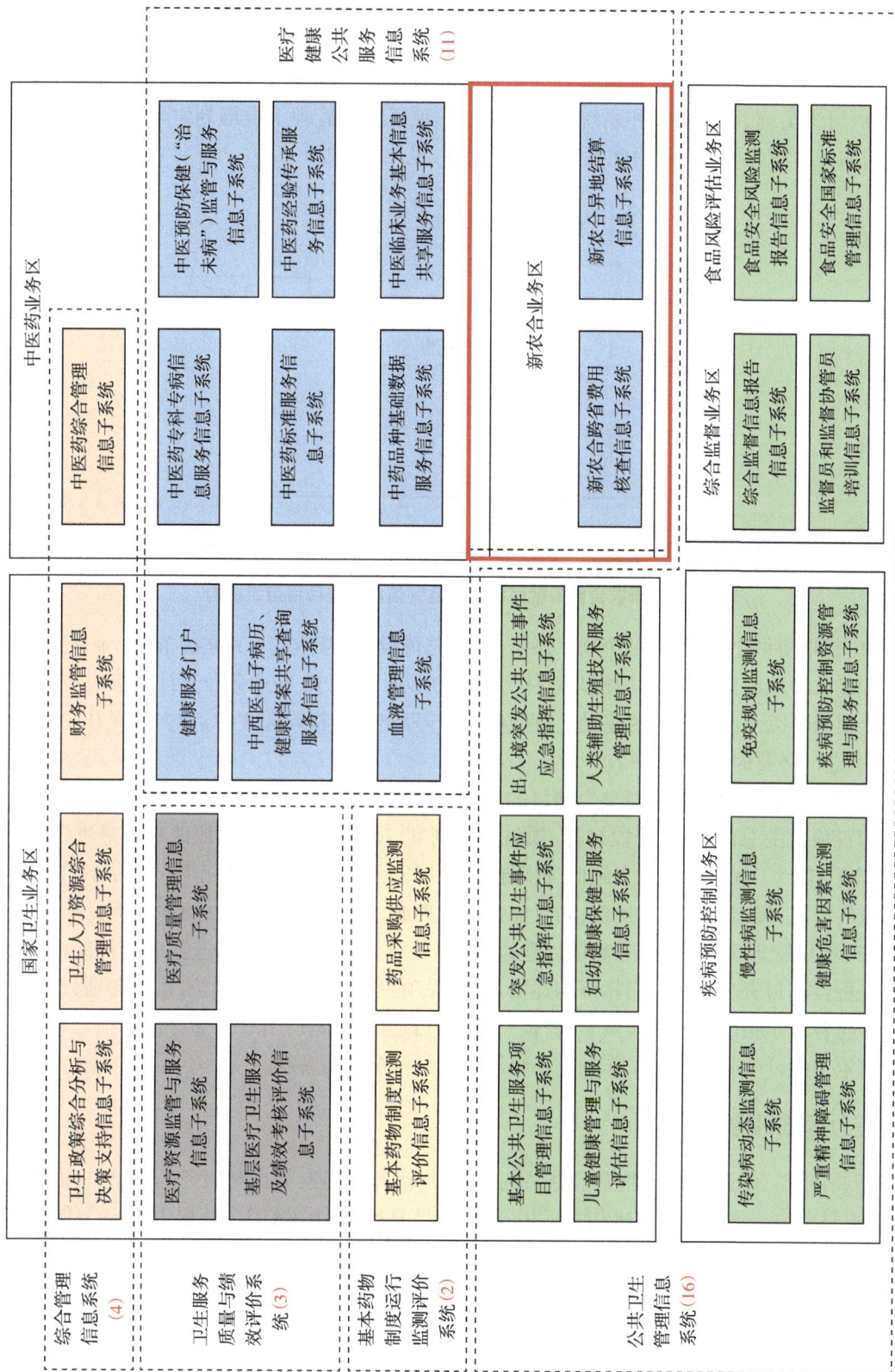

图 2-1-1 全民健康保障信息化工程业务框架

综合管理信息系统 (4)

卫生政策综合分析与决策支持信息子系统

卫生人力资源综合管理信息子系统

财务监管信息子系统

卫生服务质量与绩效评价系统 (3)

医疗资源监管与服务信息子系统

基层医疗卫生服务及绩效考核评价信息子系统

医疗质量管理信息子系统

健康服务门户

中西医电子病历、健康档案共享查询服务信息子系统

血液管理信息子系统

基本药物制度运行监测评价系统 (2)

基本药物制度监测评价信息子系统

药品采购供应监测信息子系统

公共卫生管理信息系统 (16)

基本公共卫生服务项目管理信息子系统

儿童健康管理与服务评估信息子系统

突发公共卫生事件应急指挥信息子系统

妇幼健康保健与服务管理信息子系统

出入境突发公共卫生事件应急指挥信息子系统

人类辅助生殖技术服务管理信息子系统

传染病动态监测信息子系统

严重精神障碍管理信息子系统

慢性病监测信息子系统

健康危害因素监测信息子系统

免疫规划监测信息子系统

疾病预防控制资源管理与服务信息子系统

国家卫生业务区

医疗健康公共服务信息系统 (11)

中医药业务区

中医药综合管理信息子系统

中医预防保健（"治未病"）监测与服务信息子系统

中医药专科专病信息服务与服务信息子系统

中医药经验传承服务信息子系统

中医药标准服务信息子系统

中药品种基础数据服务信息子系统

中医临床业务基本信息共享服务信息子系统

新农合业务区

新农合跨省费用核查信息子系统

新农合异地结算信息子系统

综合监督业务区

综合监督信息报告信息子系统

监督员和监督协管员培训信息子系统

食品风险评估业务区

食品安全风险监测报告信息子系统

食品安全全国标准管理信息子系统

疾病预防控制业务区

21

(二)实施机构

医科院信息所作为新农合跨省就医结算与监管信息系统的项目实施单位,负责项目的招投标、组织实施、系统开发和系统互联等工作。项目实施管理下设规划协调小组、技术支撑小组和项目管理小组。项目建设管理组织架构,见图 2-1-2。

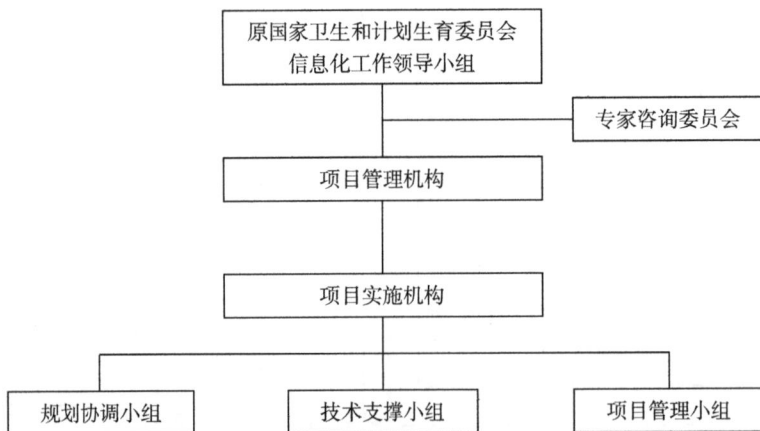

图 2-1-2　新农合跨省就医结算与监管信息系统项目组织机构

(1)规划协调小组:负责整个项目系统规划、总体设计、总体技术方案的落实。职责是根据工程建设的总体目标、建设规模与总体方案规划设计的要求,在业务及其计算机应用现状进行全面调研以及反复研讨的基础上,编制工程开发实施的指导性文件,并在工程开发实施过程中,进行必要的咨询与支持。

(2)技术支撑小组:负责对整个项目的开发实施过程,进行全面的组织、协调与管理。职责是拟订项目的总体计划、阶段目标、项目规章制度、项目标准与规范;跟踪项目进度,进行资源调度,按照工程总体计划实施监督指导;向原国家卫生计生委信息化工作领导小组汇报项目进展情况,提出项目工作报告;同时加强系统集成、软件开发、质量保障和支持服务。

(3)项目管理小组:负责落实项目建设资金,并对整个项目的实施进度进行督促检查。职责是配合项目资金主管部门做好沟通协调,保障项目建设资金按时到位;按时向项目参与单位拨付各自承担部分的建设资金;督促、检查项目建设资金使用情况,做好内部项目审计;向原国家卫生计生委信息化工作领导小组汇报项目资金执行情况。

(三)运维机构

新农合跨省就医结算与监管信息系统的建设、运行、管理、维护和服务工作是一项长期工作,需要由一支稳定专业的机构来承担,医科院信息所作为国家卫生数据中心运行维护机构,统筹相关数据中心运维事项。

医科院信息所成立于 1958 年,是隶属于中国医学科学院北京协和医学院的独立法人单位,在医学信息资源保障服务和医学信息研究领域发挥着"国家队"的作用,是国家级医学信息研究、医学信息资源保障与服务机构,承担医学信息研究、医学科技情报研究、科技评价研究、卫生政策研究和信息传播等任务，行使国家医学图书馆职能，是国家科技图书文献中心医学分中心、世界卫生组织卫生与生物医学信息合作中心，是为国家医疗卫生事业改革发展、医学科技创新发展提供决策支持和信息服务的重要支撑单位。

医科院信息所经过多年的建设，持续提供医疗卫生信息资源保障与服务等功能，已经具备 PB 级海量数据交换、存储、传输与处理能力。2011 年，医科院信息所受卫生部委托承接国家新农合信息平台，按照国家人口健康信息化总体规划的要求，设计国家新农合信息平台架构，制定技术标准规范，增置软硬件及网络设备，搭建新农合数据交换平台，开发信息系统，联通了全国 22 个省级新农合信息平台，面向新农合经办机构提供跨省就医费用核查服务。同时承担了国家人口健康工程技术中心项目，采集了基础研究、临床、公共卫生等多来源数据。

作为国家级研究机构，医科院信息所研究领域覆盖医学科技文献资源建设与服务、医学与健康科技发展战略、医学人工智能与数据挖掘、科学数据、医学术语、知识组织、科技评价、重大疾病防治与公共卫生信息、药物与医疗器械信息、医疗保障、卫生政策与全球健康、卫生经济、基层卫生与妇幼保健、科学及健康信息传播、舆情监测等。先后参加了自"六五"规划以来的国家医药卫生科技行业发展计划与规划、国家中长期科技发展规划及健康中国战略规划等相关研究，承担国家卫生健康委、国家发展改革委、科技部、工业和信息化部、民政部、国家医疗保障局等部委相关研究及中国工程院的咨询工作。承建并运行国家新农合跨省就医结算与监管信息系统，截至 2020 年 10 月 31 日，提供跨省就医结报服务 19.093 万人次，涉及总费用 35.41 亿元，涉及报销费用 15.63 亿元。

第二节　建设必要性与效益

一、建设必要性

（一）信息化发展已无法满足国家级新农合业务发展需求

当前新农合信息化投入主要落实在省、市、县的地方建设上，多数省份在省内基本实现了新农合的即时结算功能，使参合患者省内就医能够即时结算，减轻了农民的经济负担。但是，随着社会经济的发展和老百姓就医需求的增加，跨省就医的需求越来越大，仅仅依靠省内新农合信息系统无法解决农民跨省就医即时结算问题。由于国家新农合信息平台的建设相较滞后、尚待完善，国家层面的建设投入较少，信息化进程明显与地方建设不匹配，导致当前的跨省费用核查系统仅能满足部分地区的新农合患者跨省就医费用的核查，无法满足所有新农合的跨省结算业务需求，因此，迫切需要建设国家级的新农合业务系统支持跨省就医业务需求。

(二)保障新农合基金运行安全的需要

新农合制度从 2003 年开始,制度设计和业务运行流程等方面仍需进一步完善,跨省就医费用补偿还存在诸多问题。少数参合农民持假票据到当地新农合经办机构申请结算,这些假发票、假费用清单大部分来自省、市级大医院或省外大医院,跨省费用补偿存在"跑冒滴漏"现象,特别是较大金额的结算,患者所在地新农合经办机构只能通过电话等方式与患者就医医院进行确认;在这种情况下,新农合经办机构进行有效核查的同时,增加了新农合经办机构与医院的工作压力和人力财力资源的开支。如果能够通过跨省费用核查功能帮助新农合经办机构对参合农民跨省就诊医疗费用进行核查和费用结算,则可以有效减少新农合基金的"跑冒滴漏"现象,缓解新农合经办机构与医院的工作及人力财力压力。

(三)减轻参合农民经济负担,保障民生需要

新农合在帮助农民减轻医药费用负担,提高农村医疗保障的可及性与公平性,保障农民获得基本卫生服务、缓解农民因病致贫和因病返贫等方面发挥了重要的作用。对于日益增加的跨省就医需求,多数跨省就医患者是由于大病无法在本省内得到有效治疗,不得不到北京、上海等医疗资源比较集中区域的大型医院就诊,这类疾病一般治疗难度比较大,治疗周期长,费用相对较高,对农民家庭经济负担很重,部分农民可能因为无法筹集到看病的资金而耽误治疗,跨省就医结算的实现能够有效地减轻这类参合农民的家庭经济负担,促进社会和谐。

(四)国家政策的迫切要求

2011 年,《中华人民共和国国民经济和社会发展第十二个五年规划纲要》提出:做好各项制度间的衔接,整合经办资源,逐步提高统筹层次,加快实现医保关系转移接续和医疗费用异地就医结算。全面推进基本医疗费用即时结算,改革付费方式。积极发展商业健康保险,完善补充医疗保险制度。

2012 年,《卫生事业发展"十二五"规划》提出:加强区域信息平台建设,推动医疗卫生信息资源共享,逐步实现医疗服务、公共卫生、医疗保障(新农合)、药品供应保障和综合管理等应用系统信息互联互通。

2012 年,《"十二五"国家政务信息化工程建设规划》提出:建设全民健康保障信息化工程。以建立城乡居民电子健康档案和中西医电子病历、推广医保"一卡通"为重点,建设支持各级医院上下联动、医保医药医疗业务协同、居民健康监测咨询等的医疗健康公共服务信息系统,支持医疗机构分级协作和医保支付即时结算。

2015 年,印发《国家卫生计生委、财政部关于做好新型农村合作医疗跨省就医费用核查和结报工作的指导意见》提出:通过信息化手段,优化服务流程,健全协作机制,提高新农合跨省就医费用核查和结报管理服务水平及效率,维护基金安全,方便群众结报,逐步实现新农合跨省就医费用直接核查和结报。

2016 年 3 月,李克强总理在第十二届全国人民代表大会第四次会议《政府工作报告》中

明确提出:改革医保支付方式,加快推进基本医保全国联网和异地就医结算。并在随后的两会答记者问上,李克强总理提出:政府下决心要推进全国医保联网。要在今年基本解决省内就医异地直接结算的基础上,争取用两年时间,使老年人跨省异地住院费用能够直接结算,使合情合理的异地结算问题不再成为群众的痛点。

2016 年 5 月,国家卫生计生委与财政部《关于印发全国新型农村合作医疗异地就医联网结报实施方案的通知》提出:通过完善异地就医补偿管理政策、信息系统功能和服务网络,建立起有效的异地就医运行管理机制,逐步实现全国新农合跨省就医联网结报。2016 年,完善国家和省级新农合信息平台,基本建成新农合异地就医信息系统,实现省内异地就医直接结报,开展新农合转诊住院患者跨省定点就医结报试点。2017 年,基本实现新农合转诊住院患者跨省定点就医结报。

总之,当前新农合患者跨省就医结算问题已经上升为我国新农合业务发展的主要矛盾,迫切需要建设新农合跨省就医结算与监管信息系统,尽快实现与各省新农合信息平台和大型医疗机构信息系统之间的互联互通,解决参合农民跨省就医结算问题。

二、建设效益

(一)经济效益

通过医疗机构与新农合经办机构的业务信息的互联互通,实现新农合患者的跨省就医结报,切实解决参合农民的经济负担;保障异地工作农民的身体健康,促进劳动力的流动,为社会的进步发展提供保障,促进我国经济的发展;同时加强了各项跨省就诊费用的审核与监管,确保了新农合基金安全,为我国新农合基金的合理使用和监控提供保障。

1. 降低参合农民跨省就医结算成本

改进新农合跨省就医结算管理模式,一方面,降低参合农民跨省就医费用结算过程额外成本,提高广大农民参合的积极性,提高劳动者人力资本,增强其抗风险能力,促进消费,降低预防性储蓄;另一方面,有利于减少农村流动劳动力异地就业的后顾之忧,从而实现劳动力资源更有效配置,引导劳动力流动、促进经济发展,有利于更好地促进新农合取得更大成果。

2. 降低新农合骗保行为,提高新农合资金有效利用

参合农民的跨省就医骗保形式日趋多样化且行为隐匿,加之新农合业务数据相对孤立,导致骗保行为难以及时发现和监管。新农合经办中的新农合欺诈及违规行为的手段和方式主要分为伪造发票和病历、重复参保、同院跨院重复开药、就医频次和交易金额异常、冒名顶替等现象,骗取了大量新农合资金,严重影响了新农合制度的实施效果。预防跨省骗保行为智能分析模型的构建可加强骗保行为管理,能够做到事先预防骗保行为的发生,也可以事后对骗保行为进行监控,保障新农合资金的有效利用。

3. 有效降低政府行政管理成本

任何行政政策的提出,离不开对地方实际情况的了解和分析。通过信息化工程的建设,可以提高对参合农民费用信息的收集、整理效率,提高综合分析能力,能够让新农合经办机构及时掌握地方真实、有效的新农合费用信息,降低参合农民费用信息收集、处理、核实的成本。通过项目的建设,提供了高科技手段对政府科学决策的支持,使得行政政策更加科学有效、及时合理,减少了失误、不科学的行政政策带来行政管理成本的浪费。

(二)社会效益

通过新农合跨省就医结算业务系统,进一步提升全国新农合管理水平,解决农民跨省就医难、看病贵、结算周期长的社会问题,方便农民跨省就医,保障农民健康,缓解农民因病致贫和因病返贫等矛盾,减轻农民经济负担,促进社会和谐。

1.提高新农合服务水平

享受基本医疗保障是现代公民应该享有的基本权利,而提供医疗保障是现代政府的重要职责,通过开展跨省就医结算、不断完善新型农村合作医疗制度,有利于城乡居民共享改革发展成果,实现城乡基本公共服务均等化,是完善城乡统筹的社会保障体系、建设公共服务型政府的根本体现。

2.提高新农合政务决策的科学合理性

通过最新信息化技术的引入,基于大数据的实时采集、动态分析工作模式的建立,将会促进新型监管机制的形成,从而为新农合政务决策提供及时准确的基础数据以及科学的决策分析,进而提高新农合政务决策的合理性。

3.有利于保障和改善民生

新农合参合农民异地就医已经成为我国经济社会转型时期必须正视的一个社会问题,加强这部分人群的医疗保障制度建设是构建社会主义和谐社会不可或缺的部分,建设跨省就医结算方式有利于方便农民工异地就医,降低农民工健康风险,从而有利于保障和改善民生,增进社会转型期的稳定。

第三节　建设原则与思路

一、建设原则

新农合跨省就医结算与监管信息系统建设原则包括先进性、高可靠性、开放性、可伸缩性和可移植性,具体如下。

先进性:系统在设计思想、系统架构、采用技术、选用平台上均要具有一定的先进性、前瞻性和扩充性。在充分考虑技术先进性的同时,尽量采用技术成熟、市场占有率比较高的产品,从而保证建成的系统具有良好的稳定性、可扩展性和安全性。

高可靠性:在建设平台上需保证系统的可靠性和安全性。在系统设计中,应有适量冗余及其他保护措施,平台和应用软件应具有容错性、健壮性等。

开放性:在系统构架、采用技术、选用平台方面都必须要有较好的开放性。特别是在产品选择上,要符合开放性要求,遵循国际标准化组织的技术标准,对选定的产品既有自己独特优势,又能与其他多家优秀的产品进行组合,共同构成一个开放的、易扩充的、稳定的、统一软件的系统。

可伸缩性:考虑到系统建设是一个循序渐进、不断扩充的过程,系统要采用积木式结构,整体构架的考虑要与现有系统进行无缝连接,为今后系统扩展和集成留有扩充余量。

可移植性:系统应基于业界开放式设计标准,采用平台化和模块化的设计,对系统中的网络协议、数据接口、指标体系进行统一规划,并预留出足够的接口,为系统的进一步扩展奠定基础。系统的应用模块应是可移植的,确保系统在硬件基础升级后不需要太大改动就可以照常运转。

二、建设思路

坚持标准和开放的技术体系:在系统设计和实施过程中尽可能遵循相关标准和规范,包括国际标准、国家标准、行业标准和新农合业务标准。在标准的支撑下,系统建设采用开放的、标准的、主流的、成熟的系统平台、开发手段与信息技术规范。采用符合行业标准的应用集成技术,建立有效集成的应用系统,最终达到设计建设目标。

采用先进、成熟的技术路线和产品:首要是采用先进、成熟的技术降低整个项目的风险,保证系统的可用性,在此基础之上追求技术的相对先进性。最大限度地采用当前主流、成熟的产品和组件,构建良好的三层以上系统架构,提高开发效率,降低开发风险,满足业务需要,便于二次开发和系统扩展,使系统具有一定的前瞻性、技术先进、功能实用、易于扩展,在适应当前建设需求的前提下,充分考虑未来业务发展的需要。

平台化、模块化、组件化建设:按照平台化、模块化、组件化的思路,解决因管理流程变化而需要不断开发或重建系统的难题。通过对应用中一些共性问题的归纳,提炼出一些与应用系统相对独立的、通用性的组件及管理工具,作为各个应用系统统一的底层。

充分考虑系统的安全性、保密性:安全体系建设是需要充分考虑的重要工作之一,该工作要求将贯穿项目规划到实施的整个阶段。

分层设计思路:为了保障系统的可扩展性和可维护性,系统设计采用分层和多层的设计方法,由外向内将应用软件系统分为:用户层、表现层、业务逻辑层、应用支撑层、数据资源层、基础设施层及运行维护体系、信息安全保障体系和标准规范体系。

三、建设依据

新农合跨省就医结算与监管信息系统主要依据以下相关政策文件和规章制度的要求进行开发建设,具体依据如下。

1.《国家卫生计生委关于新农合跨省就医结算与监管信息系统项目可行性研究报告(代项目建议书)的批复》(国卫规划函〔2016〕136号)。

2.《关于印发全国新型农村合作医疗异地就医联网结报实施方案的通知》(国卫基层发

〔2016〕23 号）。

3. 2016 年《政府工作报告》明确提出"改革医保支付方式,加快推进基本医保全国联网和异地就医结算",并在随后的两会答记者问上,李克强总理提出"政府下决心要推进全国医保联网。要在今年基本解决省内就医异地直接结算的基础上,争取用两年时间,使老年人跨省异地住院费用能够直接结算,使合情合理的异地结算问题不再成为群众的痛点"。

4.《国家卫生计生委、财政部关于做好新型农村合作医疗跨省就医费用核查和结报工作的指导意见》（国卫基层发〔2015〕46 号）。

5.《国家卫生计生委办公厅关于全面推进国家新型农村合作医疗信息平台建设工作的通知》（国卫办基层函〔2015〕870 号）。

6.《中共中央关于全面深化改革若干重大问题的决定》（2013 年 11 月 12 日）。

7.《国家卫生计生委 国家中医药管理局关于加快推进人口健康信息化建设的指导意见》（国卫规划发〔2013〕32 号）。

8.《国家发展改革委关于加强和完善国家电子政务工程建设管理的意见》（发改高技〔2013〕266 号）。

9.《关于进一步加强政务部门信息共享建设管理的指导意见》（发改高技〔2013〕733 号）。

10.《"十二五"期间深化医药卫生体制改革规划暨实施方案》（国发〔2012〕11 号）。

11.《国家发展改革委员会 公安部 财政部 国家保密局 国家电子政务内网建设管理协调小组办公室关于进一步加强国家电子政务网络建设和应用工作的通知》（发改高技〔2012〕1986 号）。

12.《卫生部 国家中医药管理局关于加强卫生信息化建设的指导意见》（卫办发〔2012〕38 号）。

13.《中医药信息化建设"十二五"规划》（国中医药办发〔2012〕28 号）。

14.《中华人民共和国国民经济和社会发展第十二个五年规划纲要》（2011—2015 年）。

15.《中共中央关于制定国民经济和社会发展第十二个五年规划的建议》（2010 年 10 月 18 日）。

16.《中共中央 国务院关于深化医药卫生体制改革的意见》（中发〔2009〕6 号）。

17.《国务院关于扶持和促进中医药事业发展的若干意见》（国发〔2009〕22 号）。

18. 国家发展改革委《关于加强国家电子政务工程建设项目信息安全风险评估工作的通知》（发改高技〔2008〕2071 号）。

19.《国家电子政务工程建设项目管理暂行办法》（国家发展和改革委员会令〔2007〕第 55 号）。

20.《信息安全等级保护管理办法》（公通字〔2007〕43 号）。

21.《国家电子政务总体框架》（国信〔2006〕2 号）。

22.《2006—2020 年国家信息化发展战略》（中办发〔2006〕11 号）。

23.《中共中央办公厅 国务院办公厅转发〈国家信息化领导小组关于推进国家电子政务网络建设的意见〉的通知》（中办发〔2006〕18 号）。

24.《电子政务标准化指南》（GB/T 30850—2014）。

25.《关于信息安全等级保护工作的实施意见》(公通字〔2004〕66号)。

26.《国家信息化领导小组关于加强信息安全保障工作的意见》(中办发〔2003〕27号)。

27.《中华人民共和国计算机信息系统安全保护条例》(国务院147号令)。

28.《计算机信息系统保密管理暂行规定》(国保发〔1998〕1号)。

第四节　建设内容

新农合跨省就医结算与监管信息系统的建设内容主要包括数据交换共享网络、应用系统、基础设施以及安全与标准规范体系等四部分。

一、数据交换共享网络建设

建成以新农合跨省就医结算与监管信息系统为核心的跨省就医结算数据交换共享网络,实现该网络内的31个省份和62家医院(包括44家委预算管理医院和未与国家新农合信息平台联通的9个省的18家医院)与新农合跨省就医结算与监管信息系统的互联互通。其中,各省级新农合信息平台、委预算管理医院与新农合跨省就医结算与监管信息系统直接联通;其他医院按照属地化管理的原则,与省级新农合信息平台联通,实现跨省就医数据的交换;未建立省级新农合信息平台的省份通过区域卫生信息平台与新农合跨省就医结算与监管信息系统交换共享数据。数据交换共享网络模式分为三种,具体如下。

(一)与省级新农合信息平台进行数据交换的网络

在新农合由原卫生计生部门主管的省份中,已有22个省(自治区、直辖市)与国家新农合信息平台联通,这些省份的省级新农合信息平台可直接与新农合跨省就医结算与监管信息系统联通和交换共享数据。

(二)与区域卫生信息平台进行数据交换的网络

除22个已与国家新农合信息平台联通的省(自治区、直辖市)外,尚有9个省(自治区、直辖市)未与国家新农合信息平台联通,这9个省(自治区、直辖市)可通过省级区域卫生信息平台与新农合跨省就医结算与监管信息系统联通和交换共享数据,并通过全民健康保障信息化工程的支持,完善功能,为参合患者跨省就医结算提供技术支撑。

(三)与医院信息系统进行数据交换的网络

委预算管理的44家医院直接与新农合跨省就医结算与监管信息系统进行数据交换共享。为加快建设进度,在未与国家新农合信息平台联通的9个省(自治区、直辖市)中,每个省份选择2家医院(省级人民医院以及中医医院)开展跨省就医结算工作。

其他医院按照属地化管理的原则,通过省级新农合信息平台或者区域卫生信息平台与新农合跨省就医结算与监管信息系统交换共享数据。新农合跨省就医结算与监管信息系统内虚拟建立省级新农合结算系统,便于省级卫生行政部门进行管理。

二、应用系统建设

为解决因病需跨省就医人群新农合费用结算问题,新农合跨省就医结算与监管信息系统拟通过实现跨省就医转诊、入院登记、出院结报、新农合基金结算、新农合业务监管与决策支持等功能,以及搭建门户网站对外发布跨省就医相关政策等信息,以期帮助异地就医人群快速获取补偿,减轻患者就医负担。

为实现上述功能,新农合跨省就医结算与监管信息系统的应用系统建设应包括新农合跨省就医转诊子系统、跨省费用核查子系统、跨省费用结算子系统、新农合基金结算子系统、业务监管与决策支持子系统和新农合信息服务门户六个子系统。

(一)跨省就医转诊子系统

与分级转诊制度相适应,规范患者就医秩序,实现跨省就医转诊。主要功能包括转诊申请、转诊审核、转诊回复、转诊统计等。

(二)跨省费用核查子系统

提供参合农民跨省就诊医疗费用的核查功能,对医院上传的就医费用单与新农合经办机构提交的费用核查申请单进行统一管理、分析与监控。经办机构通过费用核查系统,对患者所持跨省就医费用凭证的真实性进行核实,在核查的基础上对跨省就医费用单据进行结算,加强对跨省就医补偿基金的监管。主要功能包括费用单上传、费用单审核、费用单查询、申请单上传、申请单审核、申请单回复、申请单异常处理、申请单查询统计等。

(三)跨省费用结算子系统

解决全国范围内各省新农合政策等差异性问题,建立统一的结算补偿算法模型,方便患者出院结算,提供出院结报服务。同时提供费用核查功能,便于线下为参合患者提供新农合基金补偿服务。主要功能包括参合患者身份识别、住院登记、住院登记撤销、补偿算法配置与服务管理、住院明细费用上传、住院明细单项删除、出院预结算、出院结算、出院结算红冲等功能。

(四)新农合基金结算子系统

解决跨省就医即时结报后新农合经办机构对医疗机构垫付资金的拨付问题,使得医疗机构能够顺畅地实现资金的回款,保障新农合跨省即时结报业务的正常开展。主要功能包括医院结算申请、结算申请审核、费用结算执行、生成对账单、对账查看、资金拨付和跨省结算数据统计分析等。

(五)业务监管与决策支持子系统

立足于国家级系统的定位,监控跨省就医业务的运行状态,为跨省就医政策的制定提供决策支持。汇集各省新农合业务数据和跨省就医数据,进行基金监管、业务监测、跨省就医基金预警等,为新农合制度的稳定运行、基金的合理分配、参合患者分级诊疗等提供支撑。主要功能包括指标管理、模型管理、业务监管、决策支持、预警管理、骗保辅助识别等。

(六)新农合信息服务门户

作为各级新农合经办机构和参合农民获取新农合相关服务的信息窗口,提供惠民服务,发布跨省就医相关信息,如新农合跨省就医政策、定点医疗机构信息、新农合经办机构信息等。主要功能包括信息发布、信息查询、用户管理、系统配置等。

三、基础设施建设

通过基础设施建设,为新农合跨省就医结算与监管信息系统提供坚实、可靠的基础支撑,建设内容主要包括主机、网络、存储和安全等相关部分。

四、安全与标准规范体系建设

依据国家卫生信息标准,结合新农合跨省就医结算业务的需要,制定和完善适合新农合跨省就医结算与监管信息系统的数据、接口、功能等标准以及安全规范等,主要包括数据类标准、业务流程规范、接口规范和业务管理规范等。

第五节 招标形式

招标方式一般分为公开招标和邀请招标,其中,公开招标是政府采购的主要采购方式。招标组织形式一般分给自行招标和委托招标,其中,如果招标人不具有编制招标文件和组织评标能力,必须委托具有相应资质的招标代理机构办理招标事宜,招标人自行选择具有相应资质的招标代理机构,委托其办理招标事宜,开展招标投标活动。新农合跨省就医结算与监管信息系统是政府委托的一项业务工作,其建设过程采取委托招标的组织形式进行公开招标。

一、组织形式

根据国家有关规定,项目实施所需的设计单位应在具有工程设计甲级资质的范围内选择,监理单位应在具有信息系统工程甲级监理资质的范围内选择。前期工作费、工程设计不采用招标方式进行,直接委托有资质的咨询、设计单位进行编制。对于硬件设备及软件的采购安装采取委托招标的组织形式进行公开招标。定制软件及系统集成与调试采取委托招标的组织形式进行公开招标。系统建设招标基本情况,见表2-5-1。

表 2-5-1　项目建设招标基本情况表

项目	分项	招标范围		招标组织形式		招标方式		不采用招标方式
		全部招标	部分招标	自行招标	委托招标	公开招标	邀请招标	
服务	设计							√
	监理	√			√	√		
主要设备	服务器设备	√			√	√		
	存储设备	√			√	√		
	网络设备	√			√	√		
	安全设备	√			√	√		
	其他设备	√			√	√		
软件	系统软件	√			√	√		
	应用软件	√			√	√		
其他	系统集成费	√			√	√		
	建设管理费							√
	前期工作费							√
	招投标代理服务费							√
	标准规范	√			√	√		
	培训费	√			√	√		
	等保测评及风险评估费	√			√	√		
	建设期通信线路费	√			√	√		
	项目预备费							√

注:标准规范、培训费、等保测评及风险评估费、建设期通信线路费打包至"应用软件"中进行招标。

二、基本要求

(一)知识产权、保密责任要求

系统所开发软件的知识产权归医科院信息所所有。

投标人不享有本系统开发软件的知识产权、使用权,不得以任何方式向第三方披露、转让本系统建设的技术成果、关键技术、数据信息、文档资料等。

投标人应保证系统建设单位使用该系统及服务免受第三方提出的侵犯其知识产权的索赔或诉讼。如有上述指控,由投标人承担可能发生的一切法律责任和费用。

(二)实施要求

系统建设应充分利用医科院信息所已有的国家新农合信息系统的建设基础,并在现有的数据交换平台的基础上进行扩展,实现与省级平台和医院的联通。

(三)验收要求

初验要求:在试点省份和试点医院实现新农合跨省费用核查和新农合跨省费用即时结算后,进行项目初步验收。

终验要求:按照联通要求,31 个省(自治区、直辖市)和 62 家医院实现与新农合跨省就医结算与监管信息系统实现互联互通后,进行项目终验。

(四)软件技术支持和培训要求

在最终验收后,软件开发单位应在医科院信息所指定时间内完成本系统在医科院信息所实际环境中的部署,并在质量保证期内对医科院信息所该环境提供包括现场服务在内的技术支持服务。

第三章

系统架构设计

新农合跨省就医结算与监管信息系统架构设计是系统开发建设过程中至关重要的一环,是在新农合业务需求分析的基础上,进行系统架构设计,一般包括逻辑架构、数据架构、物理架构和业务架构等内容。

新农合跨省就医结算与监管信息系统架构基于 J2EE 规范,采用 B/S 架构。系统逻辑架构层次分为五层,包括用户层、应用层、应用支撑层、数据资源层和基础设施层。数据架构由数据采集与整合区、信息资源区、数据管理与维护区以及数据共享与服务区组成。物理架构分为医院信息系统、省级新农合信息平台和新农合跨省就医结算与监管信息系统三层。业务架构主要包括新农合基金筹集、新农合参合患者费用结算和新农合基金结算三大部分。

第一节 系统总体架构

以新农合跨省就医结算与监管信息系统为核心,建设跨省就医结算数据交换共享网络。该网络内 31 个省(自治区、直辖市)和 62 家医院实现同新农合跨省就医结算与监管信息系统的互联互通。各省级新农合信息平台、委预算管理医院同新农合跨省就医结算与监管信息系统直接联通,其他医院按照属地化管理的原则,与省级新农合信息平台联通,实现跨省交换就医数据。对于已建省级平台的数据需要通过消息中间件,将新农合患者就医费用及结算数据同步到国家级系统,需要首先建立严格的数据标准、交换标准,否则数据项、数据格式很难达到要求。总体架构见图 3-1-1。

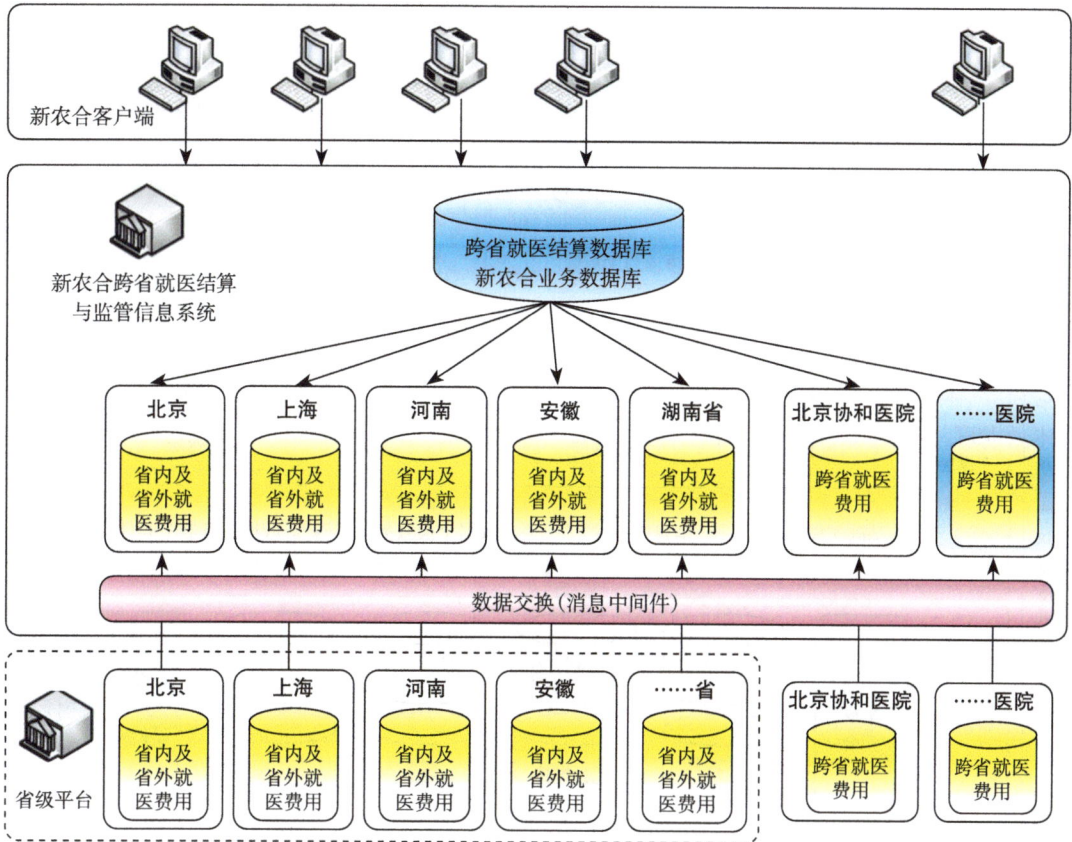

图 3-1-1 新农合跨省就医结算与监管信息系统总体架构

第二节 系统逻辑架构

新农合跨省就医结算与监管信息系统架构基于 J2EE 规范,采用 B/S 架构,符合国际标准,该系统具有良好的扩展性、跨平台性、移植性,对以后的软件环境升级如硬件平台或操作系统具有很好的适应性。系统逻辑架构见图 3-2-1。

一、架构层次

系统逻辑架构层次分为五层,包括用户层、应用层、应用支撑层、数据资源层和基础设施层,具体如下。

用户层:访问系统的用户群,包括主管上级、定点医疗单位、各级卫生主管部门、公众用户等。通过国家级新农合信息服务门户向应用层发出请求,应用层响应用户层的业务数据请求,并把处理结果反馈给用户。

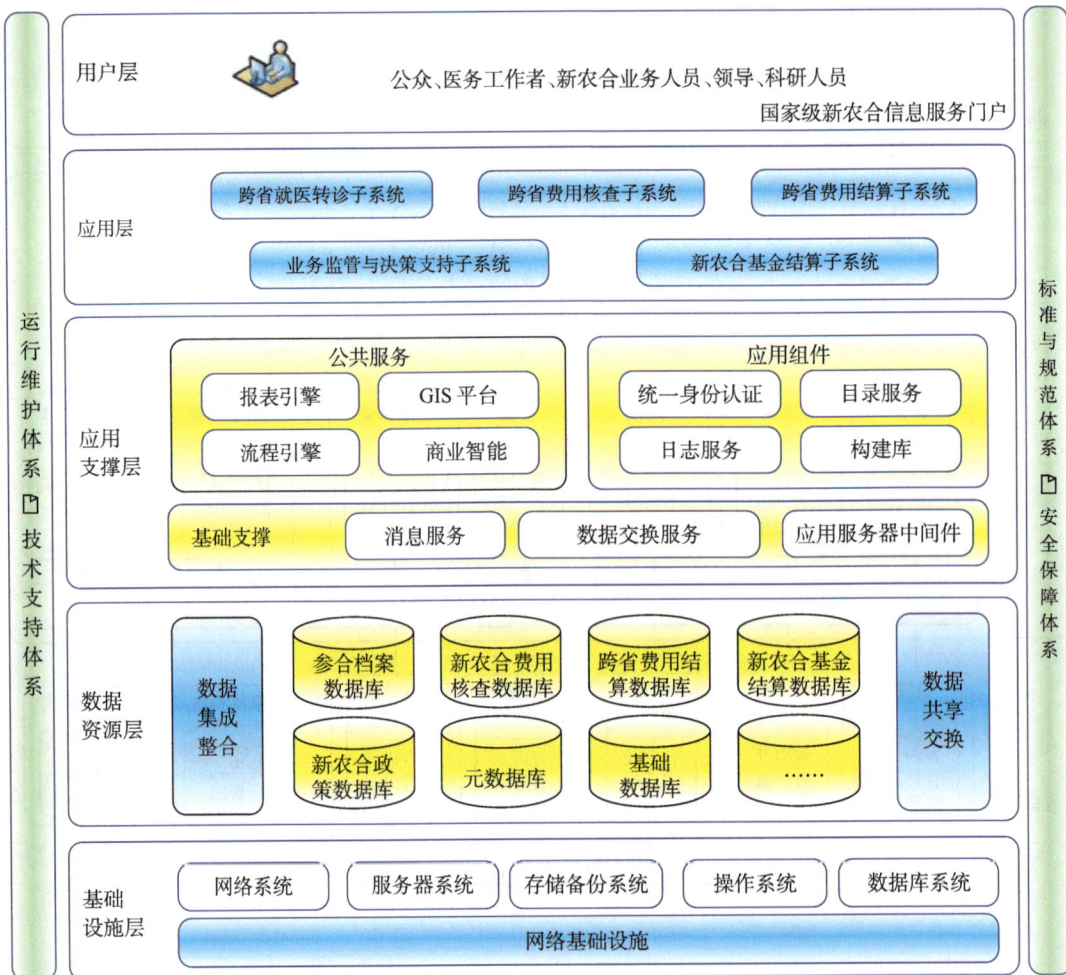

图 3-2-1 新农合跨省就医结算与监管信息系统逻辑架构

应用层:是用户直接使用的与业务有关的各子系统集合,是系统的业务逻辑处理层,也是系统的核心。构建在应用支撑层之上,主要的业务应用包括:跨省就医转诊子系统、跨省费用核查子系统、跨省费用结算子系统、新农合基金结算子系统、业务监管与决策支持子系统、新农合信息服务门户 6 个子系统。

应用支撑层:是连接基础设施和应用系统的桥梁,是以应用服务器、中间件技术为核心的基础软件技术支撑平台,其作用是实现资源的有效共享和应用系统的互联互通,为应用系统的功能提供技术支持、多种服务及运行环境,是实现应用系统之间、应用系统与其他平台之间进行信息交换、传输、共享的核心。应用支撑平台主要包括:应用组件、公共服务、基础支撑等 3 个部分。

数据资源层:主要由核心数据库系统组成。该层提供数据存储和管理、资源访问的机制,为上层应用提供数据及资源服务。

基础设施层:主要是完成各类信息从采集到数据的传输、加工处理、存储和展示等全过程的软硬件设备以及软硬件设备运行所需要的实体环境的有机组合,是系统建设的基础。

包括数据采集与存储系统、通信系统、计算机网络系统以及系统运行实体环境等。

二、架构体系

系统建设体系分为四个,包括标准规范体系、安全保障体系、运行维护体系和技术支持体系。

标准与规范体系:以《中国公共卫生信息分类与基本数据集标准》所建立的国家公共卫生信息资源分类与编码体系和新农合基本数据集标准为基础,遵循国家标准、行业标准和专为本系统制定的有关技术标准和规范。

安全保障体系:贯穿整个系统的 IT 基础设施、应用支撑平台、应用信息系统。提供了网络通信、数据存储基础设施安全;应用系统安全应包括诸如统一用户管理与身份认证、数据加密等全面的安全解决方案并提供全面的安全管理手段来确保系统安全。

运行维护体系:建立一套反应迅速、管理手段先进的运行维护技术支持体系,确保为业务提供高质量的运维服务,并降低运行风险;确保应用系统高效、稳定、安全运行,实现对运维效果与效率的管控。

技术支持体系:建设运行维护队伍,依据各运维流程的人员需求进行设定,针对整体运维体系的设计和工作流程合理设置各相关岗位,从 IT 基础设施监控,业务应用系统监控,IT服务支持管理、服务后台、知识管理、IT 服务交付管理等方面进行。提供快速业务、技术故障的响应与技术支持。

第三节　系统数据架构

数据架构由数据采集与整合区、信息资源区、数据管理与维护区以及数据共享与服务区组成。其中,数据采集与整合区负责数据的采集与整合管理,提供数据交换、访问授权、数据清洗、数据审核等服务功能;信息资源区负责数据的存储,按照业务主题分为业务类数据库、基础信息类数据库、通用信息类数据库、交换数据库、共享数据库、分析数据库、历史数据库等内容;数据管理与维护区负责数据的维护管理,提供数据权限、数据更新、元数据管理、数据备份、数据监控等服务功能;数据共享与服务区负责对外提供数据服务,提供综合信息查询、数据分类共享、信息反馈、统计分析服务、信息决策支持等服务功能。

业务数据是系统的核心和灵魂,从时间属性看,数据分为实时数据和非实时数据,按照数据的业务类型分为业务数据库、管理数据库、基础数据库和元数据库等四类,总体数据架构见图 3-3-1。

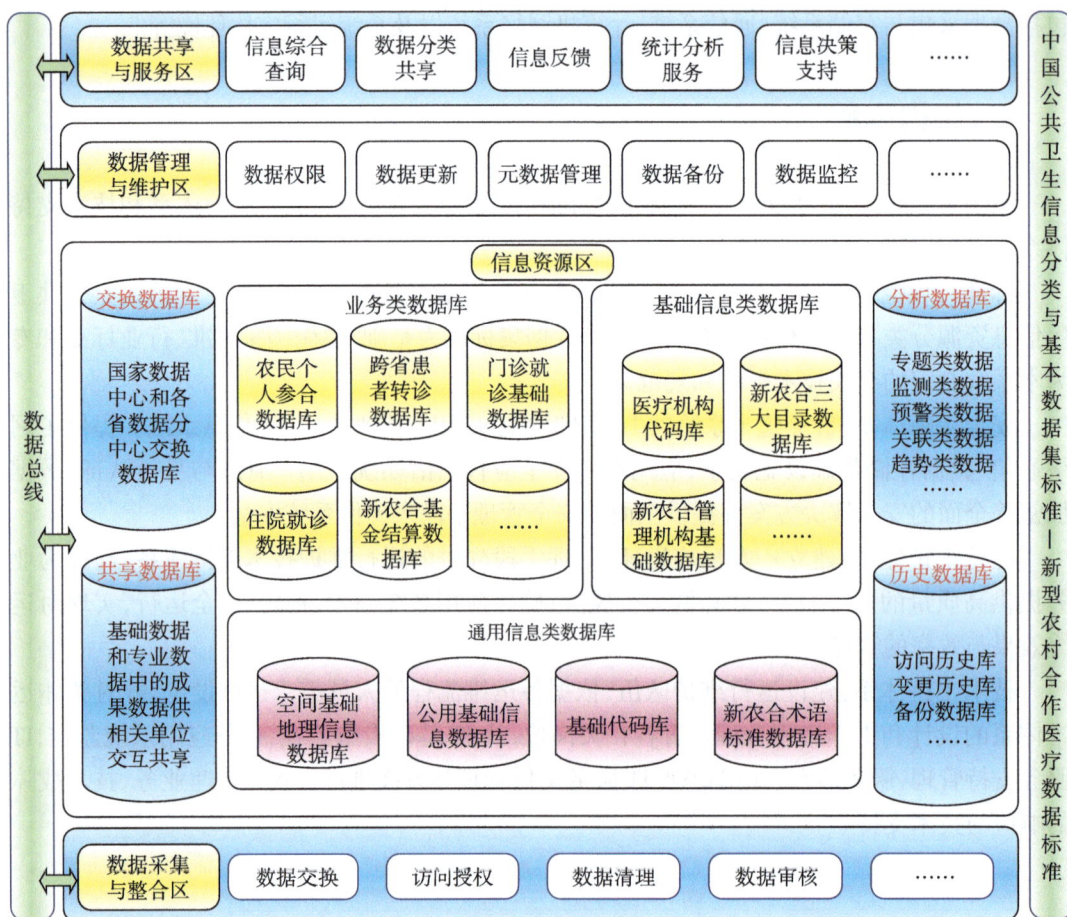

图 3-3-1　新农合跨省就医结算与监管信息系统总体数据架构

第四节　系统物理架构

　　总体物理架构为医院信息系统、省级新农合信息平台和新农合跨省就医结算与监管信息系统三层结构,数据中心部署在医科院信息所园区机房。但需要针对部分省市新农合管办机构只有电子政务外网的链路情况,对原有物理架构进行丰富,新增电子政务外网接口,系统物理架构见图 3-4-1。

　　全国 31 个省(自治区、直辖市)大多数新农合省级平台(或省级卫生信息平台)通过互联网 +VPN 通道方式与新农合跨省就医结算与监管信息系统实现数据交换;有部分省(自治区、直辖市)如天津市、宁夏回族自治区新农合与社保已经合并,统一由社保管理,这些地区通过政务网与新农合跨省就医结算与监管信息系统实现数据交换。

　　62 家医院(44 家委预算管理医院 +9 个未联通省的 18 家医院)直接通过互联网 +VPN通道与新农合跨省就医结算与监管信息系统网络联通,实现数据交换。

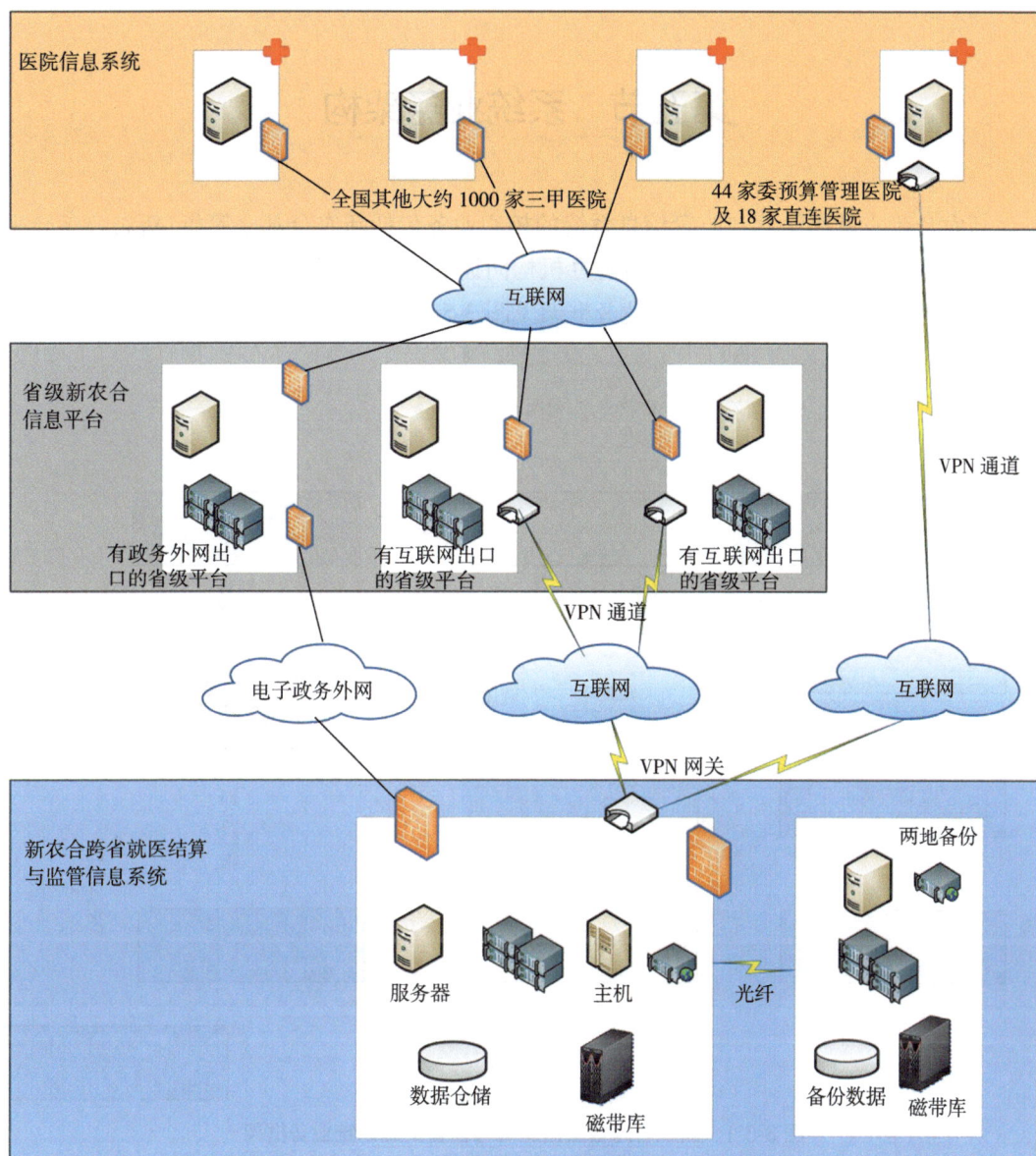

图 3-4-1 新农合跨省就医结算与监管信息系统物理架构

全国其他大约 1 000 家三甲医院通过现有模式依托省级区域卫生信息平台与新农合跨省就医结算与监管信息系统交换共享数据。

考虑到实现新农合跨省就医结算的需求时间紧迫,系统建设时期主要依靠互联网 +VPN 接入方式,随着全民健康保障信息化工程的逐步开展完善,将来新农合跨省就医结算业务的接入逐步迁移至政务外网,网络的接入速率稳定性及安全性有更好的保障,与原国家卫生计生委统一的备份机房将实现光纤直连,确保新农合跨省就医结算与监管信息系统实现业务两地热备和数据两地备份。

第五节　系统业务架构

新农合跨省就医结算与监管信息系统的核心业务包括新农合基金筹集、新农合参合患者费用结算、新农合基金结算（新农合经办机构向提供跨省就医即时结报业务的定点医疗机构支付垫付资金）三大部分，其总体业务框架见图 3-5-1。

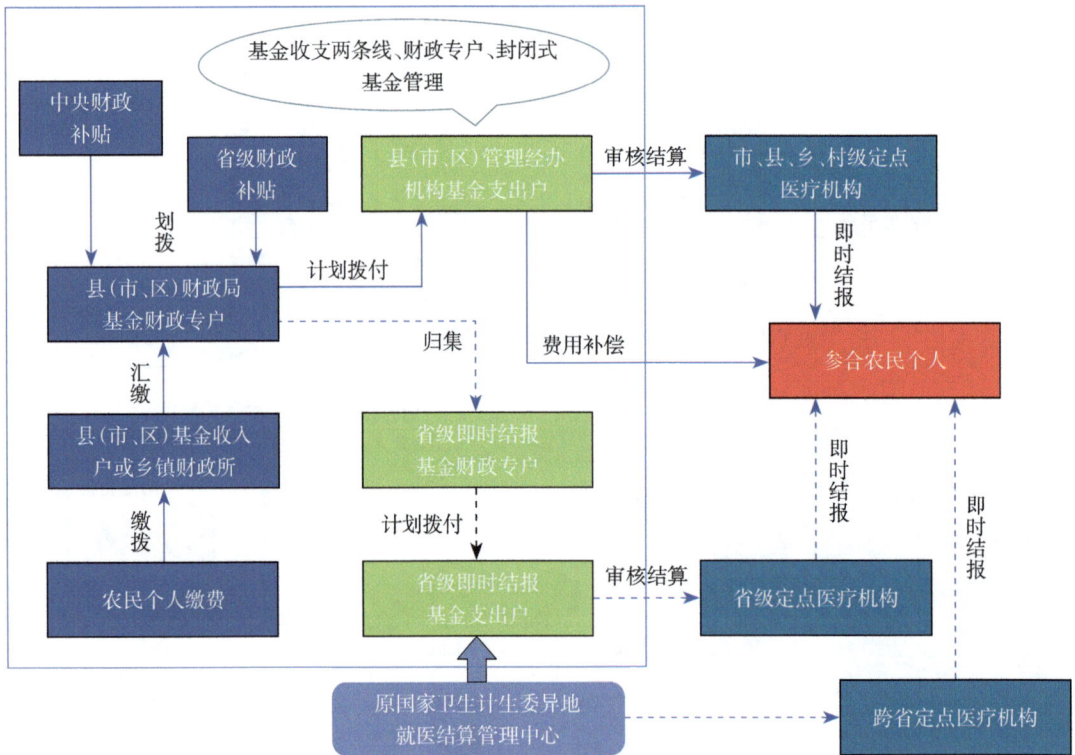

图 3-5-1　新农合跨省就医结算与监管信息系统业务框架

新农合基金筹集：基金筹集业务由各省按照现有的筹集模式完成后，建立省级即时结报基金支出户，没有省级基金支出户的省份，在"国家卫生计生委新型农村合作医疗异地就医结算管理中心"建立省级虚拟即时结报基金支出户。

新农合参合患者费用结算：跨省就医时，参合患者个人在跨省定点医疗机构直接享受即时结报服务，其出院结算时，只需要支付其个人支付部分的资金，其他资金由医疗机构垫付。

新农合基金结算：新农合经办机构按照结账周期向提供跨省就医即时结报业务的定点医疗机构支付垫付资金，跨省定点医疗机构的资金支付需要由省级即时结报基金支出户进行资金支付，对于没有省级基金户的省份，则由"国家卫生计生委新型农村合作医疗异地就医结算管理中心"的虚拟账户先进行资金支付，后续再由"国家卫生计生委新型农村合作医疗异地就医结算管理中心"与对应省份的新农合经办机构完成相应的基金支付。新农合跨省就医基金流转的主要方式为定点医疗机构与所属地区省级新农合结算中心进行结算,以省级结算中心之间进行清算为主,以通过"国家卫生计生委新型农村合作医疗异地就医结算管理中心"结算为辅的模式执行。

一、基金筹集业务

新型农村合作医疗基金是为实现新型农村合作医疗制度目标服务的、根据新型农村合作医疗制度的相关政策筹集起来的资金。它是通过参合农民个人缴纳、集体扶持、政府资助(中央财政补助和省、市、县财政补助)筹集的,用于对参合农民医疗费用进行补偿的专项资金。基金筹集流程见图 3-5-2。

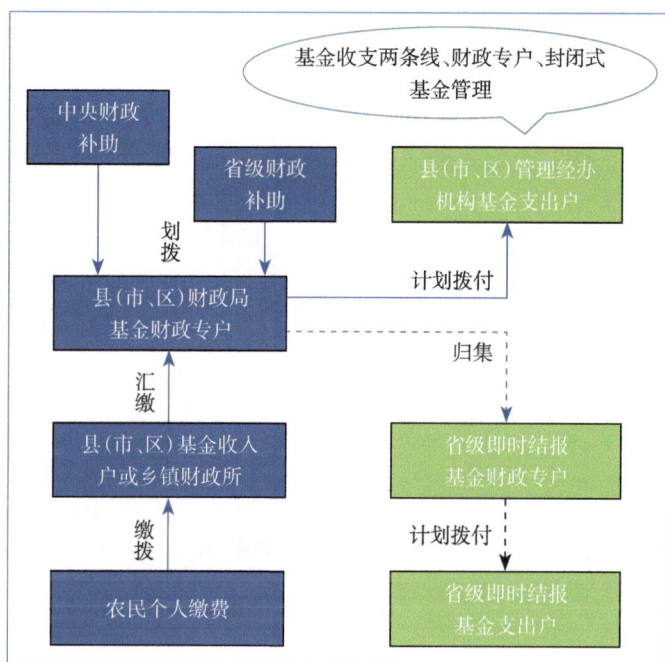

图 3-5-2 新型农村合作医疗基金筹集流程

当前,多数省份新农合基金采用区县级筹集模式,建立区县级的基金专用账户,部分省份建立了地市级的基金账户。采用区县级统筹模式的区县,基金收缴流程为:设立区县基金财政专户,负责新农合基金的筹集,中央财政补助、省级财政补助、市级财政补助划拨至区县基金财政专户,农民个人缴费资金将集中由乡镇级收缴后统一汇缴至区县基金财政专户,所筹集的各类资金形成新农合筹集基金。

部分省份建立了新农合省级结算中心,其基金支出流程为:区县基金按计划将一定额度的新农合基金上解至新农合省级结算中心财政专户,然后由省级结算中心基金财政专户按计划拨付基金至省级结报基金支出户,由省级结报基金支出户对省级定点医疗机构的即时结算业务发生的垫付资金进行拨付,省级结算中心定期与各区县经办机构进行清算。

二、费用核查业务

跨省费用核查主要实现跨省就诊医疗费用的核查功能。未与省级新农合信息系统联通的大型医疗机构,通过建立与国家级新农合信息系统的接口,实现费用核查功能。各地新农合经办机构可以登录费用核查子系统,通过输入患者的姓名、就诊号、就诊医院名称、住院证号、出院总费用,查询参合人员的就医费用信息(包括总费用以及诊疗费、药品费、检查费、化验费等分项费用及明细)。

总体业务分为两种模式,一种模式是核查部门通过国家级平台实现费用核查,另一种模式是国家把收集数据推送到省级平台,由省级平台作为数据交换核心完成各个核查单位的核查流程。总体业务流程见图 3-5-3。

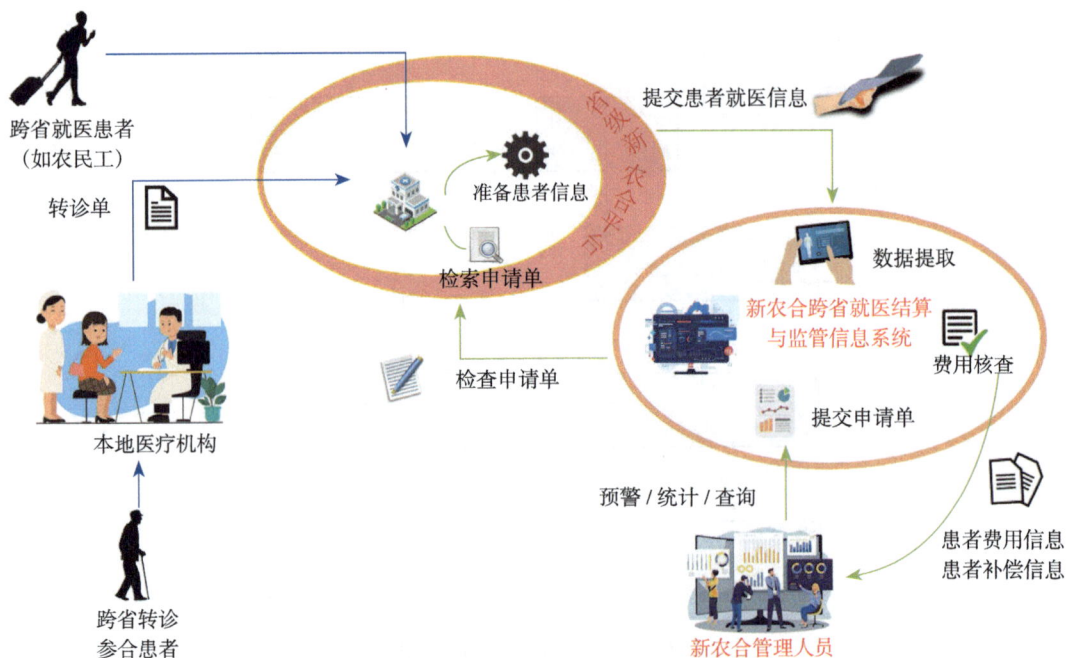

图 3-5-3　跨省就诊医疗费用核查总体业务流程

具体业务流程如下。

1. 医疗机构跨省患者记录上传

医院在外省患者入院时,登记患者身份,出院时收取全部医药费用,开具相关纸质凭据,交由患者自行保管。医疗机构每天定时将外省患者就诊信息(可通过所在地区的省级新农合信息平台)上传至新农合跨省就医结算与监管信息系统(条件不具备的医院在试点阶段可每周定时上传)。

2. 跨省就医信息转发

新农合跨省就医结算与监管信息系统每天定时接收跨省就医信息并向患者参合地省份转发。参合地省级平台每天定时接收跨省就医信息,并转发至统筹地区平台。

3. 费用核查

统筹地区新农合经办机构在患者持纸质凭证报销时,通过登录县级、省级平台或新农合跨省就医结算与监管信息系统,录入患者姓名、身份证号、就诊医院、住院号和入院日期等数据项,调阅该患者费用信息进行核查;核查结束后将"审核状态"标识"已审查"。

4. 费用核查申请单管理

经办机构对于未查询到的跨省就医信息。

(1)可每天通过参合地省级平台(或直接)向新农合跨省就医结算与监管信息系统提交费用核查申请单。

(2)新农合跨省就医结算与监管信息系统每天接收费用核查申请单,并将其转发至参合患者就医地省级平台。

(3)就医地省级平台通过省级费用核查数据库、区域卫生信息平台或者直接调用就诊医院的医院信息系统(hospital information system,HIS)等方式进行核查。如查到核查申请单中包含患者的就诊记录,则按照指定格式生成核查结果;如未查到,标识"查无此人"。省级平台将核查结果反馈至新农合跨省就医结算与监管信息系统。

(4)新农合跨省就医结算与监管信息系统每天汇集就医地省级平台上传的核查结果,并按照参合地进行分拣,将结果转发至参合地省级平台。

三、即时结算业务

跨省即时结算是参加新农合的农民在省外指定的医疗机构住院治疗,出院时由定点医疗机构按规定初审并垫付应给农民的新农合补偿费用,定点医疗机构与患者所在统筹地区合作医疗管理机构定期结算,从而实现新农合患者跨省就医时医疗费用即时结算的业务过程。即时结算业务由跨省费用结算和新农合基金结算两个业务过程组成。总体业务流程见图 3-5-4。

跨省即时结算具体业务流程如下。

1. 患者就医转诊

患者应向参合地新农合管理机构申请开具转诊单据,凭转诊单据到规定范围内的跨省就医即时结报定点医疗机构就医,并携带相应的身份证明材料。

2. 患者住院登记

(1)跨省就医即时结报定点医疗机构凭患者所持转诊单据身份证明材料,接收患者住院。

(2)对于不能及时提供相关材料的,一次性告知患者在出院结算前补齐材料。

(3)在出院结算时未补齐材料的患者不能够享受跨省即时结报服务。

3. 患者出院即时结算

(1)患者在出院前申请结算,跨省就医即时结报定点医疗机构将患者本次住院发生的费用明细上传至新农合跨省就医结算与监管信息系统,由国家系统转发至患者所在省的省级新农合平台,省级新农合平台依据本省的报销补偿政策计算可报销金额和自负金额,并将补偿结果和计算依据通过国家系统返回至医院端。对于新农合跨省就医结算与监管信息系统内部已经配置和部署跨省就医补偿算法的省份,则直接调用国家系统内部的新农合跨省就医补偿算法进行计算,将补偿结果通过国家系统直接返回至医院端,同时将该患者的本次就诊的费用及补偿信息推送至患者参合所在省份的省级新农合平台中。

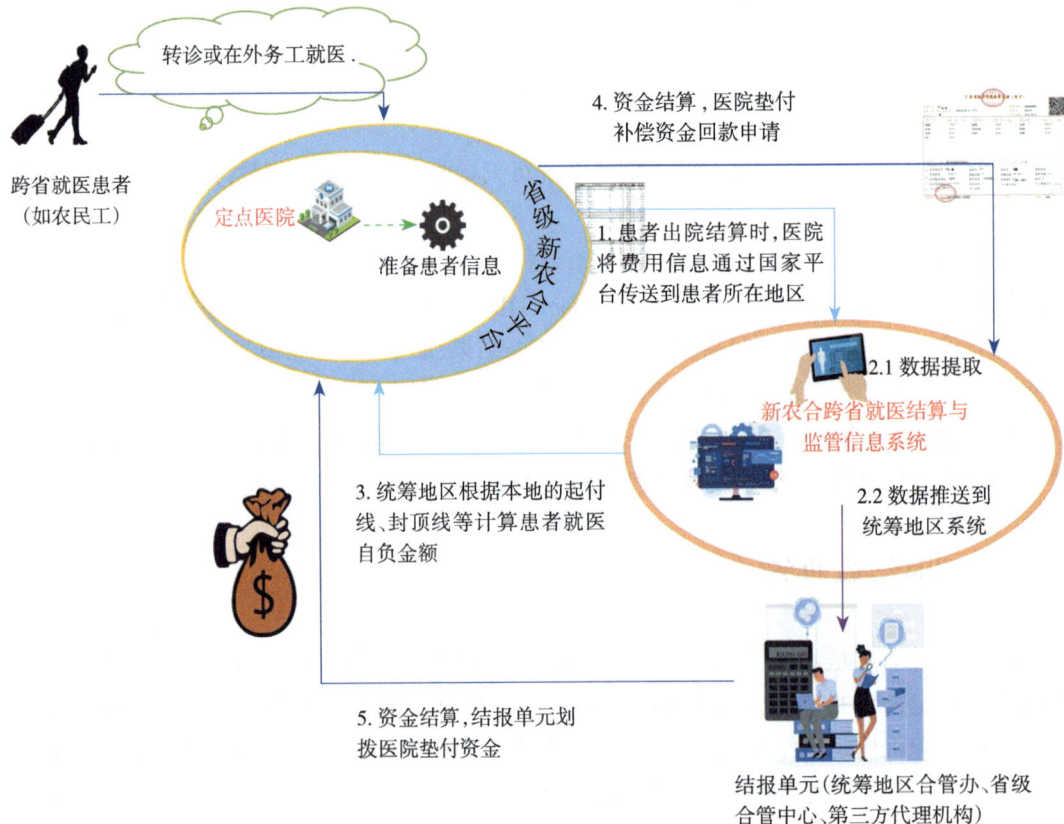

转诊或在外务工就医.

跨省就医患者
(如农民工)

定点医院 → 准备患者信息

省级新农合平台

4.资金结算,医院垫付补偿资金回款申请

1.患者出院结算时,医院将费用信息通过国家平台传送到患者所在地区

2.1 数据提取

新农合跨省就医结算与监管信息系统

2.2 数据推送到统筹地区系统

3.统筹地区根据本地的起付线、封顶线等计算患者就医自负金额

5.资金结算,结报单元划拨医院垫付资金

结报单元(统筹地区合管办、省级合管中心、第三方代理机构)

图 3-5-4　跨省即时结算总体业务流程

(2)医院根据返回的结算结果,垫付可报销费用,患者支付自负费用后即可出院。

4. 新农合基金结算

跨省就医费用结算完成后,通过新农合基金结算过程完成新农合经办机构与医疗机构间新农合垫付资金的拨付。由于目前我国各省(自治区、直辖市)新农合管理政策差异较大,各省(自治区、直辖市)新农合基金对定点医疗机构的结算模式均不统一,当前,多数省份(自治区、直辖市)都是以区县为单位成立的新农合结报单元,只有部分省市成立了省级的新农合结报单元。跨省就医定点医疗机构与新农合经办机构的结算存在一定的难度,详细情况见后续的"新农合基金结算业务"分析。

新农合基金结算具体业务流程如下。

(1)跨省就医即时结报定点医疗机构根据签约中规定的周期,定期向结报单元申请拨付垫付资金。

(2)结报单元审核申请材料,根据审核结果拨付医院垫付资金。

（3）跨省就医即时结报定点医疗机构可与结报单元协商，由结报单元预付部分资金，以缓解本单位资金周转压力。

四、基金结算业务

为了方便跨省就医定点医疗机构垫付资金的回流，简化跨省就医定点医疗机构与农民参合所在地新农合经办机构间的资金流转流程，保障新农合跨省即时结算业务的顺利开展，《国家卫生计生委、财政部关于做好新型农村合作医疗跨省就医费用核查和结报工作的指导意见》（国卫基层发〔2015〕46号）、《关于印发全国新型农村合作医疗异地就医联网结报实施方案的通知》（国卫基层发〔2016〕23号）要求建立国家结算中心和省级结算中心，省级结算中心按照在基金结算环节的角色划分为就医地省级结算中心和参合地省级结算中心。基于以上设计，新农合跨省基金结算业务过程中涉及的机构包括跨省定点医疗机构、国家结算中心、就医地省级结算中心和参合地省级结算中心四类机构。由于系统建设时期仅部分省份建立了省级结算中心，对于当前不存在结算中心的省份则通过在国家结算中心成立虚拟的省级结算中心来实现基金结算业务。主要分为以下四类情况。

1. 参合地、就医地均有省级结算中心

参合地和就医地均有省级结算中心，则由参合地省级结算中心与就医地省级结算中心进行清算，定点医疗机构与所属地区省级新农合结算中心进行结算。基金结算业务流程见图3-5-5。

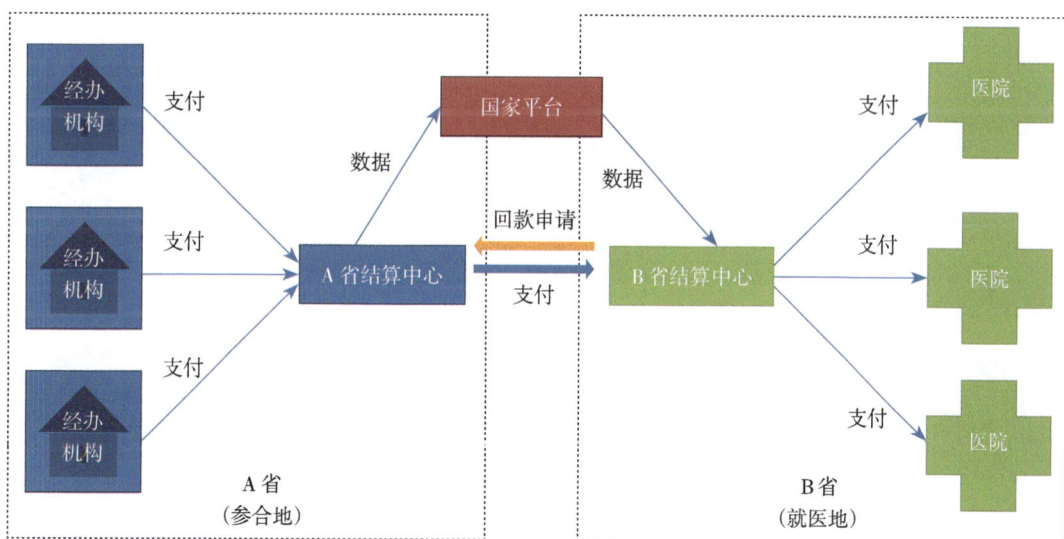

图3-5-5 参合地、就医地均有省级结算中心的基金结算业务流程

2. 参合地无省级结算中心

参合地无省级结算中心、就医地有省级结算中心，则由国家结算中心建立参合地省级虚拟结算管理中心，参合地省级虚拟结算管理中心向就医地省级结算中心支付垫付费用，并向参合地经办机构申请回款。基金结算业务流程见图3-5-6。

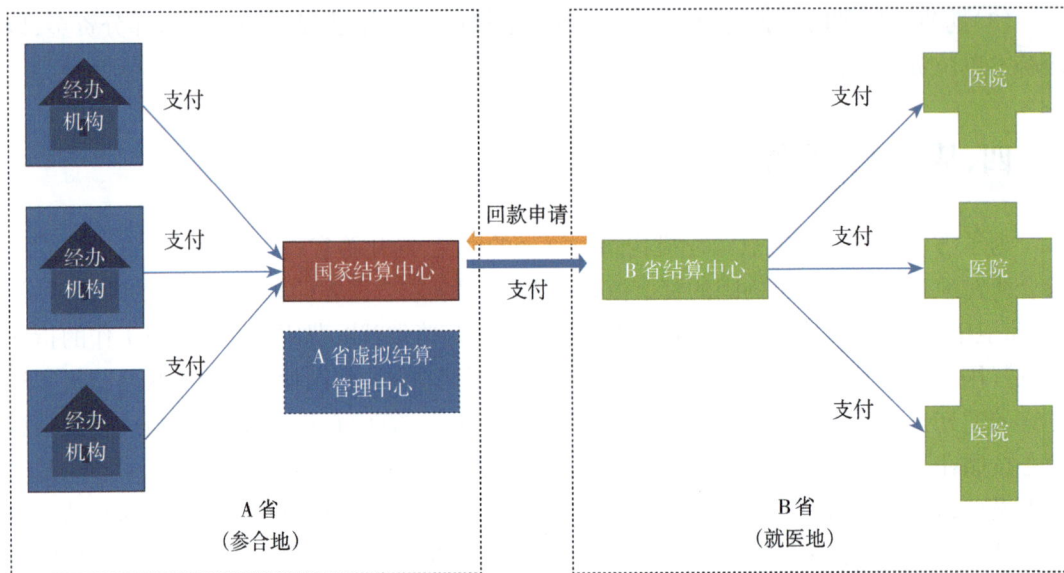

图 3-5-6　参合地无省级结算中心的基金结算业务流程

3. 就医地无省级结算中心

参合地有省级结算中心、就医地无省级结算中心,则由国家结算中心建立就医地省级虚拟结算管理中心,就医地省级虚拟结算管理中心向各医院支付垫付费用,并向参合地省级结算中心申请回款。基金结算业务流程见图 3-5-7。

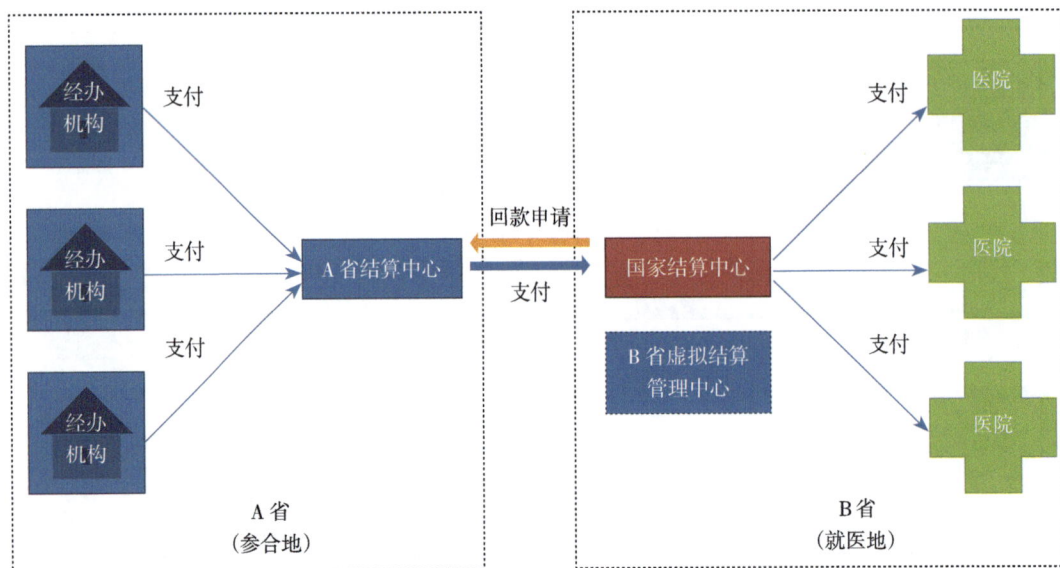

图 3-5-7　就医地无省级结算中心的基金结算业务流程

4. 参合地、就医地均无省级结算中心

参合地和就医地均无省级结算中心,则由国家结算中心建立就医地省级虚拟结算管理中心和参合地省级虚拟结算管理中心,由就医地省级虚拟结算管理中心向各医疗机构支付

垫付费用,并由参合地省级虚拟结算管理中心向参合地经办机构申请回款。基金结算业务流程见图 3-5-8。

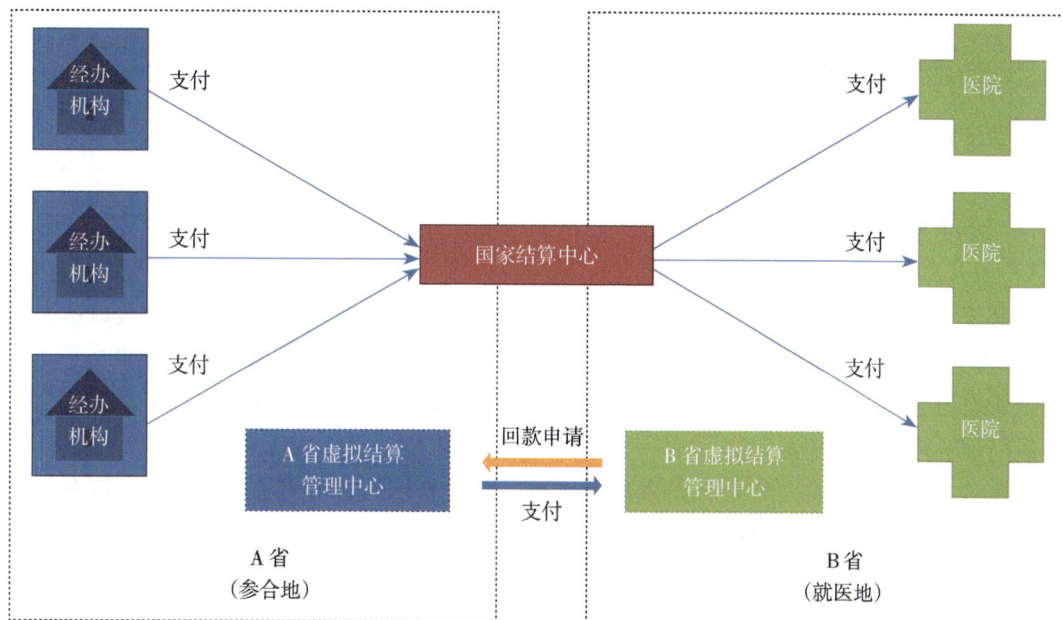

图 3-5-8 参合地、就医地均无省级结算中心的基金结算业务流程

第六节 运行能力需求

一、性能需求

性能需求主要指作业响应时间方面的要求,作业响应时间指完成目标系统中的交互或批量处理所需的响应时间。根据业务处理类型的不同,把作业划分为交互类业务和查询类业务两类,分别给出响应时间要求的参考值,包括峰值响应时间和平均响应时间。

(一)交互类业务

交互类业务是指平时工作中在系统中进行的业务处理,如录入、修改或删除一条单据等操作。

平均响应时间:1～3 秒。

峰值响应时间:3～5 秒。

(二)查询类业务

如信息查询、统计报表生成等。查询业务由于受到查询的复杂程度、查询的数据量大小等因素的影响,需要根据具体情况而定,在此给出一个参考范围。

简单查询平均响应时间:1～3 秒。

复杂查询平均响应时间:3～6 秒。

(三)用户量分析

满足系统机构注册用户 3 000 人,300 人并发访问。

二、业务量分析

截至 2012 年底,全国有 2 566 个县(市、区)开展了新型农村合作医疗,参合人口达 8.05 亿人,参合率为 98.3%。2012 年度新农合筹资总额达 2 484.7 亿元,人均筹资 308.5 元。全国新农合基金支出 2 408.0 亿元;补偿支出受益 17.45 亿人次,其中,住院补偿 0.85 亿人次,普通门诊补偿 15.41 亿人次。

跨省费用核查(面向新农合跨省就医人群)、跨省费用结算和基金结算(面向新农合跨省就医人群)、业务监管与决策支持(面向全国新农合参合人群)需要各省级平台和联通医院上传参合补偿明细信息,住院补偿平均每人次包含 150 条住院明细信息 0.85 亿 ×150=127.5 亿;普通门诊补偿平均每人次 5 条信息(15.41 亿 ×5=77.05 亿)。总数据量:127.5 亿 +77.05 亿 =204.55 亿条补偿数据。因此,管理的数据量是非常大的。

跨省就医转诊、新农合信息门户等数据由于与补偿数据不在一个数量级上,在数据量上可以不考虑。

三、信息量分析及预测

(一)存储量分析

根据现有业务量,全国新农合一年的业务量等于 204.55 亿条补偿数据,这些数据包含了参合人员基本信息,门诊及住院补偿数据,是系统所管理的最主要的数据。假定每条数据项 1KB。

每年信息量:204.55 亿 ×1KB=19.05T

5 年信息量:19.05T×5=95.25T

综合考虑项目需求,结合国家新农合数据中心未来的业务发展需要,在 5 年信息量估算的基础上,按照 1.2 的系数计算 5 年的总数据量为 95.25T×1.2=114.3T。

(二)处理量分析

分析业务应用对系统支撑能力的需求,关键是要把业务应用模型的逻辑复杂度与指标测试模型的逻辑复杂度进行换算,通常会有三种换算方法。第一种是专家估值法,就是根据专家经验给出两种模型的换算系数,这种方法在中小型简单系统建设中被普遍使用;但随着业务应用逻辑和网络信息系统的规模和复杂度的增长,专家估值法在实践中的应用越来越谨慎。第二种是原型测试法,就是开发出业务应用的原型系统,通过原型系统实例化运行的压力测试,找出原型系统与指标测试模型间的基本换算系数,进而把基本换算系数根据原型系统的成熟度扩张形成实用换算系数,大型生产系统加载新业务应用时通常会采用这种方法;但这种方法成本高、周期长,很难普及应用。第三种是模型映射法,就是在相同的业务应用建模平台上,先建立业务应用逻辑模型和业务发生规律模型,并生成模拟业务应用实例化运行的系统负载数据;再建立指标测算逻辑模型和测算过程规律模型,并生成模拟指标测算实例化运行的系统负载数据;两者负载数据的比值就是换算系数。因此,本项目采用第三种方法,即通过模型映射法。

因此,需要分析系统通过请求响应、会话处理、计算执行、实体交易、数据交易等五种能力进行系统处理量分析。本节选用 SPECweb 2005 作业请求响应能力的分析指标,选用 SPECjAppSserver 2004 作为会话处理和实体交易能力的分析指标,选用 LinkPack 作业计算执行能力的分析指标,选用 TPC-C 作为数据交易能力的分析指标,用存储字节量和通信带宽作为数据存储能力和通信传输能力的分析指标。根据仿真结果(由全民健康保障信息化工程中的仿真结果计算得出),新农合跨省就医结算与监管信息系统计算能力需求,见表 3-6-1。

表 3-6-1　新农合跨省就医结算与监管信息系统计算能力需求汇总表
[联通 31 个省(自治区、直辖市)]

负载类型	平均值	上午高峰值	下午高峰值	单位
请求响应能力	204.07	588.57	600.41	个 /s
会话处理能力	75.23	282.35	274.35	Jops
实体交易能力	53.17	224.66	216.88	Jops
计算执行能力	—	—	—	Flops
数据交易能力	93 016.40	436 930.96	415 077.14	tpmC

注:该仿真数据结果由全民健康保障信息化工程[一期联通 10 个省(自治区、直辖市)]中的仿真结果 ×3.1 计算得出。

(三)网络宽带分析

根据仿真结果(该仿真结果来源于全民健康保障信息化工程),通信传输能力结果,见表 3-6-2。

表 3-6-2　新农合跨省就医结算与监管信息系统通信传输能力需求汇总表

负载类型	平均值	上午高峰值	下午高峰值	单位
通信传输能力	1 759.79	11 087.18	10 040.07	KBps

根据仿真结果中通信传输能力上午高峰值为 11 087.18KBps 计算,考虑到 20% 带宽余量,至少 106Mbps(11 087.18KBps × 8 × 1.2)互联网出口带宽才能够满足实际通信传输能力需要。

第四章

应用系统设计

新农合跨省就医结算与监管信息系统主要实现新农合跨省就医转诊、跨省费用核查、跨省费用结算及基金结算、新农合业务监管及决策支持等业务,并通过信息服务门户对外提供新农合相关的业务服务。因此,应用系统应围绕上述各项业务内容进行设计和组建。

跨省就医转诊子系统有助于规范患者就医秩序,实现跨省就医转诊。跨省费用核查子系统提供参合农民跨省就诊医疗费用的核查功能,对医院上传的就医费用单与新农合经办机构提交的费用核查申请单进行统一管理、分析与监控。跨省费用结算子系统解决全国范围内各省新农合政策等差异性问题,建立统一的结算补偿算法模型,方便患者出院结算,提供出院结报服务。新农合基金结算子系统解决跨省即时结报后新农合经办机构对医疗机构垫付资金的拨付问题,使得医疗机构能够顺畅地实现资金的回流,保障新农合跨省即时结报业务的正常开展。监管与决策支持子系统帮助监控跨省就医业务的运行状态,为跨省就医政策的制定提供决策支持。新农合信息服务门户提供惠民服务,发布跨省就医相关信息,是各级新农合经办机构和参合农民获取新农合相关服务的窗口。

第一节　应用系统概述

一、系统功能组成

新农合跨省就医结算与监管信息系统由新农合跨省就医转诊子系统、跨省费用核查子系统、跨省费用结算子系统、新农合基金结算子系统、业务监管与决策支持子系统、新农合信息服务门户子系统组成。系统功能组成见图4-1-1。

建设跨省就医转诊子系统,为与分级转诊制度相适应,规范患者就医秩序,实现跨省就医转诊。主要功能包括转诊申请、转诊审核、转诊回复、转诊统计、参合患者身份识别、住院登记、住院登记撤销等。

建设跨省费用核查子系统,提供参合农民跨省就诊医疗费用的核查功能,对医院上传的就医费用单与新农合经办机构提交的费用核查申请单进行统一管理、分析与监控。经办机构通过费用核查系统,对患者所持跨省就医费用凭证的真实性进行核实,在核查的基础上对跨省就医费用单据进行结算,加强对跨省就医补偿基金的监管。

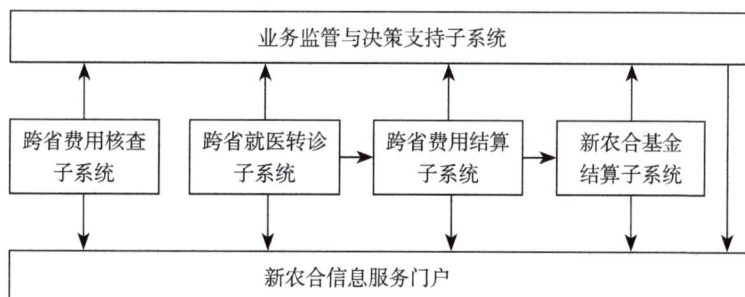

图 4-1-1 新农合跨省就医结算与监管信息系统功能组成

建设跨省费用结算子系统,解决全国范围内各省新农合政策等差异性问题,建立统一的结算补偿算法模型,方便患者出院结算,提供出院结报服务。同时提供费用核查功能,便于线下为参合患者提供新农合基金补偿服务。

建设新农合基金结算子系统,解决跨省即时结报后新农合经办机构对医疗机构垫付资金的拨付问题,使得医疗机构能够顺畅地实现资金的回流,保障新农合跨省即时结报业务的正常开展。

建设业务监管与决策支持子系统,立足于国家级系统的定位,监控跨省就医业务的运行状态,为跨省就医政策的制定提供决策支持。同时汇集全国各省新农合业务数据以及跨省就医数据,进行基金监管、业务监测、基金预警等,为新农合制度的稳定运行、基金的合理分配、参合患者分级诊疗等提供支撑。

建设新农合信息服务门户,提供惠民服务,发布跨省就医相关信息,如新农合跨省就医政策、定点医疗机构、新农合经办机构等,作为各级新农合经办机构和参合农民获取新农合相关服务的窗口。

二、布局与结构

新农合跨省就医结算与监管信息系统的各个子系统之间通过内部接口实现数据的共享和业务流程的集成,系统整体布局及各个子系统间结构关系见图 4-1-2。

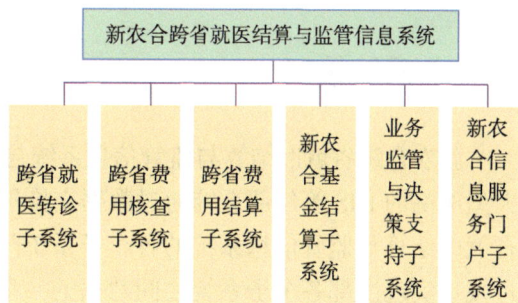

图 4-1-2 新农合跨省就医结算与监管信息系统整体布局及各个子系统间结构关系

三、系统接口

新农合跨省就医结算与监管信息系统与 31 个省级新农合信息平台和 62 家直接联通的大型医院的 HIS 等外部系统通过数据交换平台的接口实现数据交换和数据共享,新农合跨省就医结算与监管信息系统的各个子系统间则通过接口实现内部各个子系统之间数据的共享和业务流程的集成,与全民健康保障信息化工程通过该工程中的数据交换平台实现与委内各个业务应用系统实现数据交换和数据共享。新农合跨省就医结算与监管信息系统内部各个子系统之间及与委外部系统、委内部系统全民健康保障信息化工程间的接口结构,见图 4-1-3 和图 4-1-4。

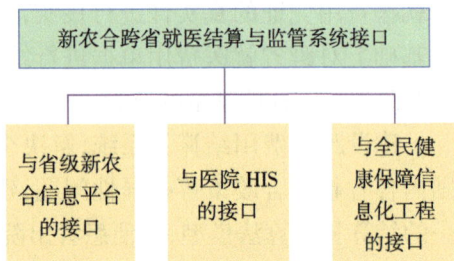

图 4-1-3　新农合跨省就医结算与监管信息系统接口组成

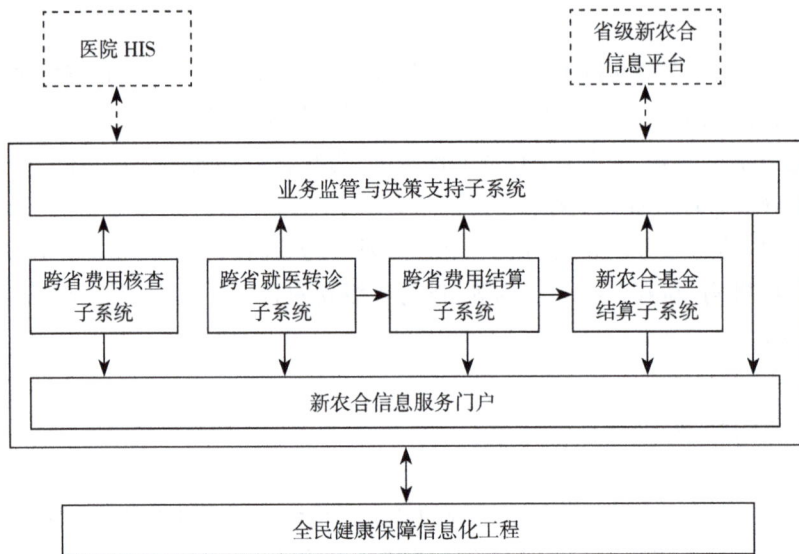

图 4-1-4　新农合跨省就医结算与监管信息系统子系统之间及与外部系统间的接口结构

第二节　跨省就医转诊子系统

一、业务概述

跨省转诊管理系统主要解决因病需异地就医人群的转诊需求,为参合农民在全国范围医疗机构内就诊提供了便利条件,同时通过转诊管理控制患者的无序就诊,实现将小病、常见病、多发病在基层医疗机构内治疗,大病、疑难病、危重病到大医院治疗的分级诊疗模式,从而大大缓解大医院人满为患、医疗专家将大量精力花在看常见病上的现状。转诊登记时完成参合登记地与就诊所在地信息系统间患者基础信息和就诊信息的交换。

统一实现转诊业务管理和加强跨区域就诊的审批管理,可实现在全国范围内跨区域补偿结算的业务:一方面,满足在辖区外就诊时的审批管理,以适应人员流动性大、异地就医行为要求,实现分级诊疗模式;另一方面,通过补偿政策与转诊管理的互补,加强基金的安全,杜绝骗保行为。

跨省就医转诊子系统包括转诊申请、转诊审核、转诊提交和转诊确认等功能,功能架构见图 4-2-1。

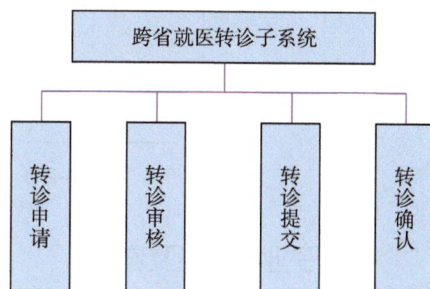

图 4-2-1　跨省就医转诊子系统功能框架

二、业务功能及流程

(一)总体功能及流程

基本作业环节:本业务涵盖以下 4 个基本作业环节,业务构成见图 4-2-2。

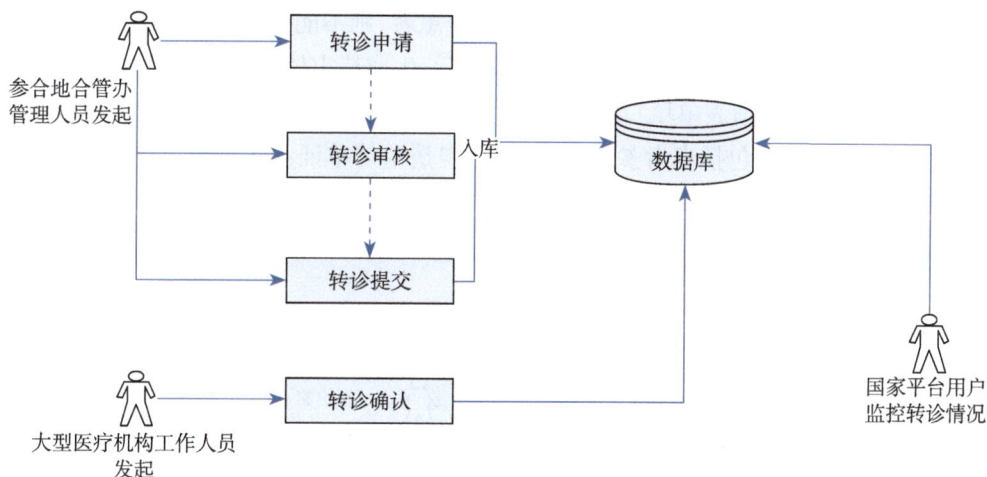

图 4-2-2　新农合跨省就医转诊管理业务构成

系统接口:跨省就医转诊子系统完成新农合患者的转诊管理,只有转诊的新农合患者在跨省就医时,才能够进行跨省费用结算,即跨省就医转诊子系统是跨省费用结算子系统的前置任务,需要制订全国统一的转诊标准数据集,规范转诊业务流程。省级新农合信息平台可以通过接口的模式将转诊数据上传至国家平台,或者各类新农合经办机构也可以登录国家平台来完成相应的转诊申请流程。跨省转诊接口服务是提供统一的转诊申请、审核、提交和确认操作的接口服务,各省(自治区、直辖市)可以调用服务接口开发相应的功能,与省级平台或县级业务平台对接,采集和交换跨省转诊的数据。本子系统与外部系统(虚线框表示外部系统)或其他子系统的接口结构见图 4-2-3。

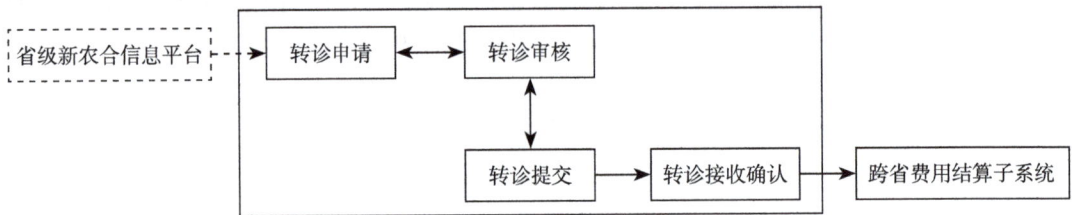

图 4-2-3　跨省就医转诊子系统接口结构

(二)子业务功能及流程

1. 转诊申请作业

本作业的主要目标是完成新农合患者跨省转诊信息的采集。当患者在本地医疗机构无法治愈所患疾病时,需要先提出转诊申请,经办机构审核通过后,到外地特定医疗机构就诊时的医疗费用才按照新农合政策给予补偿。转诊申请就是实现患者网上转诊申请的服务,本申请一般由首诊医疗机构填写,也可以由新农合经办机构代理填写,操作人员根据患者的转诊诉求填写转诊申请单,必须填写患者疾病信息及当前基本状况以及申请转诊的医疗机构。跨省转诊业务必须在确定的跨省定点医疗机构的范围内选择。转诊申请单生成过程中,系统需要对患者的参合身份进行验证,若不是参合患者,则不能按照新农合的跨省转诊业务进行转诊申请提交作业。转诊申请填写保存成功后,生成待审核的转诊申请单。

该作业包括转诊申请表单填写、参合患者身份验证、转诊申请单保存三个操作。该作业流程中处理的信息对象包括患者参合信息、转诊申请单等单证和数据包。作业业务流程见图 4-2-4。

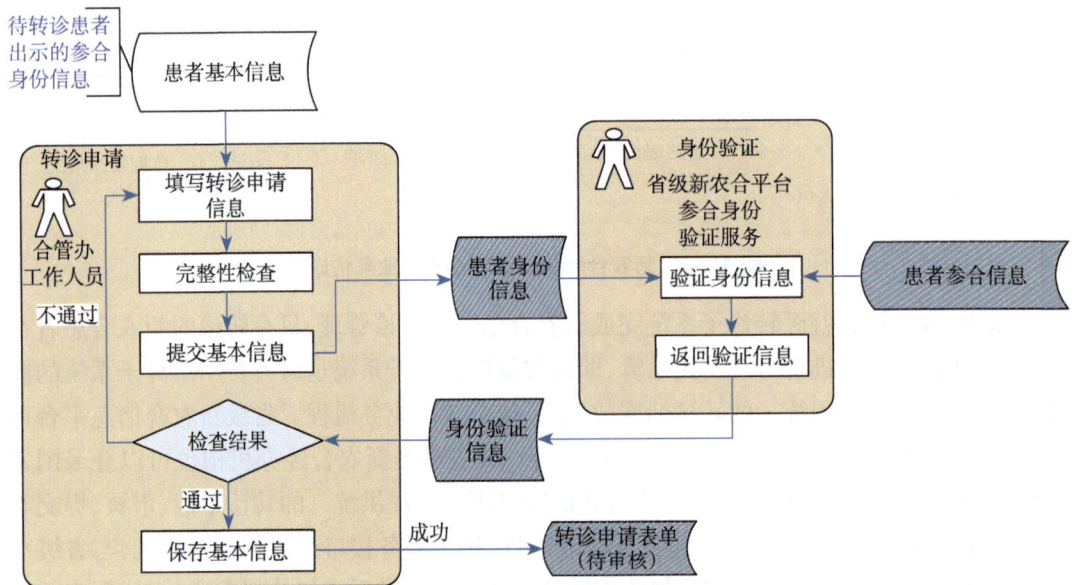

图 4-2-4　转诊申请作业流程

转诊申请作业具体功能如下。

(1)转诊定点医疗机构查询功能:按医院级别、医院简称检索跨省定点医疗机构的功能,跨省定点医疗机构指本省或国家签订跨省定点医疗服务的机构。

(2)转诊信息登记新增功能:①符合跨省异地就医的患者采取参合地转诊备案的办法,将相应的转诊申请信息进行备案登记,填写转诊备案登记表。②转诊备案登记表主要包括参合信息栏、诊疗信息栏、转诊信息栏、转诊审核信息栏等转诊情况说明;③转诊备案信息登记转入及转出定点机构信息。④参合信息栏登记参合患者的缴费情况,确定参合患者的身份信息;是否有民政救助等。⑤转诊信息栏登记转诊的原因、疾病诊断、申请时间等。

(3)转诊信息登记修改功能:转诊登记表在审核确认前允许修改。

(4)转诊信息登记删除功能:转诊登记表在审核确认前允许删除。

(5)转诊信息登记表打印功能:转诊登记表打印输出,为转诊患者提供纸质证明。盖章生效。

2. 转诊审核作业

本作业的主要目标是实现转诊申请单的审核管理功能。各县(市、区)新农合经办机构的审核人员对提交的转诊申请的有效性、合理性进行审核。审核通过后,经办机构需要将患者的转诊信息进行提交,审核通过的转诊申请单将由省级新农合系统自动将转诊申请单提交国家平台。

该作业包括待审核转诊申请单查询、审核、提交三个操作。该作业流程中处理的信息对象包括转诊申请单(待审核、已审核)等单证和数据包。

本作业业务流程见图 4-2-5。

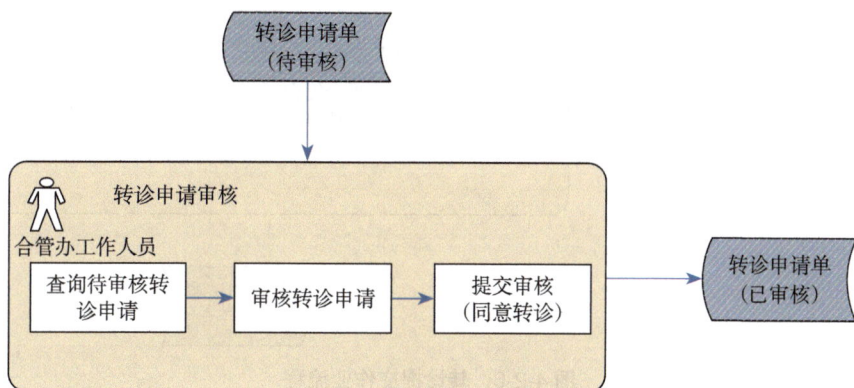

图 4-2-5 转诊审核作业流程

转诊审核作业具体功能如下。

(1)转诊审核功能:转诊信息表由参合地管理机构进行转诊审核,确认转诊信息、记录审核信息栏的相应内容,审核后的信息作为跨省就医结报的依据之一。审核信息栏登记转诊申请的审核机构以及审核时间,审核意见等。可以设置多级审核功能,进行初审或复审。

(2)转诊审核信息打印功能:审核后的转诊登记表提供打印转诊登记表的打印功能,经盖章确认有效。

（3）转诊审核取消功能：转诊审核在提交生效前允许取消审核，可以在信息更正后重新审核。

3. 转诊提交作业

本作业的主要目标是通过省级新农合平台的服务将审核通过的转诊申请单自动提交至国家平台。参合患者的转诊申请审核通过后，患者在去外地医疗机构就诊之前，需要由经办机构执行转诊信息的提交操作，省级新农合平台的服务自动地将已经审核通过的转诊申请单提交给国家平台。同时，患者可以通过患者导医与服务系统中提供的挂号功能提前预约挂号。

该作业包括待提交转诊申请单查询和自动提交等操作。该作业流程中处理的信息对象包括转诊申请单、国家平台转诊申请单等单证和数据包。

本作业业务流程见图 4-2-6。

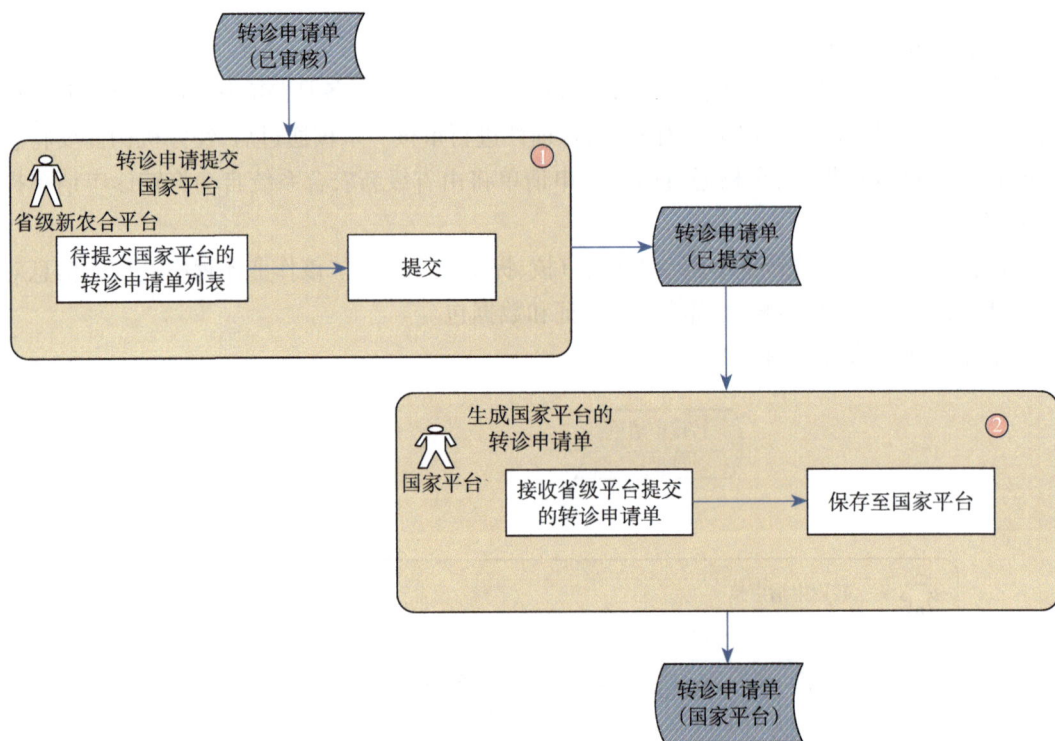

图 4-2-6　转诊提交作业流程

转诊提交作业具体功能如下。

（1）生成转诊通知单：经办机构执行转诊提交操作时，系统生成参合患者转诊通知单，通知单的内容来源于患者提交的转诊申请中的内容，同时，经办机构需要填写经办机构的联系人、联系方式（手机和邮箱）、患者看病日期等信息，而且需要上传转诊患者的身份证扫描件、医疗证扫描件和其他相关证件（上传的证件信息只能由授权机构进行查看，不能下载、拷贝和打印）。转诊通知单提交后，系统将通过短信平台和邮件系统将患者转诊通知单的概要信息发送至求诊的医院。医院接到患者转诊通知单后，需要积极协调医院资源，并根据通知单中的看病日期为求诊患者预约医生,为患者提前做好就诊的准备。

(2)转诊备案登记表功能:经审核后的转诊登记表提交生效,作为转诊信息备案登记表,作为跨省异地就诊结报的依据之一。转诊备案登记表经数据交换平台提交到省级平台和国家级平台。

4.转诊确认作业

本作业的主要目标是医疗机构实现对转诊患者的接诊确认功能。转诊确认由就诊的医疗机构来完成,实现医疗机构对跨省转诊患者身份的确认。当转诊患者到目标医院后,医院的操作人员根据患者提供的身份信息从国家新农合平台找到对应的经过审核的转诊申请记录,并和国家平台中的证件信息进行对照,若确认无误后,实现转诊患者的认证操作,在认证时必须由医疗服务机构上传转诊患者的身份证扫描件、医疗证扫描件和其他相关,并通过国家平台推送至转诊患者所在省份的省级新农合平台中。

该作业包括转诊申请单接收确认、接收确认信息(国家平台)和接收确认信息(省级平台)等操作。该作业流程中处理的信息对象包括转诊申请单、接收确认信息等单证和数据包。

本作业业务流程见图 4-2-7。

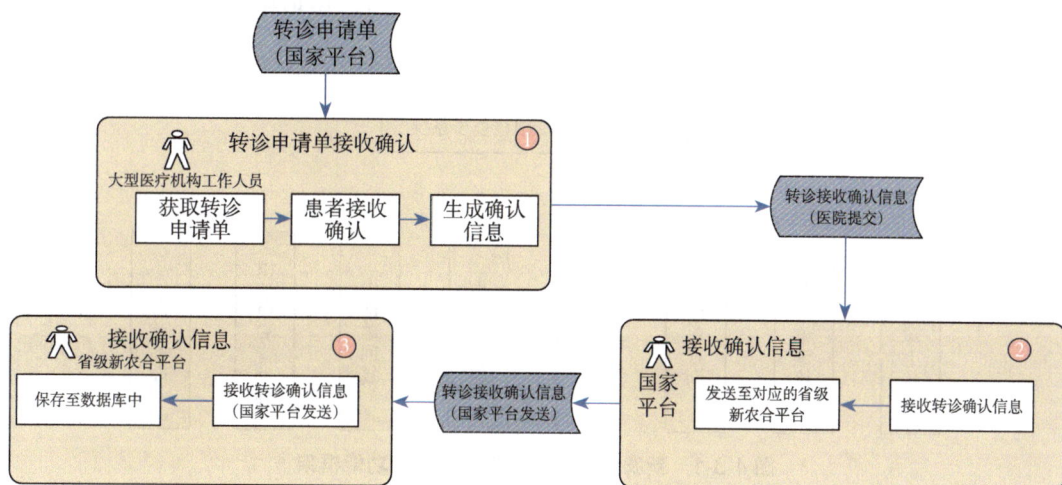

图 4-2-7 转诊确认作业流程示意图

转诊确认作业具体功能如下。

(1)转诊信息备案表查询功能:为医疗机构和各级经办管理机构提供查询功能。查询本机构提交的转诊登记表和转诊至本医疗机构的登记表。提供相关住院登记信息的关联查看功能。

(2)转诊患者接收入院功能:转诊患者异地就医时,转入医院根据转诊申请通知单接收转诊患者的住院,核实患者信息。

(3)转诊住院信息登记功能:转诊患者接诊后登记转诊住院信息,并上传省级平台及国家平台。转诊住院登记信息作为上传数据的主要索引。

(4)转诊住院信息查询功能:参合地及新农合经办机构查询转诊登记的患者住院信息,实时反馈和监督跨省转诊患者的就医情况。监管患者挂床和重复就诊情况。

第三节　跨省费用核查子系统

一、业务概述

跨省就医费用补偿存在诸多问题,例如,跨省费用补偿存在"跑冒滴漏"现象,特别是较大金额,患者所在地合管办只能通过电话等方式与患者就医医院进行确认,难以进行有效核查,同时增加了合管办与医院的工作压力和人力财力资源的开支。

建设新农合跨省费用核查子系统,可以提供参合农民跨省就诊医疗费用的核查功能,系统对医院上传的就医费用单与新农合经办机构提交的费用核查申请单进行统一的管理、分析与监控,实现对参合农民跨省就医凭证的核查,全面提升跨省就医参合农民就医数据的准确性,在核查的基础上对跨省就医费用单据进行结算,加强对跨省就医补偿基金的监管。主要功能包括费用单上传、费用单审核、费用单查询、申请单上传、申请单审核、申请单回复、申请单异常处理、申请单查询等功能,见图 4-3-1。

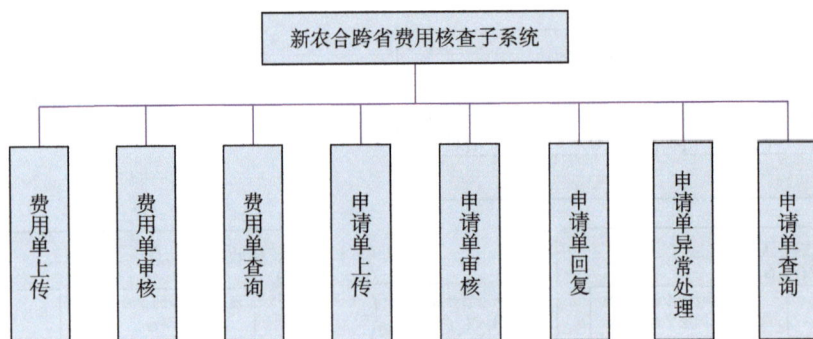

图 4-3-1　新农合跨省费用核查子系统功能框架

二、业务功能及流程

(一)总体业务功能及流程

基本作业环节:新农合跨省费用核查子系统主要提供参合农民跨省就诊医疗费用的核查功能,对医院上传的就医费用单与新农合经办机构提交的费用核查申请单进行统一管理、分析与监控,经办机构通过费用核查系统,对患者所持跨省就医费用凭证的真实性进行核实,在核查的基础上对跨省就医费用单据进行结算,加强对跨省就医补偿基金的监管。

本业务涵盖以下 7 个基本作业环节,业务构成见图 4-3-2。

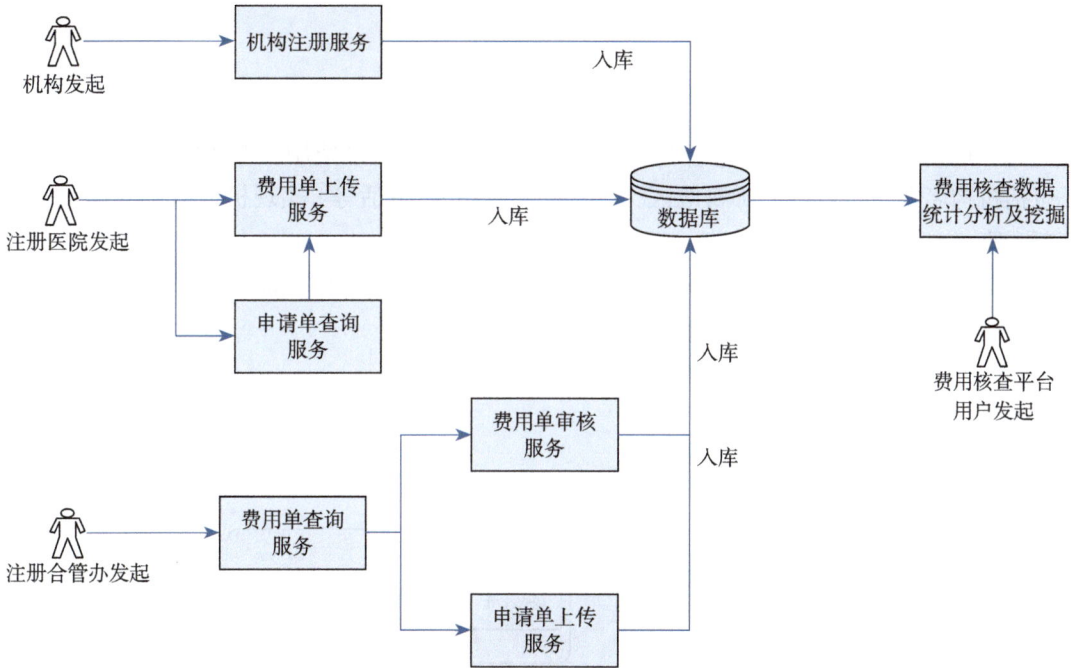

图 4-3-2　新农合跨省费用核查业务构成

系统接口：新农合跨省费用核查子系统需要从省级新农合平台、医院 HIS 等外部系统采集相关费用数据，向业务监管与决策支持子系统、新农合信息服务门户提供费用核查相关业务数据。跨省费用核查数据接口服务提供对费用核查过程中产生的费用单、核查申请单及审核、回复单及审核等的操作的数据接口服务，各省可以调用服务接口开发相应的功能，与省级平台或县级业务平台对接，采集和交换跨省费用核查的数据。制订费用核查标准数据集，规范费用核查业务流程。本子系统与外部系统（虚线框表示外部系统）或其他子系统的接口结构，见图 4-3-3。

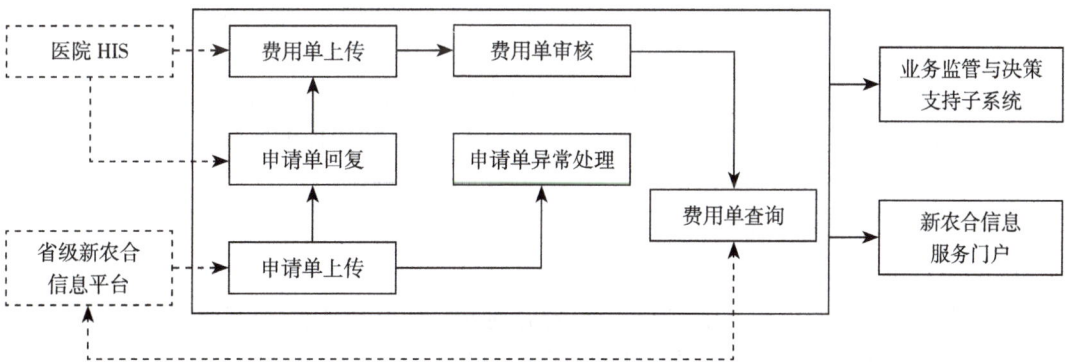

图 4-3-3　新农合跨省费用核查子系统接口结构

（二）子业务功能及流程

1. 机构注册作业

本作业的主要目标是实现机构信息注册服务。机构通过费用核查系统填写注册信息（包括机构名称、机构代码、所属地区、机构类型、联系人、电话等），实现机构信息的统一认证与管理。

该作业包括注册登记、注册审核和注册发布三个操作。该作业流程中处理的信息对象包括机构注册信息、机构信息等单证和数据包。

本作业业务流程见图4-3-4。

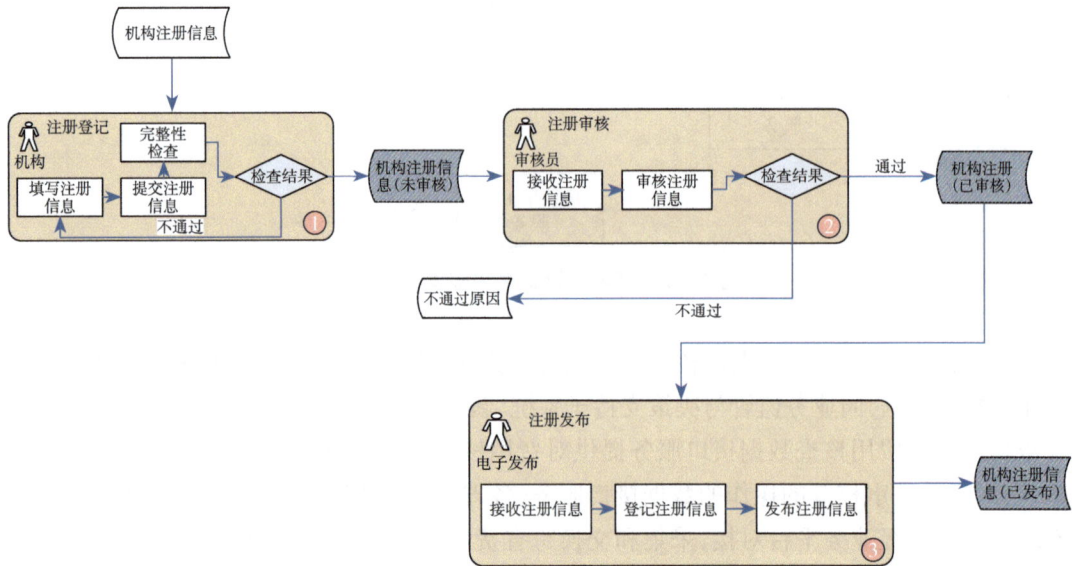

图4-3-4　机构注册作业流程

2. 费用单上传作业

本作业的主要目标是实现费用单上传服务。医院定时将医院HIS已结算的就医费用上传至新农合跨省费用核查信息系统,供新农合经办机构查询核对。同时,医院定时查询各省新农合经办机构发起的费用单申请,并通过本费用上传子系统上传申请的费用数据。

该作业包括费用单提交和费用单保存两个操作。该作业流程中处理的信息对象包括费用单证、费用信息等单证和数据包。

本作业业务流程见图4-3-5。

费用单上传作业具体功能如下。

（1）费用明细日常上传功能:为适应跨省异地就医结报的要求,根据跨省结报管理的要求定时上传患者的费用信息,接受监管机构进行动态监管。

（2）费用清单上传功能:患者出院时将住院费用清单明细上传功能,提供批量上传和单个上传功能。费用单收费诊疗目录依据医疗机构所在省统一的诊疗目录,为费用结报提供明细数据。

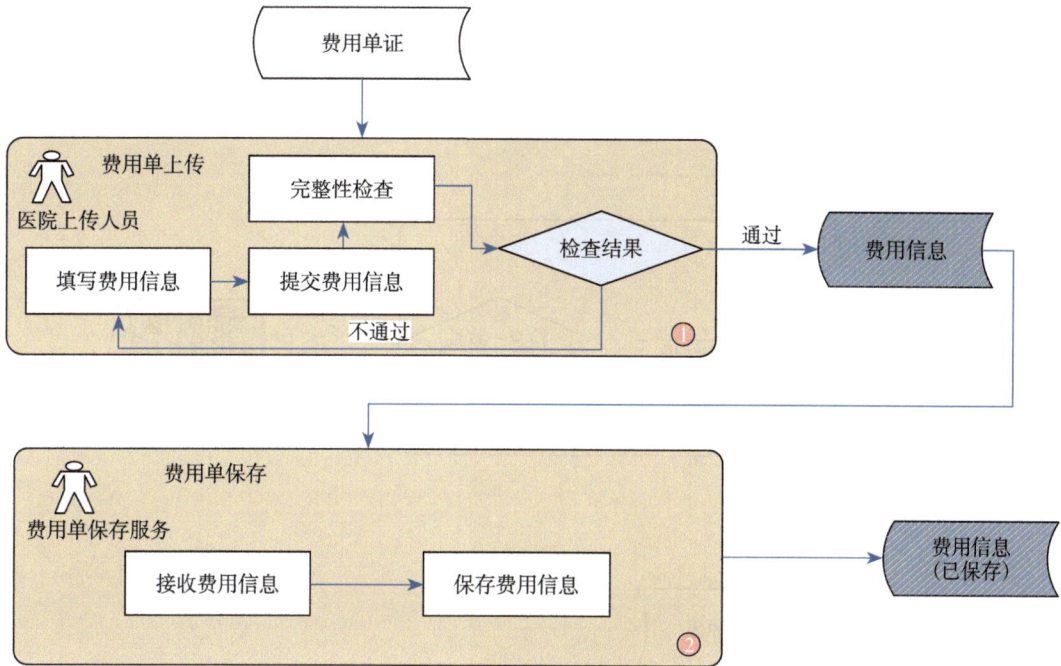

图 4-3-5　费用单上传作业流程

（3）费用清单上传信息查询功能：提供查询本机构已上传的费用信息的功能，保证上传信息的完整性和正确性。

3. 费用单审核作业

本作业的主要目标是实现费用单上传服务。患者就医费用核查通过后，新农合经办机构工作人员对该费用进行审核处理，并将审核结果通过费用单审核功能提交至系统。费用单经参合地经办机构审核后作为费用补偿计算的依据。审核的内容包括患者信息是否正确，就诊机构是否跨省定点医疗机构，费用目录、诊断等信息是否符合报销补偿规定。提交审核意见。

该作业包括费用单核查、费用单审核提交两个操作。该作业流程中处理的信息对象包括费用单查询结果单证、患者费用信息单证、费用单信息数据包等单证和数据包。

本作业业务流程见图 4-3-6。

费用单审核作业具体功能如下。

（1）审核资料查看功能：费用清单查看、诊断信息查看、报销目录查看。

（2）审核功能：对费用单提交审核意见，审核是否通过。

（3）取消审核功能：对审核的逆向操作，允许在审核后取消重新审核。

4. 费用单查询作业

本作业的主要目标是实现费用单查询服务。为新农合经办机构提供费用单明细查询服务，防止相关单证的变造和伪造等行为的发生。参合患者持有医院开具的就医费用证明，到当地新农合经办机构进行结算，新农合经办机构通过费用单查询功能查询对应费用单，并进行核查对比，防止骗保现象发生。

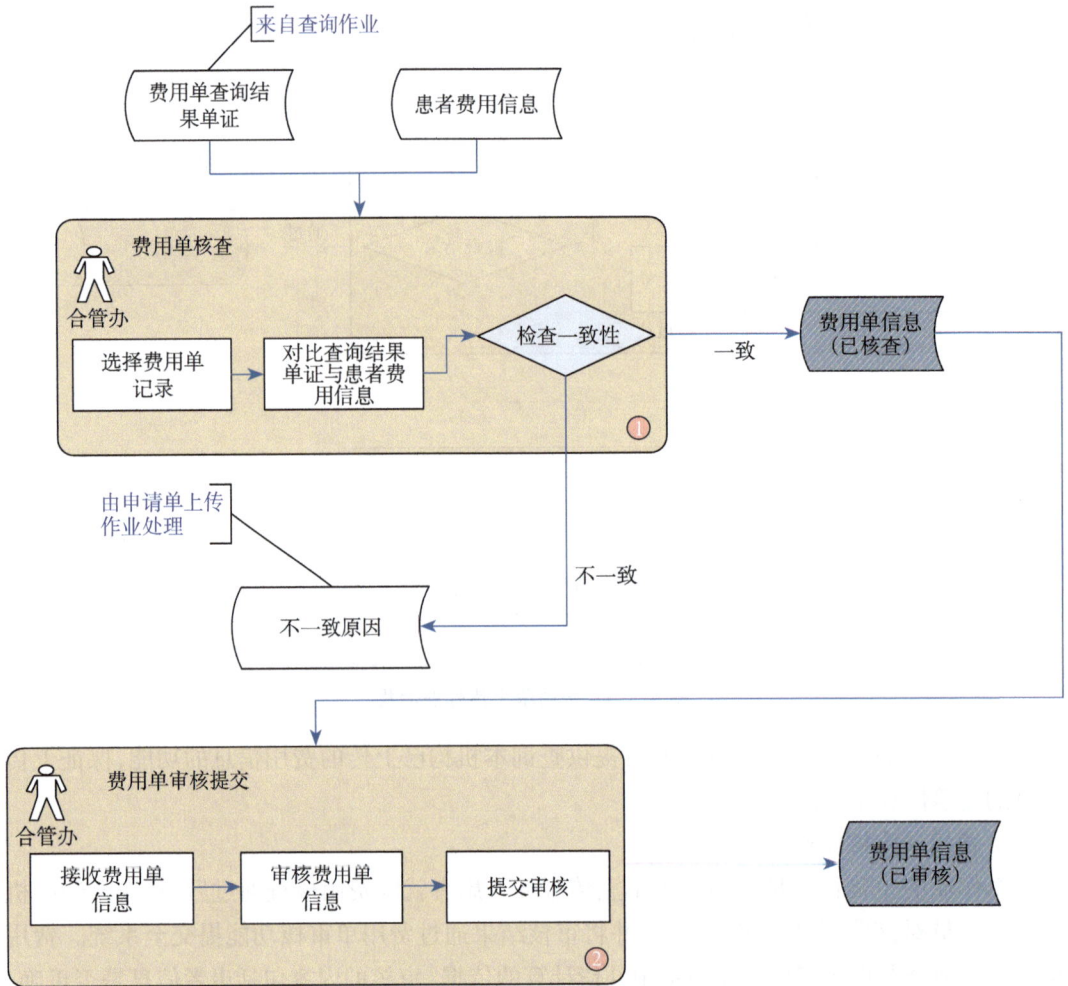

图 4-3-6　费用单审核作业流程

　　该作业包括申请查询、执行查询和反馈结果三个操作。该作业流程中处理的信息对象包括费用单查询条件单证、费用单查询结果单证、费用单查询条件数据包、费用单查询结果数据包等单证和数据包。

　　本作业业务流程见图 4-3-7。

　　费用单查询作业具体功能如下。

　　（1）费用单状态查询：提供对费用单状态的查询，显示费用单的审核状态，及数据记录数金额、上传机构、上传时间等信息。

　　（2）费用单查询打印：费用单查询结果根据指定打印模板打印输出。

5. 申请单上传作业

　　本作业的主要目标是实现申请单上传服务。因医院上传费用数据不够及时或患者提供的参合信息不完整，就医费用数据不能及时上传到跨省费用核查信息系统。新农合经办机构通过申请单上传子系统向系统发起费用申请单，医院定时查询费用申请单，及时上传费用数据，供新农合经办机构核查使用。

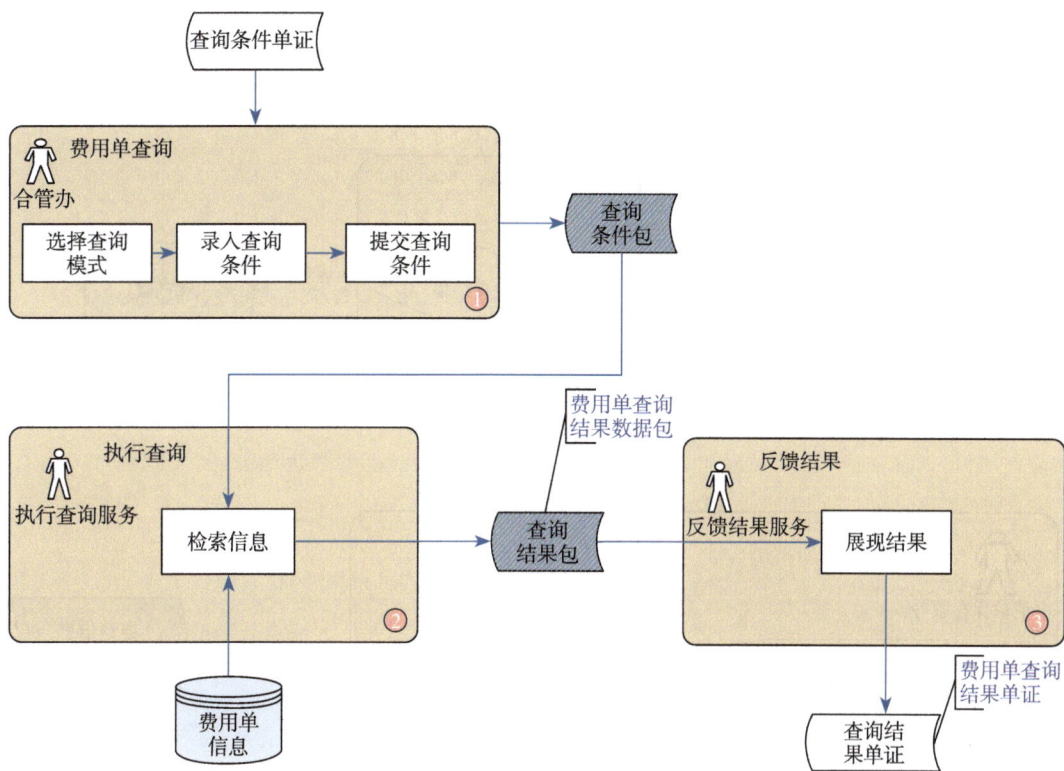

图 4-3-7 费用单查询作业流程示意图

该作业包括申请单提交和申请单保存两个操作。该作业流程中处理的信息对象包括申请单证、申请信息数据包等单证和数据包。

本作业业务流程见图 4-3-8。

申请单上传作业具体功能如下。

(1)核查参合信息上传:为核查申请单上传申请的信息,如参合患者信息,由参合地经办机构核实后上传相关信息。

(2)核查费用信息上传:为核查医院提供上传费用信息的功能,经就诊医院核实后上传核实的就诊信息和费用信息。

(3)核查住院登记信息上传:为核查医院提供上传就诊住院登记信息的功能,经就诊医院核实后上传核实的就诊信息。

6. 申请单审核模块

患者就医费用核查通过后,新农合经办机构工作人员对该费用进行审核处理,并将审核结果通过费用单审核功能提交至系统。

具体功能如下。

(1)核查申请审核功能:新农合经办机构对参合信息以及费用发生的回复信息进行审核确认,登记审核人及审核经办机构等信息。如核查信息有差异则提交警示信息。提示存在的风险。

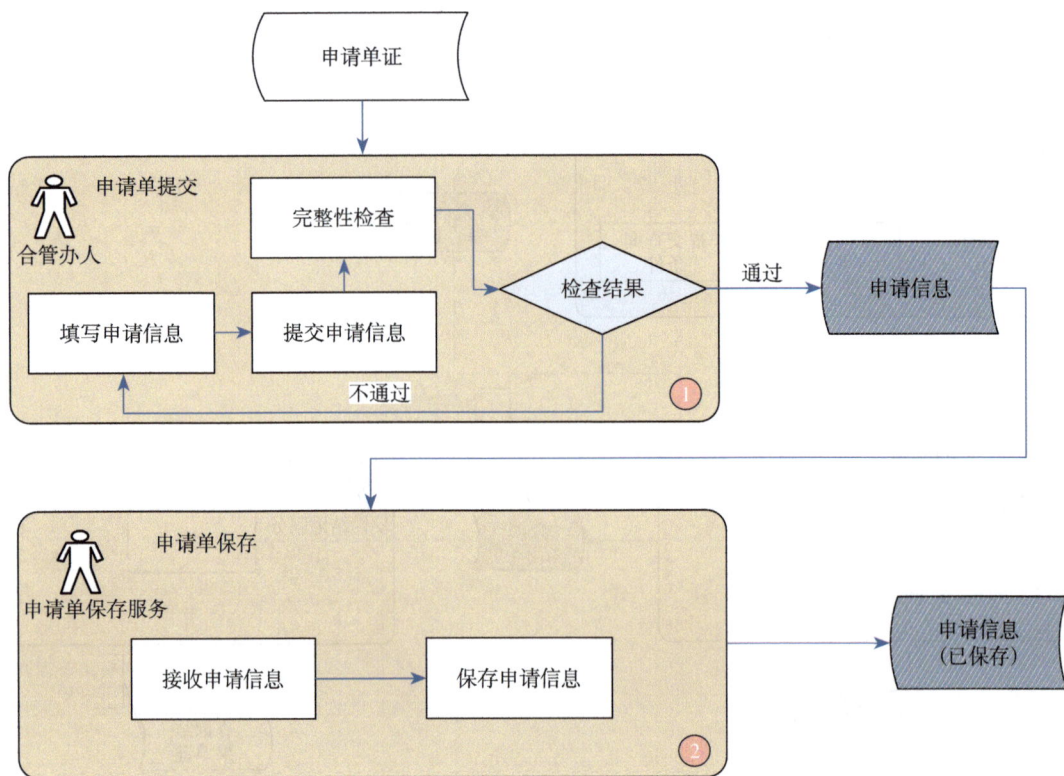

图 4-3-8　申请单上传作业流程

（2）核查申请确认功能：对核查申请单及核实的信息进行确认的功能。标识是否正常。对有异常或未回复的申请作为异常处理，应予以关注。

7. 申请单回复模块

提供申请单的回复功能。医院对新农合经办机构提交的申请单进行核对，核对后通过本院的 HIS 抽取相应的回复信息后生成申请回复单，提交给新农合跨省费用核查信息系统后返回至申请单申请省份所在的业务系统。

具体功能如下。

（1）核查申请单回复功能：为就诊医疗机构核查申请单提供回复信息的功能。提供相应核查数据信息上传和录入功能。

（2）核查申请单查询功能：对核查申请单的状态的查询功能。提供申请单详细信息的查看功能。

8. 申请单异常处理模块

对申请单处理过程中发生的各类异常信息进行记录和处理。

具体功能如下。

（1）异常申请单归类管理：对核查反馈信息进行归类管理，如参合信息姓名不准确，年龄不符，身份信息不符，费用信息有误，发票信息有误等核查出的信息进行分类管理，标识风险级别。

（2）核查异常信息查询：对参合地和经办机构提示核查异常信息。提示相关风险。

9. 申请单查询作业

本作业的主要目标是为医院提供申请单查询服务。因医院上传费用数据不够及时或患者提供的参合信息不完整，就医费用数据不能及时上传到跨省费用核查系统。新农合经办机构向系统发起费用申请单。医院定时查询费用申请单，及时上传费用数据，供新农合经办机构核查使用。

该作业包括申请查询、执行查询和反馈结果三个操作。该作业流程中处理的信息对象包括申请单查询条件单证、申请单查询结果单证、申请单查询条件数据包、申请单查询结果数据包等单证和数据包。

本作业业务流程见图 4-3-9。

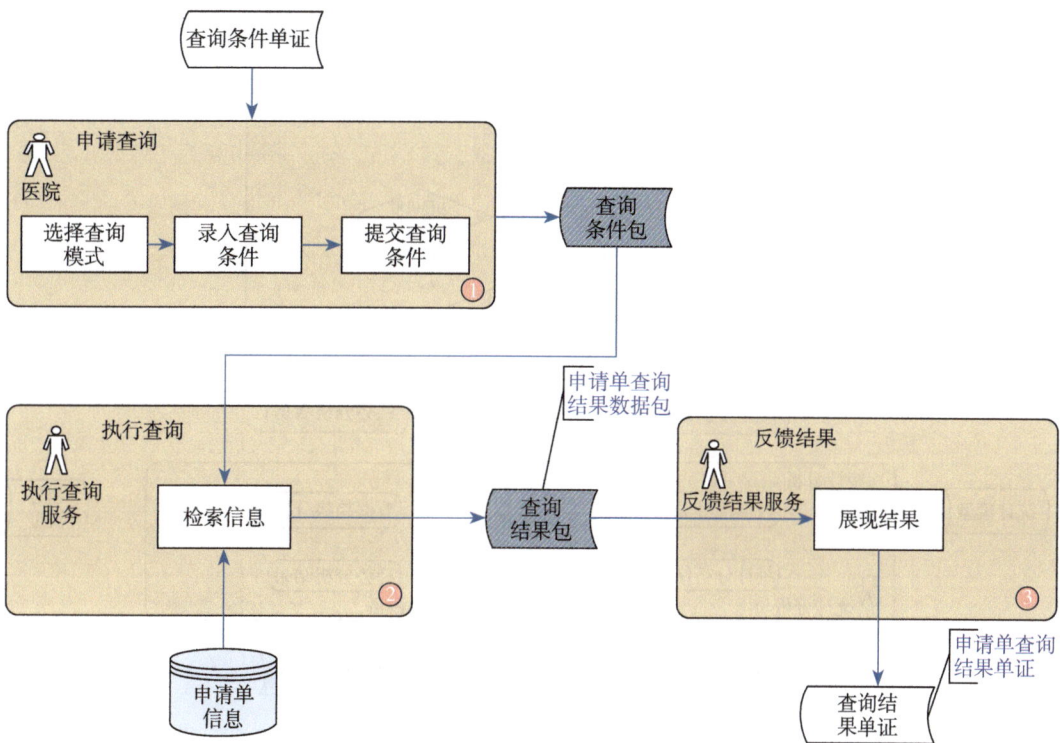

图 4-3-9　申请单查询作业流程示意图

申请单查询作业具体功能如下。

（1）参合信息核查申请功能：为新农合经办机构提供参合信息核查申请的功能，发起核查申请单，核实住院就诊信息是否正确和完整。

（2）就诊费用信息核查申请功能：由新农合经办机构发起，要求跨省定点医疗机构就申请的信息项目进行核实，要求医院上传费用核查申请单要求的信息，供新农合经办机构核查使用。

（3）申请单查询功能：查询本机构发起的或向本定点医疗机构发起的申请单，提供关联回复信息的查看功能。提供申请单状态的查询。

10. 费用核查数据统计分析及挖掘作业

本作业的主要目标是将费用核查的各类数据进行汇总、统计或趋势分析并发布相关分析结果。将机构注册信息、费用单信息、申请单信息等跨省费用核查的各类数据进行汇总、分析。建立科学分析指标体系,采用专业工具对采集的数据进行汇总、分析和深度挖掘,用报表和图形等多种方式进行展现,为跨省费用核查改善提供数据依据。分析方式包括统计分析和趋势分析两大类。

该作业包括数据选择、统计分析、趋势分析和结果发布四个操作。该作业流程中处理的信息对象包括机构注册信息、费用单信息、申请单信息、统计分析数据、趋势分析数据、报表模板、统计模型、趋势模型、统计分析结果、趋势分析结果、分析结果报表或图表等单证和数据包。

本作业业务流程见图 4-3-10。

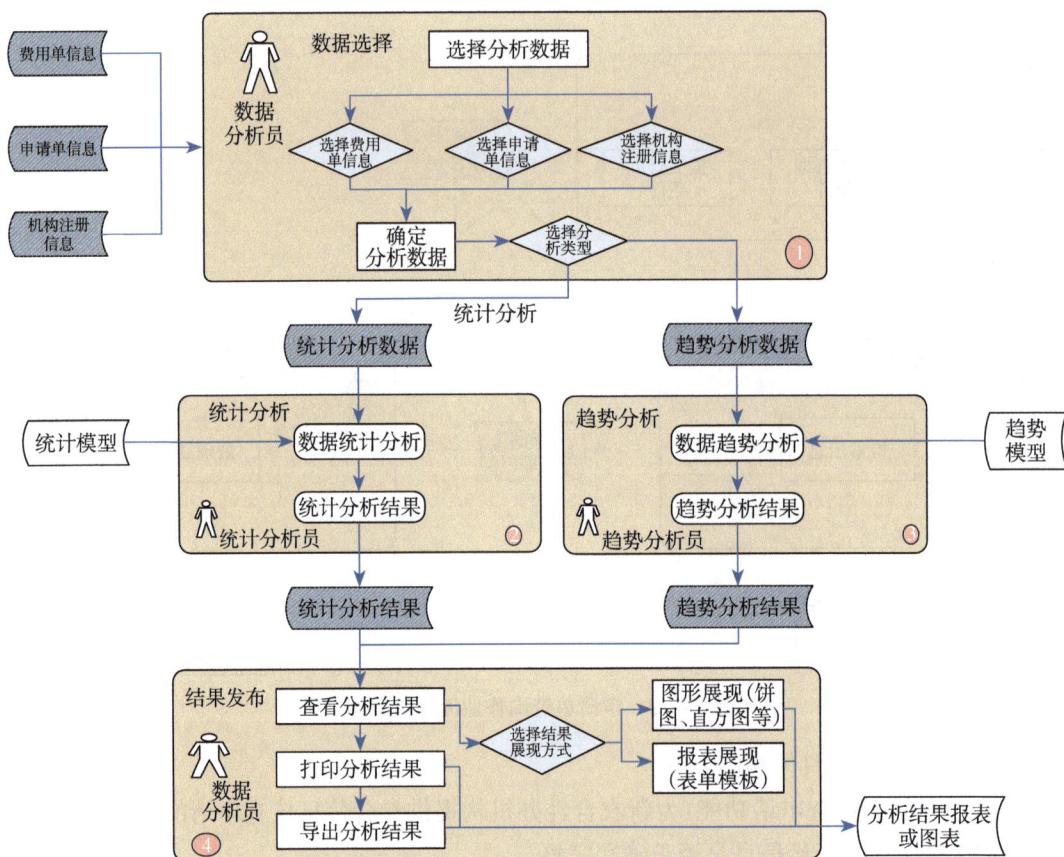

图 4-3-10　费用核查数据统计分析及挖掘作业流程

第四节 跨省费用结算子系统

一、业务概述

新农合跨省就医费用结算是为了解决因病需异地就医人群和外出务工人员异地就医人群新农合跨省费用结算的问题,使得省外的定点医疗机构能够对外省的新农合患者在出院时能够快速获取新农合基金补偿,减轻就医负担。

主要功能包括基础数据管理、目录信息比对、患者身份识别、住院登记、住院登记撤销、出院预结算、住院明细费用上传、住院明细单项删除、出院结算、出院结算红冲、补偿政策管理、统计分析等功能。系统功能架构见图 4-4-1。

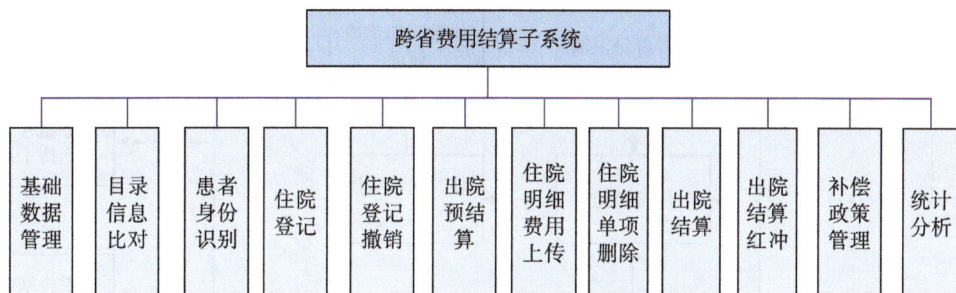

图 4-4-1 新农合跨省费用结算信息系统功能框架

二、业务功能及流程

(一)总体业务功能及流程

基本作业环节:本业务涵盖以下 5 个基本作业环节,业务构成见图 4-4-2。

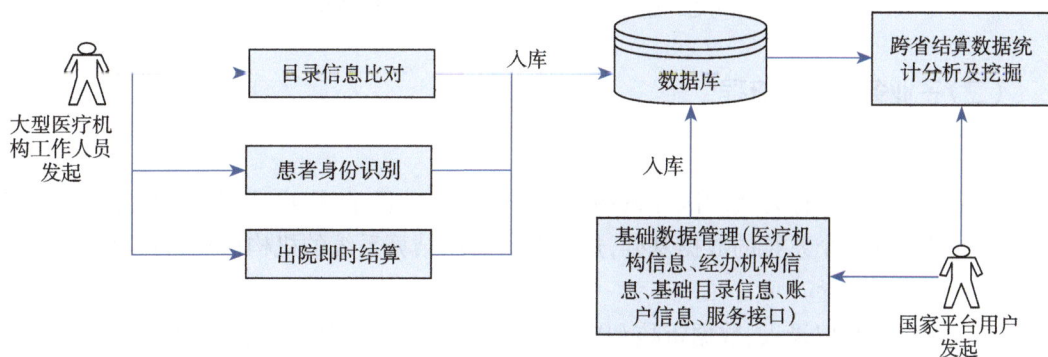

图 4-4-2 新农合跨省费用结算业务构成

　　系统接口：新农合跨省费用结算子系统需要从省级新农合平台、医院 HIS 等外部系统采集新农合相关业务数据，从新农合跨省就医转诊子系统获取新农合患者跨省转诊的数据，同时向业务监管与决策支持子系统、新农合基金结算子系统、新农合信息服务门户提供费用结算相关业务数据。跨省费用结算数据接口服务提供对跨省费用结算过程中产生的各类结算信息及操作的数据接口服务，各省可以调用服务接口开发相应的功能，与省级平台或县级业务平台对接，采集和交换跨省费用结算的数据，如参合人员信息身份识别接口服务、封顶线查询接口服务、历史就诊信息接口服务，住院费用清单接口服务，上传数据信息更正服务。需要制订跨省费用结算数据交换标准数据集，规范费用结算业务流程。本子系统与外部系统（虚线框表示外部系统）或其他子系统的接口结构见图 4-4-3。

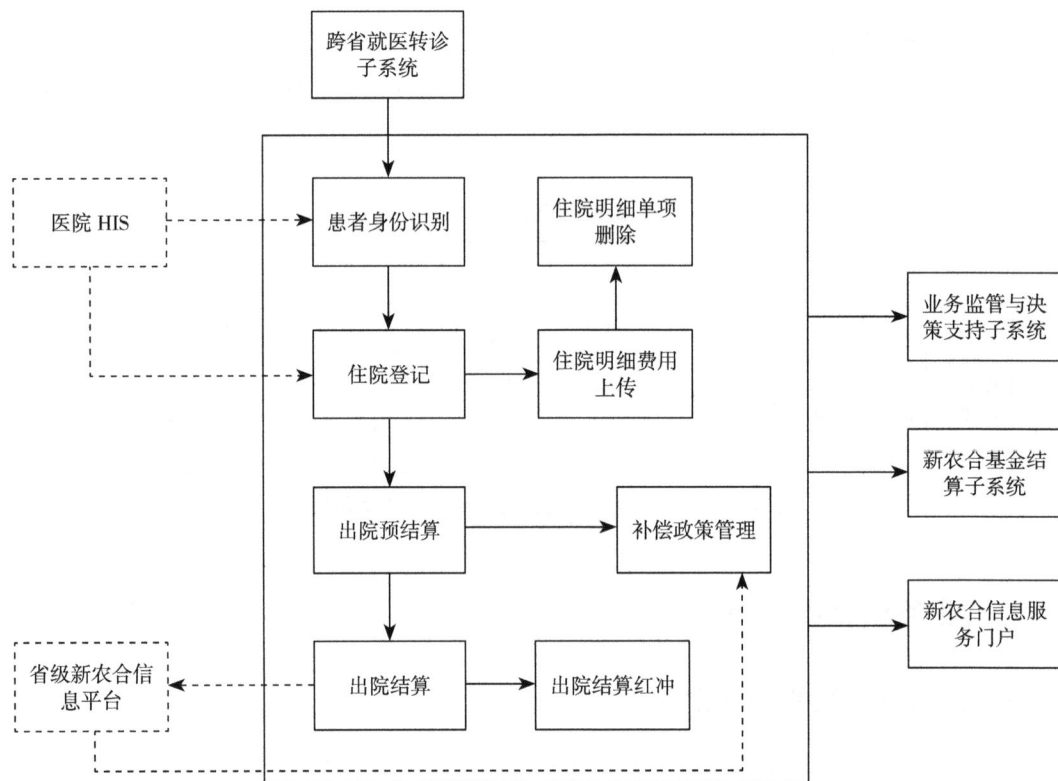

图 4-4-3　新农合跨省费用结算子系统接口结构

（二）子业务功能及流程

1. 基础信息管理作业

　　本作业的主要目标是实现医疗机构、经办机构、基础目录、账户、服务接口信息的录入。基础数据是支撑整个系统的数据基础，规范跨省费用结算系统的机构信息，目录信息，以及结算账户信息的设置。

　　该作业包括数据录入、数据审核和数据发布三个操作。该作业流程中处理的信息对象包括医疗机构信息、经办机构信息、基础目录信息、账户信息、服务接口等单证和数据包。

本作业业务流程见图 4-4-4。

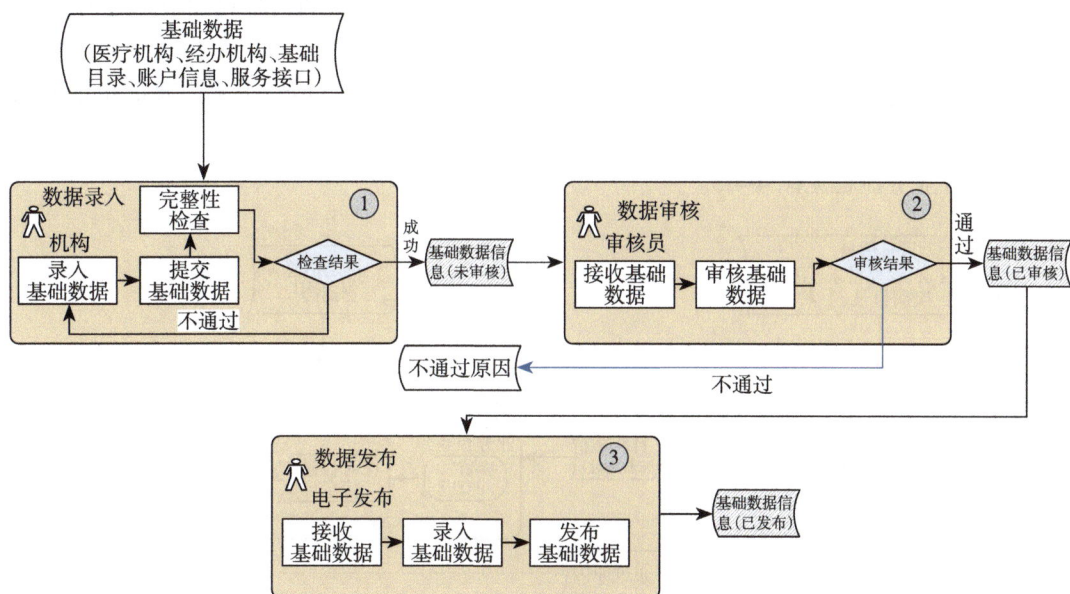

图 4-4-4 基础数据管理作业流程

基础数据管理作业具体功能如下。

（1）跨省定点医疗机构信息维护：跨省定点医疗机构是指提供跨省就医要求的医疗机构。维护的医院信息应包括医院名称、擅长专业、地址、联系人、联系方式（手机和邮箱）、结算账号、开户银行等，提供新增、修改、删除、审核、开通/禁用等功能，同时根据医院信息把医院添加到 GIS 地图中。

（2）经办机构信息维护：经办机构是指省级新农合管理机构及县级经办机构。维护的管办机构信息包括机构名称、地址、联系人、联系方式（手机和邮箱）等，提供新增、修改、删除、审核、开通/禁用等功能。

（3）基础目录信息维护：基础目录包括：药品目录、诊疗目录、卫生材料目录、疾病目录、手术目录等目录的维护。提供新增、修改、删除、导入、导出、开通/禁用、审核等功能。

（4）账户信息维护：账户是用于记录经办机构、医疗机构和农民之间结算业务账目的虚拟账户。账户信息包括，账户名称、开户银行、有效日期、期初余额等信息，提供新增、修改、删除、导出、开通/禁用、结转等功能。

（5）服务接口维护：用于管理和注册提供给医疗机构的接口和省级或县级经办机构调用的服务接口以及其他业务平台的接口。提供新增、修改、删除、发布等功能。

2. 目录信息比对作业

以省为单位统一诊疗目录，供参合地选择使用。报销政策采取参合地的报销政策。诊疗目录采用就医地的诊疗目录。

本作业的主要目标是实现 HIS、国家平台以及省级平台或县级新农合系统中的三大目录、疾病目录、手术目录之间的比对关系的维护。目录比对信息主要包括 HIS、国家平台以及省级平台或县级新农合系统中的药品目录、疾病目录、手术目录等三大目录之间的比对关系的维护。关于报销目录应在跨省就医协议中进行规定。政策的执行尽可能减少地区差异。

该作业包括目录信息录入、目录信息比对和目录比对信息发布三个操作。该作业流程中处理的信息对象包括药品目录、诊疗目录、材料目录、疾病目录、手术目录等单证和数据包。

本作业业务流程见图4-4-5。

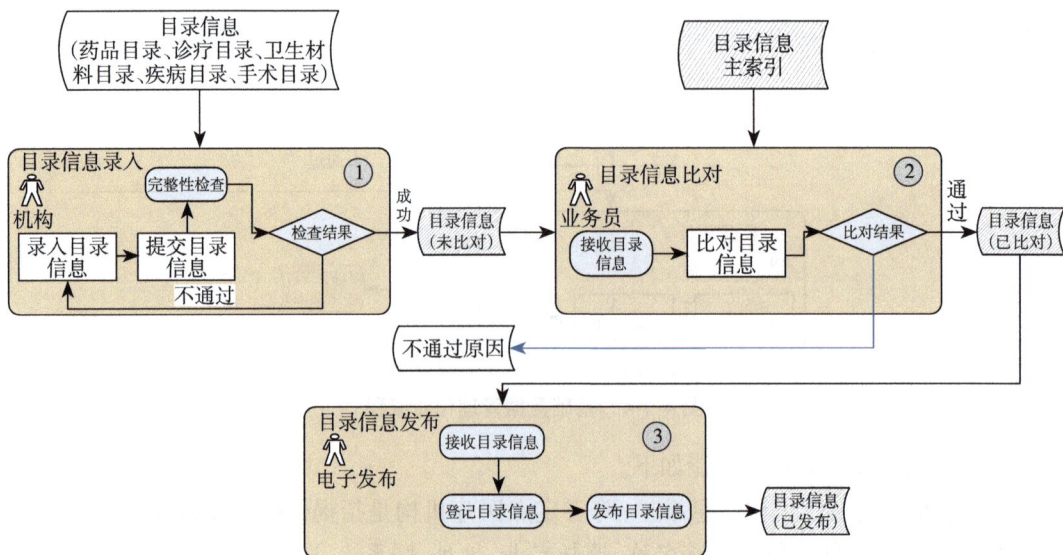

图4-4-5　目录信息比对作业流程

目录信息比对作业具体功能如下。

（1）诊疗目录比对：提供就医地医保目录包括药品、诊疗项目及卫生材料目录的比对与参合地目录的比对，原则上以就医地目录为准。

（2）诊断目录比对：提供就医地诊断目录与参合地目录的比对，原则上以国际疾病分类（International Classification of Diseases，ICD）目录为准。

（3）手术目录比对：提供就医地手术目录与参合地目录的比对，原则上以ICD-9为准。

3. 患者身份识别作业

作业的主要目标是实现患者身份的识别用于核实患者的身份信息。医疗机构工作人员通过平台填写患者提供的基本信息（包括姓名、性别、医疗证号码、身份证号码、身份证扫描图片或者普通照片、参合年度等）或者患者所在参合地新农合经办机构提供的转诊单证，上传到服务平台实现对患者身份的验证。如果通过验证则医疗机构按照新农合患者身份进行登记、结算和补偿。

本作业包括入院申请和身份验证两个操作。该作业流程中处理的信息对象包括患者基本信息、转诊单证信息、患者身份信息表、身份验证信息表等单证和数据包。

本作业业务流程见图4-4-6。

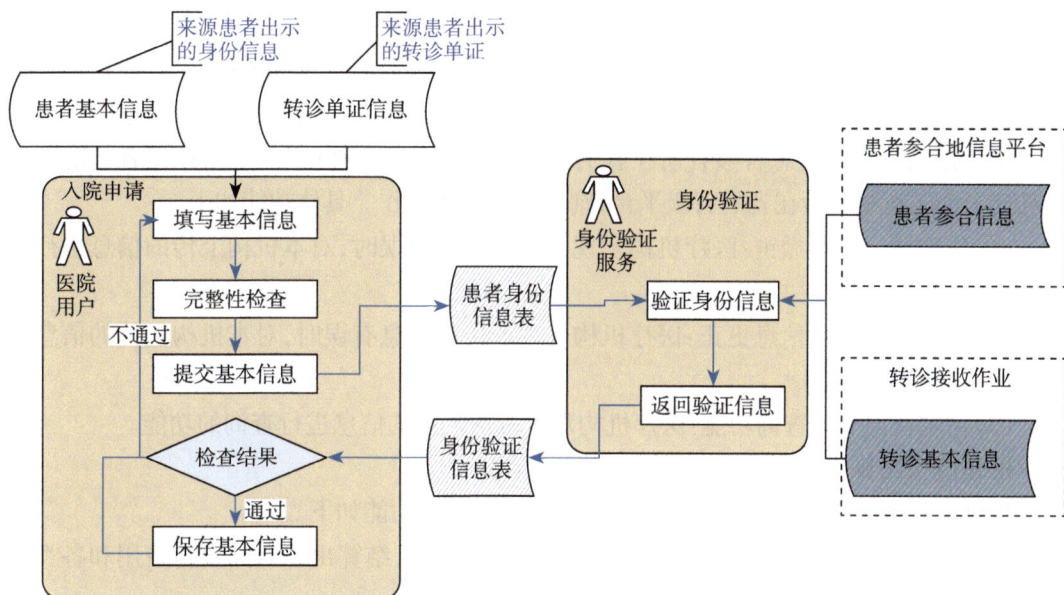

图 4-4-6 患者身份识别作业流程

患者身份识别作业具体功能如下。

（1）参合身份识别资料上传：由参合地管理经办机构对参合人身份信息提供上传管理功能。供医疗机构或经办机构核实参合人身份使用。包括提供身份证以及健康读卡读入信息的功能、提供参合缴费证明信息上传、提供户口簿扫描信息上传功能、提供转诊申请信息上传功能。

（2）参合身份识别资料查看功能：对各类参合识别资料提供查询功能，对详细信息提供查询功能。打印参合证明资料作为报销凭证。

（3）参合身份证明打印功能：对各类参合识别资料提供查询打印功能，对详细信息提供查看功能。打印参合证明资料作为报销凭证。

4. 住院登记作业

实现跨省就医患者在外省定点医疗机构的住院登记功能，将跨省就医新农合患者在医院就医的基本信息上传到国家平台进行注册登记，同时国家平台自动将住院登记信息传送至患者参合所在省的省级平台完成患者住院信息在本省的登记操作。

具体操作如下。

（1）跨省就诊患者接收：在发生跨省住院的患者入院时，医疗机构根据跨省转诊信息进行接收入院。生成住院通知单。

（2）跨省就医入院信息登记及上传：在发生跨省住院的患者住院时，医疗机构应对其进行单独登记，并根据跨省结报的要求上传跨省住院登记信息表，在上传前允许对登记信息进行核实修改。

（3）跨省住院出院信息登记上传：在发生跨省住院的患者入院时，医疗机构应对其进行单独登记，并根据跨省结报的要求上传跨省住院出院登记信息表，在上传前允许对登记信息进行核实修改。

5. 住院登记撤销作业

提供住院登记撤销功能,对于已经完成了跨省就医住院登记操作的机构,若要撤销患者住院信息,则调用此功能,注销其在国家平台已经完成的住院登记信息,同时国家平台自动将注销登记信息推送至患者参合所在省的省级平台。若撤销住院登记时,该患者住院登记信息还未推送至参合所在省的省级平台,则无须执行此操作。具体功能如下。

(1)住院登记上传撤销:医疗机构发现上传的信息有误时,对本机构上传的信息进行撤销的功能。

(2)住院登记上传信息更正:医疗机构发现上传的信息有误时,对本机构上传的信息进行更正的功能。

(3)住院登记上传查询功能:医疗机构对本机构上传的信息进行查询的功能。

6. 出院预结算作业

提供跨省就医患者已发生费用的预结算功能。具体功能如下。

(1)预结算功能:医疗机构在出院前进行预结算功能,结算出患者的自付费用和各类费用的汇总,供患者进行核实。

(2)预结算结果查看:查看目前结算结果信息。出院预结算需要提供就医基本信息和就医费用明细。

7. 住院明细费用上传作业

提供实现医疗机构住院费用明细数据上传功能,支持按日批量或者一次性上传功能,若当天未上传成功,下一个上传时间补传。具体功能如下。

(1)成批上传功能:医疗机构按规定上传费用明细,对符合所有条件的跨省就诊患者定时上传费用明细信息。

(2)单个上传功能:医疗机构按规定上传指定患者发生的费用明细。

(3)已上传信息查看功能:医疗机构查询指定患者发生的费用明细。

8. 住院明细单项删除作业

提供已经上传的住院费用中的单项记录或者多项记录的删除功能,删除时需要提供住院登记流水号、HIS单据编码、住院处方流水号和待删除项目序号。具体功能如下。

(1)已上传信息重传功能:医疗机构查询指定患者发生的费用明细,进行重新上传的功能。

(2)已上传信息删除功能:医疗机构查询指定患者发生的费用明细,进行删除的功能。

9. 出院结算作业

本作业的主要目标是提供新农合跨省就医患者住院患者费用结算功能。医疗机构的信息系统与新农合经办机构的业务系统之间通过国家级平台出院即时结算系统实现数据的实时传输和交换,通过程序自动完成患者出院结算流程,一般情况下不需要人为干预,医院的工作人员通过本机构的信息系统把患者的就诊费用按照一定的数据交换标准传输给到对应的新农合业务系统,新农合业务系统通过目录比对的结果生成结算所需要的信息,并异地计算补偿结果,并实时把补偿信息返回至平台,患者在就诊的省外医院办理出院时只需要支付个人承担的费用。

该作业包括出院申请、补偿生成和出院结算三个操作。该作业流程中处理的信息对象包括患者就诊信息、患者补偿信息等单证和数据包。

本作业业务流程见图4-4-7。

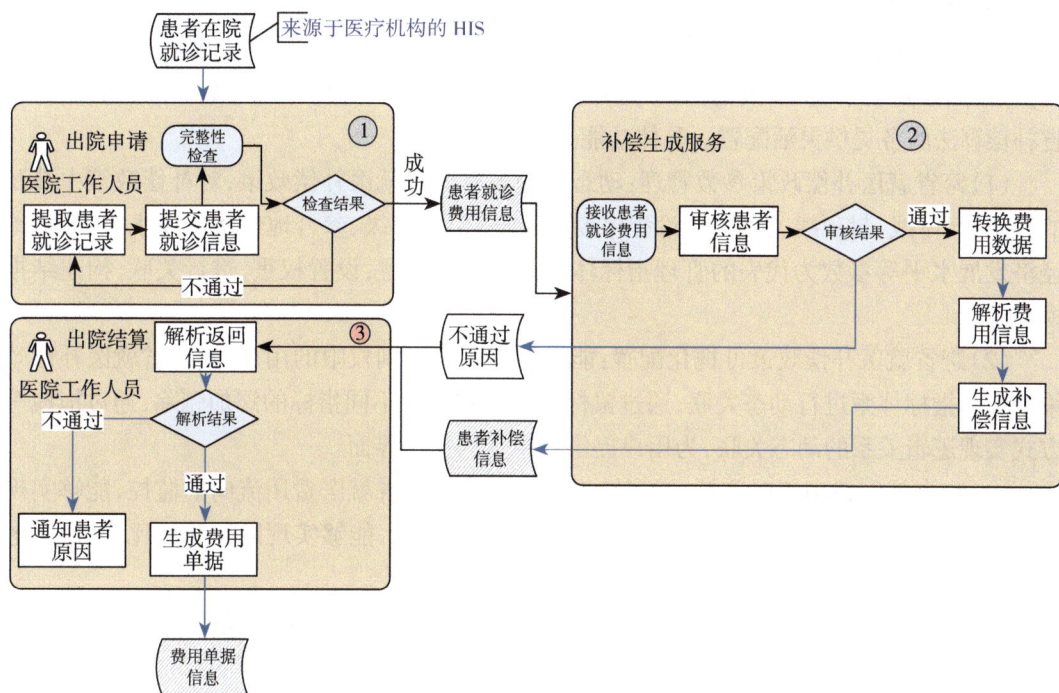

图4-4-7 出院结算作业流程

出院结算作业具体功能如下。

（1）出院结算信息功能：医疗机构查询指定患者发生的费用明细，以及费用结算信息进行上传的功能。

（2）新农合跨省结报补偿计算：医疗机构根据跨省结报报销算法上传相应的费用信息后，系统计算出补偿结果反馈回医疗机构，医疗机构作为对跨省住院进行垫付结报的依据。患者在就诊的省外医院办理出院时只需要支付个人承担的费用。

（3）新农合跨省垫付信息上传：医疗机构出院结算时根据报销政策计算垫付患者住院费用的补偿部分，患者仅支付医院需要个人承担的费用，垫付的金额作为向新农合经办机构上传申请垫付资金的回拨。

10. 出院结算红冲作业

提供新农合住院患者费用退结算功能。对于出院结算后，患者需要进行退费操作的，需要执行出院结算红冲操作，将患者原有的跨省出院结算数据进行对冲，属于结算接口的反向操作，把已经结算的数据标记删除，并将费用数据改为未结算状态，患者的个人累计金额和结算次数也减回，退结算后允许操作人员重新修改处方并重新结算。出院结算红冲操作需要提供医院编码、患者参合地区、患者住院登记流水号、患者原出院结算号等信息。具体功能如下。

（1）结算信息的红冲上传：用红冲的方法更正已上传的结算信息。

（2）结算重传上传功能：对已上传的结算信息重新上传。作废原有已上传的结算信息。保留历史上传信息。

11. 补偿政策相关作业

跨省补偿政策的管理，设置各省补偿政策，根据跨省结报管理的要求设置补偿政策的算法参数，如诊疗目录管理、报销比例，定点医院设置，封顶线、起付线等参数据的设置。为各省补偿算法服务提供灵活配置。具体功能如下。

（1）跨省就医补偿政策参数管理：动态管理各省跨省就医补偿政策，对补偿政策中涉及的目录、起付线、封顶线、病种、转诊程序、就医机构资质等级、参合地经济发展水平、就医地经济发展水平等参数为代表的管理指标体系能够进行配置，设置权重，进行关联，构建结报模型等。

（2）跨省就医补偿政策可视化配置：能够针对不同级别权限的用户，对跨省就医补偿政策涉及的指标体系进行动态关联，通过鼠标点选方式实现不同指标的添加删除，通过拖拽等方式实现逻辑关系的动态关联，为用户提供可视化的操作界面。

（3）跨省就医费用流向监控：根据结报的数据计算跨省就医费用流向的监控，能够实现不同省份之间的横向对比，国家、省、市县的纵向对比分析，能够实现同比和环比，为参合地经办机构跨省就医补偿政策的制定提供数据支撑。

（4）跨省补偿政策对比分析：根据跨省补偿的政策对比分析各省补偿政策的差异。实现各省补偿政策参数的对比分析，如起付线、封顶线的对比分析，报销比例的对比分析。补偿水平对比分析。

12. 数据统计分析及挖掘作业系统

数据统计分析是将跨省结算的各类数据进行汇总、分析。建立科学分析指标体系，采用专业工具对采集的各类业务数据进行汇总、分析和深度挖掘，用报表和图形等多种方式进行展现，为跨省结算改善提供数据依据。分析方式包括统计分析和趋势分析两大类。面向对象为国家以及各省的新农合管理机构。跨省费用结算信息统计信息功能按省或时间序列多维度进行统计分析。

数据挖掘与决策支持是提供决策支持功能，通过建立科学决策指标体系和决策模型，基于跨省的医疗业务数据、结算数据以及分析数据生成决策数据，提升新农合跨省费用结算业务的监管能力，并提供业务预警功能，及时为决策层提供支撑。

本作业的主要目标是将跨省结算的各类数据进行汇总、统计或趋势分析并发布相关分析结果。该作业包括数据选择、统计分析和结果发布三个操作。该作业流程中处理的信息对象包括医疗机构信息、经办机构信息、基础目录信息、账户信息、统计分析数据、报表模板、统计模型、趋势模型、统计分析结果、分析结果报表或图表等单证和数据包。本作业业务流程见图4-4-8。

具体功能如下。

（1）转诊数据分析：对各省转出人次统计、各省转入人次统计进行分类，按参合地和就诊地数据进行统计分析。

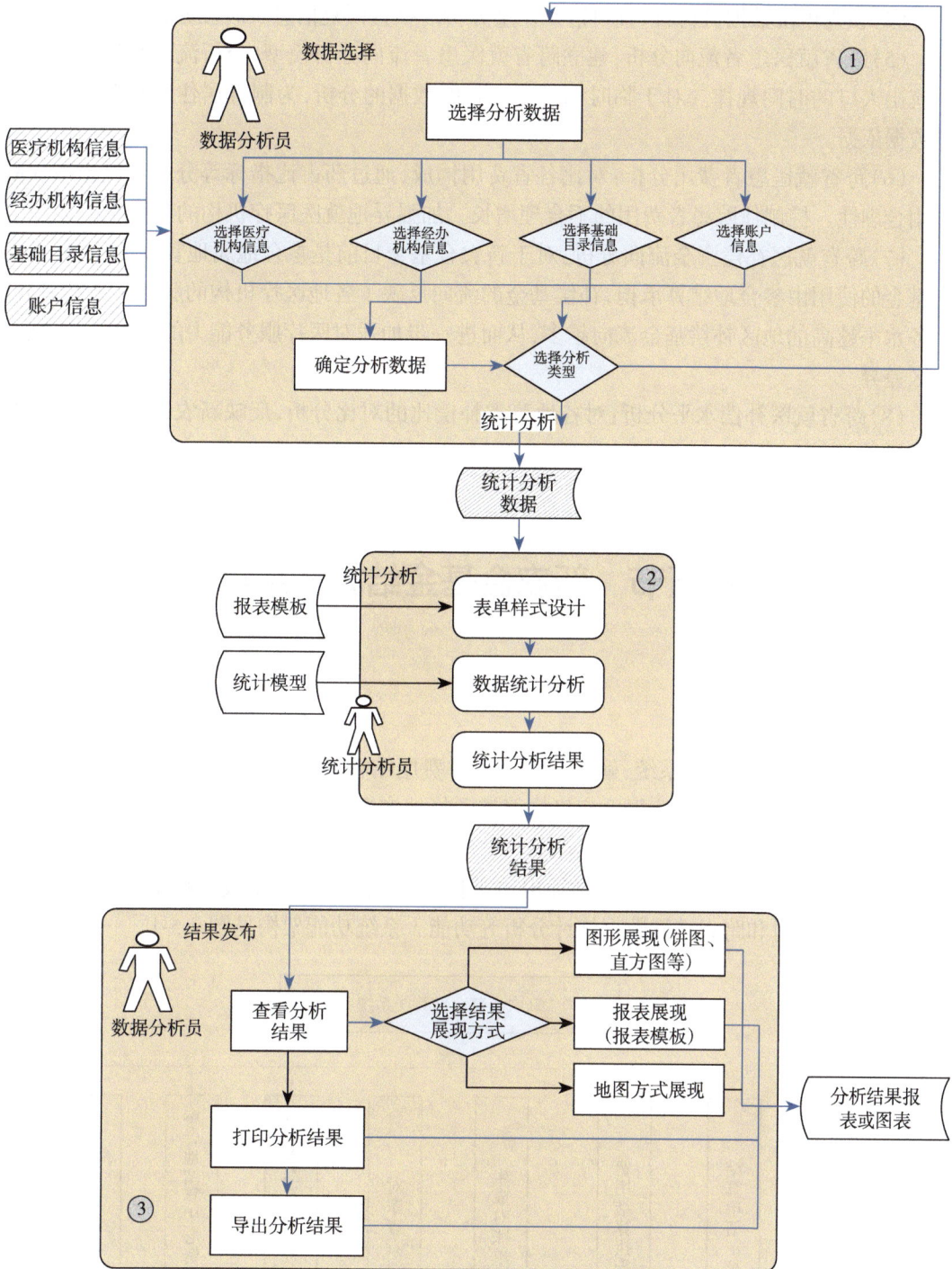

图 4-4-8 数据分析及数据挖掘作业流程

（2）费用数据分析：对跨省就医的住院费用进行分析，计算日平均住院数据和日均费用等对比分析。

（3）结算数据分析：对结算报的数据分析补偿比、自费费用比等信息。

（4）核查申请数据分析：核查申请工作量分析。核查回复信息及时性分析。

（5）跨省就医患者流向分析：建立跨省就医患者流向分析模型，分析流入和流出以及流入流出人口的时间规律。对于临时和长期跨省的数据的分析，为制订居住地参合的政策提供数据依据。

（6）跨省就医患者费用分析：对比各省费用构成，通过药占比指标等分析住院患者住院费用合理性。控制住院患者费用的不合理增长。加强异地就医医疗机构的监管。

（7）跨省就医补偿资金流向分析：对于新农合基金目前是参合地属地管理的原则，新农合基金的使用由参合地结算承担，补偿基金的流向反映了各地医疗机构的服务水平的差异，服务水平越高的地区补偿基金流向越多，从而进一步加强对医疗服务能力的建设投入，减少地区差异。

（8）跨省就医补偿水平分析：对各地跨省补偿比的对比分析，反映新农合异地补偿政策的差异。

第五节　新农合基金结算子系统

一、业务概述

建立新农合基金结算系统，解决新农合跨省费用结算后新农合经办机构对垫付资金的医疗机构的资金拨付问题，使得医疗机构能够顺畅地实现资金的回流，保障新农合跨省费用结算业务的正常开展。

主要功能包括医院结算申请、结算申请审核、费用结算执行、生成对账单、对账查看、资金结算、资金拨付和跨省结算数据统计分析等功能。系统功能架构见图4-5-1。

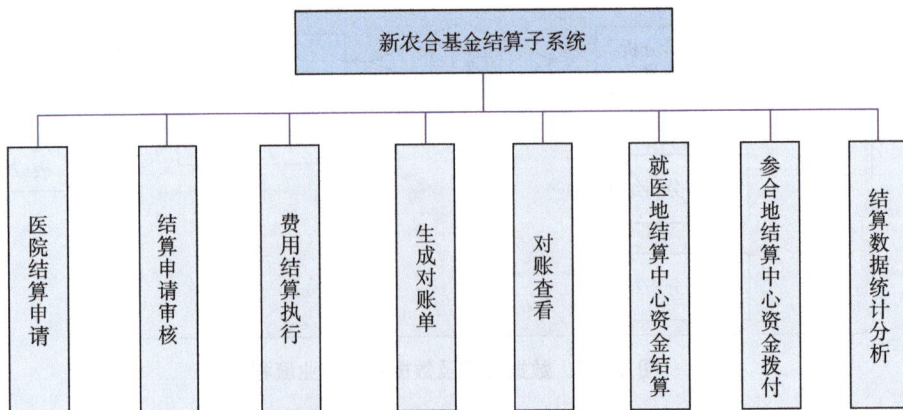

图4-5-1　新农合基金结算子系统功能框架

二、业务功能及流程

(一)总体业务功能及流程

基本作业环节:本业务涵盖以下 2 个基本作业环节,业务构成见图 4-5-2。

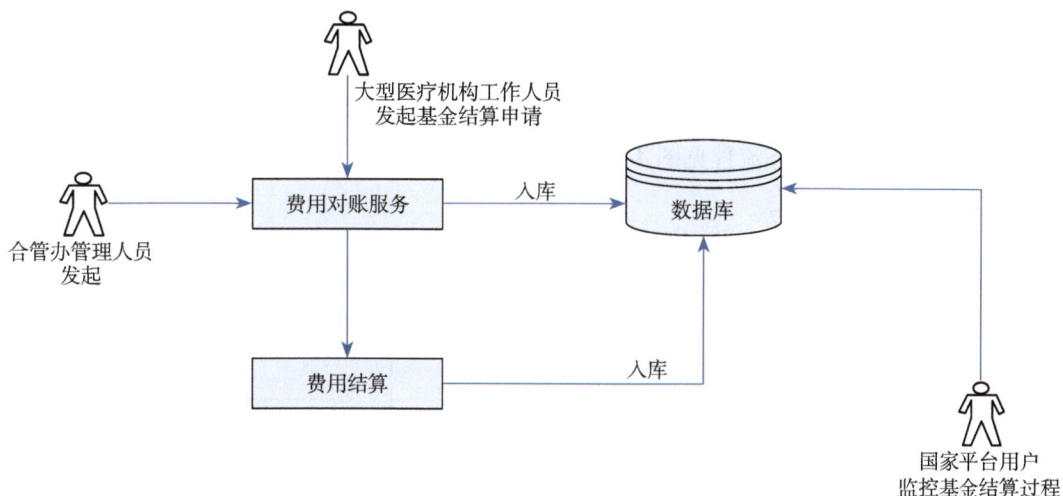

图 4-5-2　新农合基金结算业务构成

系统接口:新农合基金结算子系统需要从新农合跨省费用结算子系统获取新农合患者的费用结算数据,同时向业务监管与决策支持子系统提供基金业务监管与决策所需的基金相关业务数据。跨省新农合基金结算数据接口服务提供对跨省新农合基金结算过程中产生的各类结算信息及操作的数据接口服务,各省可以调用服务接口开发相应的功能,与省级平台或县级业务平台对接,采集和交换跨省费用结算的数据。如医疗机构结算申请单接口服务、结算申请单的审核、资金拨付等结算以及对账单的查询接口服务需要制订跨省新农合基金结算数据交换标准数据集,规范新农合基金的结算业务流程,见图 4-5-3。

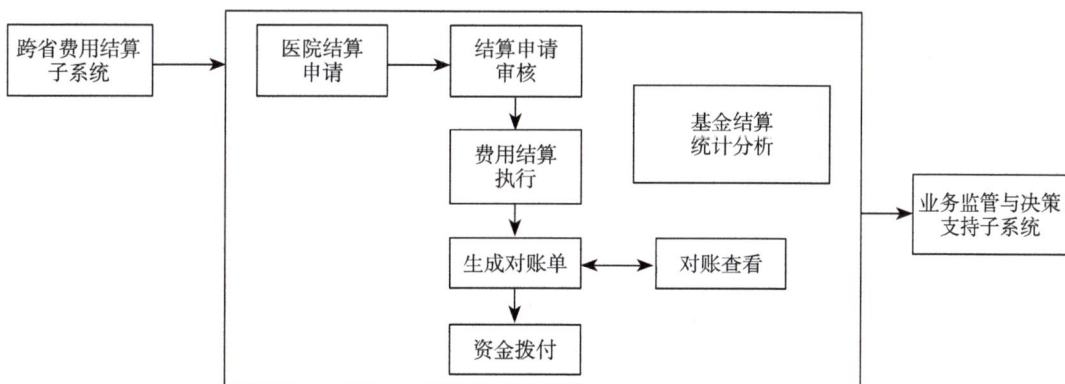

图 4-5-3　新农合基金结算子系统接口结构

（二）子业务功能及流程

1. 费用结算作业

本作业的主要目标是实现经办机构对费用对账审核过的医疗机构的补偿记录进行结算。计算出本期该账号的发生额，录入扣除金额得到本期应支付的金额。核对拨付资金金额准确无误后，生成费用执行单，审核后生成付款单，并调用支付相关业务系统接口，对医疗机构进行新农合基金资金的拨付操作，向支付系统发送相关指令，完成新农合基金账户的划拨操作。

该作业包括费用结算生成、结算信息审核、费用执行和资金拨付四个操作。该作业流程中处理的信息对象包括费用对账信息表、医疗机构费用结算单、费用执行单、付款单据等单证和数据包。本作业业务流程见图 4-5-4。

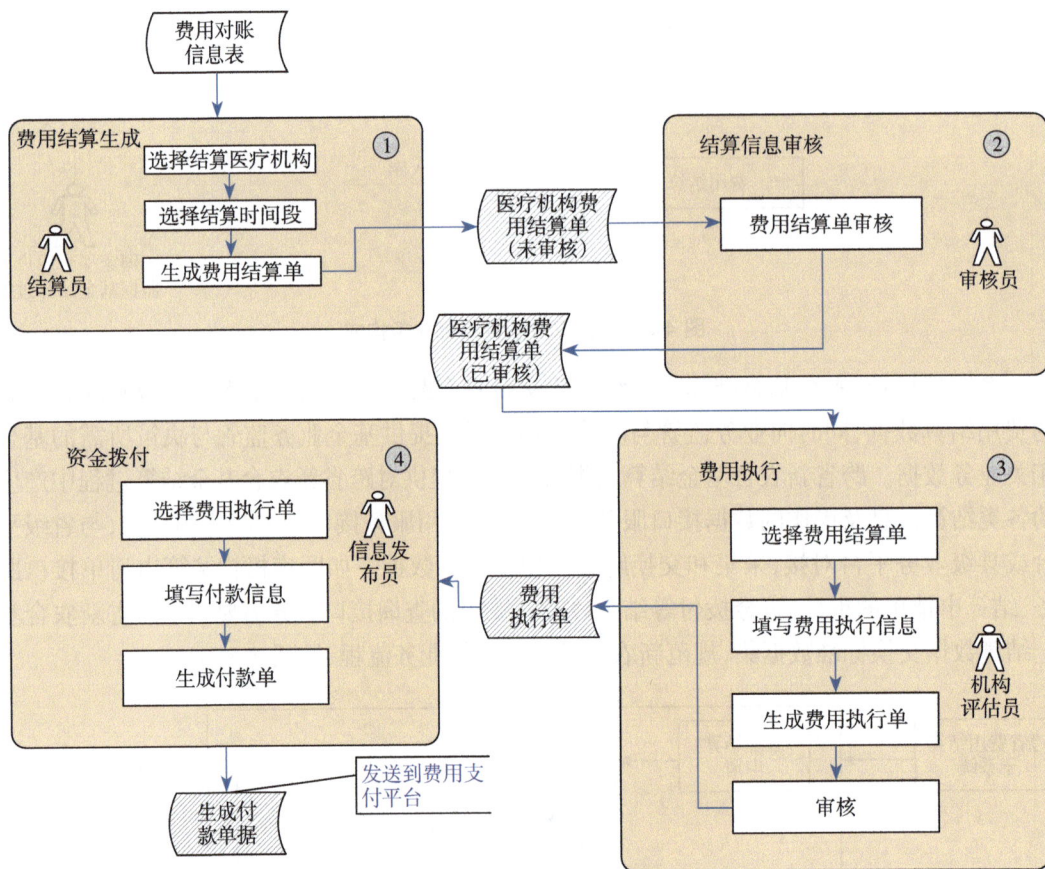

图 4-5-4　费用结算作业流程

费用结算作业具体功能如下。

（1）医院结算申请模块：医疗机构对垫付的跨省就医患者向上一级经办管理机构申请结算垫付资金。提供相应的证明材料。反映结算申请单的状态。分析垫付资金的占用情况。具体功能如下。

我的结算申请：为医疗机构提供结算申请单的管理。包括：①医院结算申请单的新增／

修改/删除;②上级单位已审核处理的结算申请单不允许修改或删除。

结算资料上传功能:通过附件方式上传,根据结算的要求上传结算所需要的资料信息。包括:①结算申请单包括汇总和明细信息;②参合证明信息;③转诊证明信息。

结算申请单状态查询功能:①记录垫付申请结算已结算、未结算等状态;②以时间轴为序查看结算申请单进展;③提供结算申请单的查询打印功能。④上级单位对结算申请及资料的审核回复以及扣款的说明查看。

(2)结算申请审核模块:新农合经办机构通过结算申请功能对医疗机构提交的结算申请进行审核,审核时可以查看该结算申请单对应的对账单明细,该功能是通过对账查看功能实现。若审核通过后,则进行费用结算执行流程。若审核不通过,则医疗机构需要根据审核反馈的信息重新提交结算申请。在审核过程中,系统提供扣费功能,新农合经办机构可以针对某笔不合理费用项目进行扣费操作。具体功能如下。

结算申请单接收:新农合结算中心对医疗机构提供的结算申请单接收的功能,对申请资料的初步审核,对资料不全的可以拒收,并要求补充资料。记录接收的经办人及时间。包括:核对结算申请单及申请资料;拒收时应回复相应的意见。

结算申请单审核:新农合结算中心对结算申请单进行审核确认结算申请资料正确性,记录审核意见及相应的审核人,审核时间等,对于审核未通过的回复意见。对不合规的费用作为结算扣款时应明确扣款原因。包括:审核结算申请单及结算资料查看功能;审核回复意见编辑;扣费金额及原因说明的编辑。

(3)费用结算执行模块:医院结算申请审核通过后,新农合经办机构通过费用结算功能,可以将本次的结算申请费用分成多个批次进行资金的拨付操作,也可以一次性进行资金拨付操作。本省新农合管理机构对跨省定点医疗机构的垫付的资金进行结算拨付,记录结算执行的状态、扣款的原因及扣款金额。具体功能如下。

生成结算单:新农合结算中心根据医疗机构填写的结算申请单进行结算,形成结算单和审核意见生成结算单。

结算单审核:结算中心稽核人员对生成的结算进行审核,通过审核的结算单作为结算付款的依据。

执行单:结算中心财务人员根据审核后的结算生成付款单。

2. 费用对账作业

本作业的主要目标是为审核医疗机构发生的费用记录与合管办费用记录是否相符。合管办工作人员核对医疗机构为新农合参合农民发生垫付的金额是否与合管办记录的资金相符,通过将自身登记的记录与医院上传的本机构的费用记录进行逐条核对并审核。

该作业包括费用查询申请、执行查询和对账操作三个操作。该作业流程中处理的信息对象包括查询条件单证、查询条件包、查询结果包、费用结果单证等单证和数据包。

本作业业务流程见图4-5-5。

费用对账服务作业具体功能如下。

(1)对账查看模块:为医疗机构提供结算中心对账单查看功能,逐笔核实结算资金及时进行账目核对。具体功能如下。

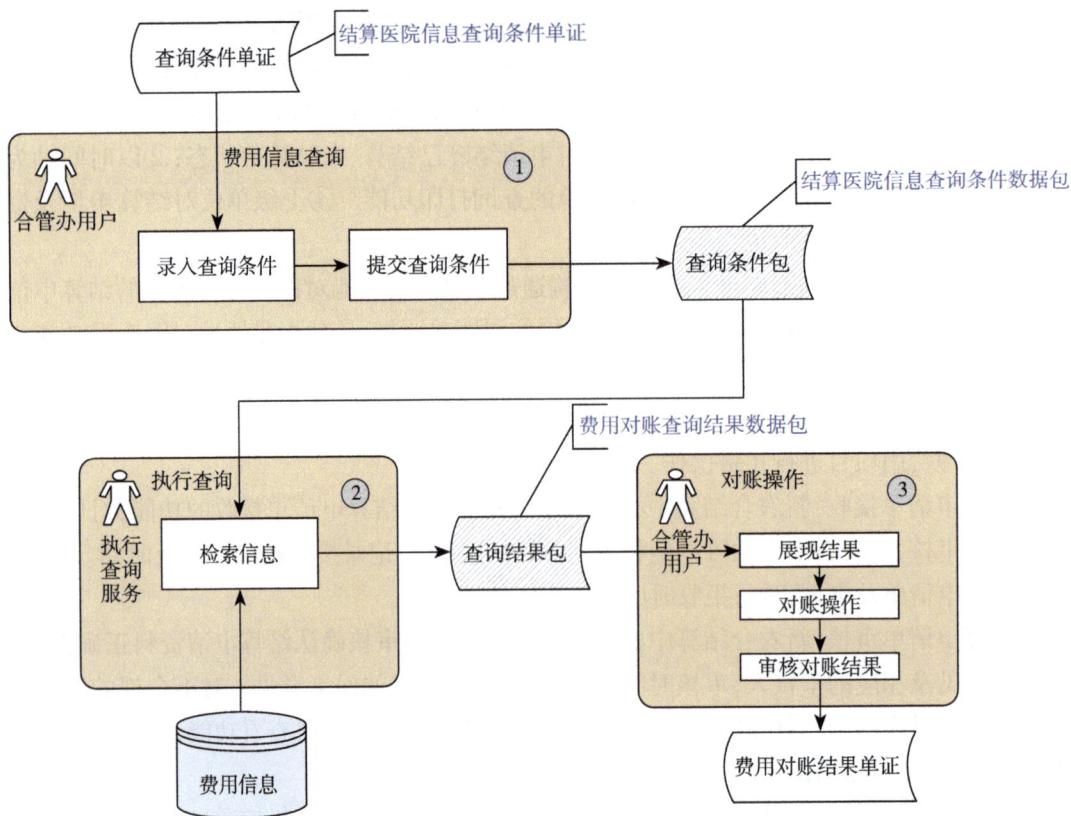

图 4-5-5　费用对账服务作业流程示意图

往来明细单查询功能：结算中心与医疗机构之间相互提供对账单明细查看功能。

往来明细单查询打印功能：结算中心与医疗机构之间提供对账付款明细打印功能。

（2）生成对账单模块：该功能提供给医疗机构使用，医疗机构在进行结算申请前，需要执行生成对账单功能，按照单据发生日期生成费用明细记录（即对账单），系统自动与跨省费用结算系统上传的业务明细数据建立关联。具体功能如下。

往来付款单核销：医疗机构新农合结算中心资金往来必须定期进行对账，提供对账单生成功能。包括：供资金结算单位之间核实资金收付的核对；按结算单付款单号等信息提供自动对账与手动对账等往来核销的功能。

银行存款余额调节表：由于月末单位之间记账的时间差额所造成的银行余额账面与实际的差异的调节。真实地反映资金的余额。

3. 就医地结算中心资金结算模块

提供就医地的省级结算中心向本省医疗机构进行拨款的功能，同时提供就医地结算中心向参合地结算中心进行垫付资金申请的功能。主要功能包括机构资金拨付功能和垫付资金申请功能。具体功能如下。

（1）机构资金拨付功能：提供资金拨付操作功能，实现就医地结算中心向本省内跨省定点医疗机构为外省参合患者垫付的新农合资金的拨付。就医地结算中心对结算申请审核通过的医疗机构的跨省就医费用进行结算，调出某个费用结算执行单，核对拨付资金金额准确无误后,生成付款单,并调用支付相关业务系统接口,对医疗机构进行新农合基金资金的拨付操作,向支付系统发送相关指令,完成新农合基金账户的划拨操作。

(2)垫付资金申请功能:提供就医地结算中心向参合地结算中心进行垫付资金申请的功能。系统支持批量向参合地结算中心申请拨款。就医地结算中心向参合地结算中心申请账单时,应附加就医地结算中心对该账单的扣减金额、扣减原因等信息。

4. 参合地结算中心资金拨付模块

提供参合地结算中心向就医地结算中心进行资金拨付的功能。主要功能包括结算中心资金拨付功能和问题账单回复功能。具体功能如下。

(1)结算中心拨付功能:提供资金拨付操作功能,实现参合地结算中心向就医地结算中心进行资金拨付的功能。参合地结算中心可以选择需要支付的就医地结算中心列表,能够查看到就医地结算中心已经支付给医疗机构的记录信息和相关扣款信息。包括:根据结算单生成付款单,自动选择付款账户,生成付款明细单;打印输出付款凭证如支票等;可根据付款的性质不同分类生成付款单;付款单记录付款的资金的来源及去向。

(2)问题账单回复功能:参合地结算中心对于就医地结算中心已经支付的费用明细记录若有问题,可以针对某条记录进行账单回复功能。

5. 跨省结算数据统计分析模块

跨省结算数据统计分析功能将医疗机构与新农合经办机构的资金结算数据进行汇总、分析,用报表和图形等多种方式进行展现,为跨省结算决策支持提供数据依据。具体功能如下。

(1)结算资金流向分析:根据结算资金的支付明细信息分析资金的流向。可以进行排行对比、流入流出的分析。

(2)结算资金的时间分析:跨省结算资金的时间对比分析。以年、季、月、周等时间轴分析资金的占用及流向情况。

(3)垫付资金结算周期分析:分析医疗机构垫付资金的周期和占用资金规模,以及结算周期。及时结算垫付资金,提高资金利用率,避免垫付资金形成坏账。

第六节　业务监管与决策支持子系统

一、业务概述

建立业务监管与决策支持信息子系统。采集用于决策的各类数据,基于大数据实现对新农合数据分类管理,建立数据集市和数据仓库,通过专业工具实现数据分析和挖掘,为各级管理者提供各类数据的查询、多种形式的展示。

通过指标管理、业务监管、可视化展现、决策支持、预警管理、骗保辅助识别等功能模块,实现对跨省就医转诊、跨省费用核查、跨省费用结算和跨省基金结算等新农合跨省业务的监管,并为跨省补偿政策的制定提供决策支持。对于全国各省上传至国家的省内新农合业务的监管和决策支持功能在后续项目进行解决,本期项目只针对新农合跨省业务进行相应的业务监管和决策支持功能的开发和实施。

业务监管与决策支持子系统主要功能包括指标管理、业务监管、可视化展现、决策支持、预警管理和骗保辅助识别等功能。系统功能架构见图 4-6-1。

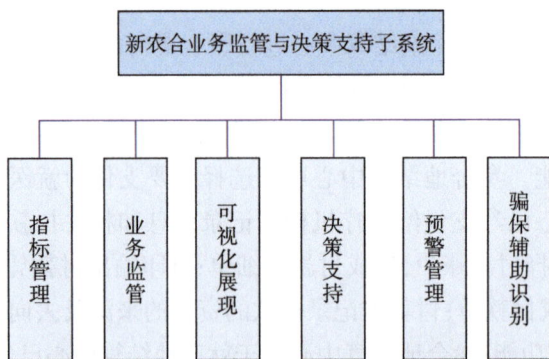

图 4-6-1　业务监管与决策支持子系统功能框架

二、业务功能及流程

(一)总体业务功能及流程

基本作业环节:本业务涵盖以下 11 个基本作业环节,业务构成见图 4-6-2。

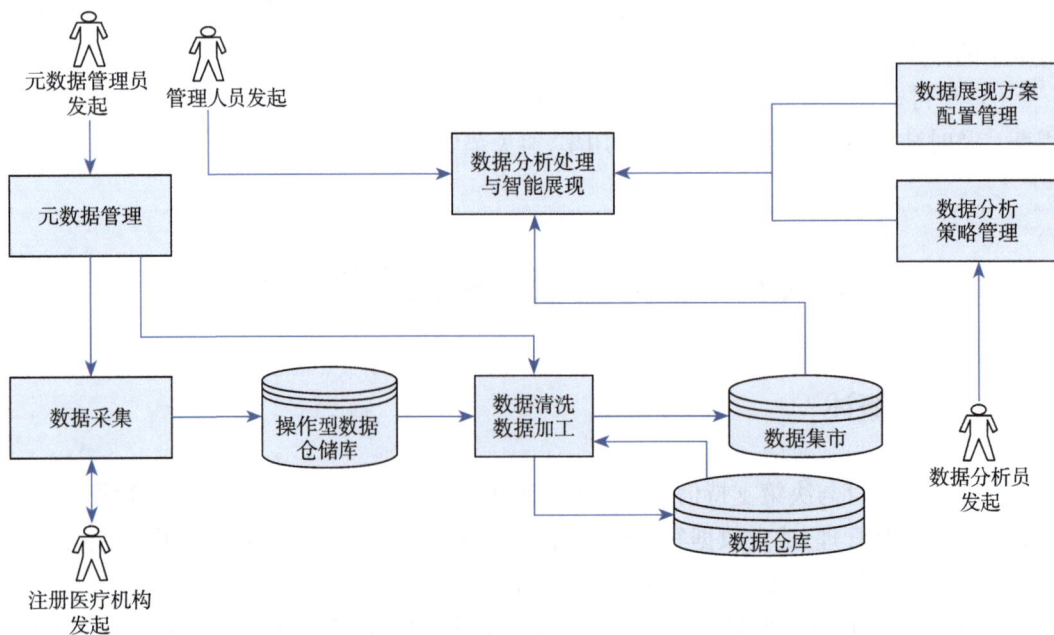

图 4-6-2　业务监管与决策支持子系统业务构成

系统接口:新农合业务监管与决策支持子系统需要从省级新农合平台等外部系统采集新农合经办机构、参合数据、门诊费用及补偿数据、住院费用及补偿数据、基金管理等新农合相关业务数据,从新农合跨省就医转诊子系统、跨省费用核查子系统、跨省费用结算子系统和新农合基金结算子系统获取新农合患者的费用结算数据,同时向新农合信息服务门户提供对外发布的新农合统计结果数据。本子系统与外部系统(虚线框表示外部系统)或其他子系统的接口结构见图4-6-3。

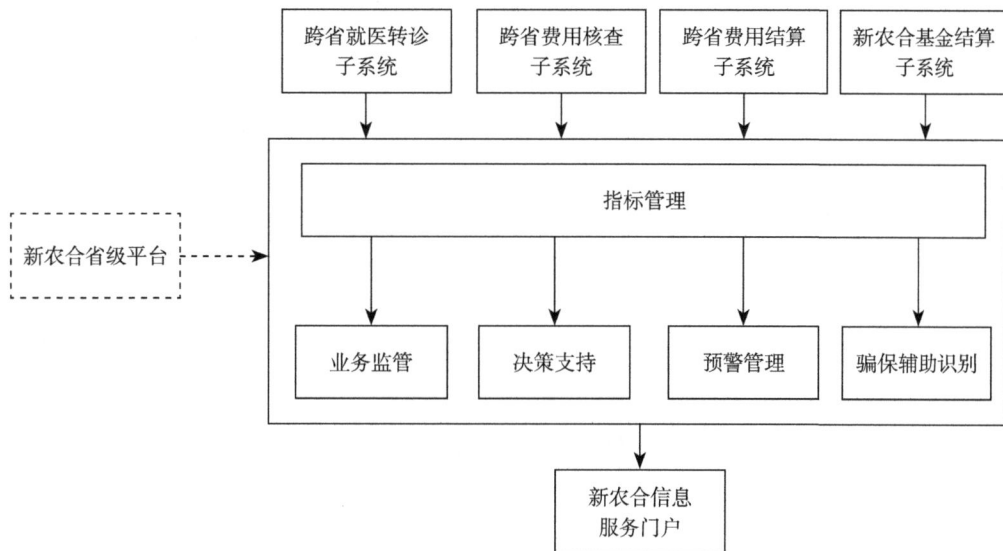

图 4-6-3 新农合业务监管与决策支持子系统接口结构

(二)子业务功能及流程

1. 指标管理模块

指标根据新农合业务管理的需要按逐层分解,形成新农合指标体系。指标可以根据实际需求新增、定义、修改、停用指标。以县(市、区)为基本统计分析单位,可通过行政区划代码逐级向上汇总省(自治区、直辖市)、国家各级统计分析指标,并可进行不同区域相同指标比较和同一区域同一指标的趋势分析,以及全国性的汇总指标分析。

指标体系至少应包括总量指标、结构指标、效益指标、速度指标四个方面。

总量指标:包括反映新农合覆盖情况的总量指标;反映新农合基金运行情况的总量指标;反映医疗服务管理情况的总量指标。

结构指标:包括贫困人口占参合人口的比重、新农合覆盖率、新农合实际运行率、新农合基金收缴率、新农合基金结余率等。

效益指标:包括经济效益和社会效益两部分。经济效益指标包括住院(门诊)费用统筹基金支付比例、参合人口年平均统筹基金支付额、参合患者平均住院统筹基金支付额。社会效益指标包括参合人口住院(门诊)率、平均住院床日数、平均每天住院人次数。

速度指标:包括农合基金收入增长速度,农合基金支出增长速度;农合基金收入(支出)

平均增长速度;参合人数增长速度,参合人数平均增长速度;住院(门诊)人次增长速度,住院(门诊)人次平均增长速度等。

具体功能如下。

(1)指标体系维护:指标体系的管理,对指标体系多角度多级次管理。逐步实现指标的精确化管理。包括:指标体系的新增/修改/删除,形成多级新农合的指标体系;选择指标保存为多个指标体系;指标体系中的指标新增、修改、删除指标;指标体系的导出功能。

(2)指标分类维护:指标的分类允许多角度分类,如参合类指标、补偿类指标。指标分类支持多级次管理。包括:指标分类的新增/修改/删除;维护多个指标分类。

(3)指标维护:对具体指标的定义,说明计算公式,含义以及取数来源和指标归属分类。包括:指标的新增/修改/删除;维护指标,定义指标的构成和含义及所属的指标的体系和指标的分类;指标有效值域的定义。

2.业务监管模块

业务监管模块提供基金情况和新农合业务情况监测功能,实现对新农合跨省业务整体运行情况的监管。

(1)基金使用情况:通过行政区划、年份两个维度对新农合统筹基金、基金结余等进行查询、分析。以钻取的方式,提供对比分析。

(2)跨省就医及补偿情况:通过行政区划、年份两个维度对参合人员跨省就医人次、补偿人次、各级医疗机构的费用及补偿情况,药品使用情况等内容进行查询、分析。提供按年度、按区域、按医疗机构的对比查询。

(3)疾病发病率情况:通过行政区划、年份两个维度对新农合参合人员疾病发病人次,发病率、病种医药费用、病种补偿费用等进行监测,可以按照发病人次、发病率进行排序。

3.可视化展现模块

对系统运行现状通过集成大屏显示系统进行可视化展现,如就医流向、基金预警、跨省就医实时信息等内容。

(1)可视化数据设备的管理:包括显示设备的维护;显示设备工作状态查看。

(2)可视化展现模板:包括定义可视化显示的模板,允许模板的启用和停用;允许定义显示指标的选择,设置指标的展示图形方式;显示方式的设置;显示参数据的定义。

(3)可视化数据管理:包括编辑维护显示内容;审核显示数据;发布显示数据。

4.决策支持模块

(1)数据分析策略管理:数据分析策略管理是对数据分析方法的元数据、分析脚本、数学模型进行管理,实现针对不同的数据要求进行智能的数据分析处理,提供可配置的分析结果数据,以满足不同的分析需求。

(2)数据展示方案管理:数据展示方案管理是对不同数据分析方法结果数据的展示配置管理,实现针对不同的分析结果数据及要求进行智能的数据展示,提供可配置的用户接口。

(3)数据挖掘:新农合数据挖掘从大量的、不完全的、有噪声的、模糊的、随机的新农合数据仓库或数据集市中,提取隐含在其中、人们事先不知道的、但潜在有用的信息和知识,支持新农合的管理与决策。主要包括以下两个方向。

1）预测任务:根据其他属性的值预测特定(目标)属性的值,如回归、分类、异常检测。

2）描述任务:寻找概括数据中潜在联系的模式,如关联分析、演化分析、聚类分析、序列模式挖掘。

5. 预警管理作业

预警管理能够及时将已发生的业务中重要的事项设置预警指标,一旦满足条件能及时向相关人员发出预警信息,从而采取相应的对策。随着新农合业务的发展以及数据积累,逐步积累了大量参合农民就诊、补偿、就诊疾病、医疗、医药方面的信息,建立起新农合业务信息预警机制,为管理决策提供及时可靠的信息来源。预警管理作业涉及关键指标体系的建立与管理,主要从原国家卫生计生委需要对全国各级医疗机构的各类关键指标进行监测,以此作为医疗卫生监管的辅助决策分析内容。具体包括以下几点。

(1)建立预警机制:逐步建立和健全预警指标体系,通过多种预警的展示方式预警信息,预警指标的灵活性要求预警指标的可配置性要强,划分不同的预警级别,用红色或橙色等标识不同的预警级别,预警时自动发出预警提示信息给相应的预警对象。

(2)预警设置:预警设置提醒要求预警的数据来源要能灵活配置,将符合预警的信息展示给不同的预警的对象或预警对象分组,设置预警的有效期以及预警周期。预警的显示方式要求能够设置自动或手动。划分不同的预警级别,用红色或橙色等标识不同的预警级别,预警时自动发出预警提示信息给相应的预警对象。

(3)预警指标的管理:新农合涉及的信息包括医疗、医药、疾病、合作医疗基金管理等众多的业务信息。分类设置不同管理要求的预警指标,例如基金风险预警指标在实时监测基金的运行情况,发现异常及时预警,提示管理机构按指标所提供的线索去查找原因,进而实时控制。预警指标的建立与维护能够设置预警的级别,要求按不同的级别进行分类显示。根据预警信息进行预警指标的分类:基金补偿类预警指标,疾病预警、医疗服务预警等可以根据管理的需要逐层分解,形成预警指标体系。主要可对以下几个方面的信息作出预警:①基金监控预警模型(基金账户余额预警、基金结存预警指标);②预警模型知识库(按管理类别分、按使用单位分、按业务类型分);③患者负担预警模型(诊次负担预警、床日负担预警、药费负担预警、门诊新农合负担预警、住院新农合负担预警、大额新农合负担预警等);④新农合预付预警模型(新农合非结算收入比预警、平均成本预警、新农合支付比预警、大病新农合支付比预警等);⑤药品费用预警模型(患者药品支出预警、患者次均药品支出预警、单日药品大额支出预警、处方药占比预警等);⑥医疗费用预警模型(药品与服务占比预警、药品与检验检查占比预警、大处方预警等);⑦重点疾病预警模型(重点疾病结算费用预警、重点疾病再入院比预警、重点疾病患者住院日费用比预警等)。

(4)预警模型库管理:①模型信息的存入。包括模型分类存放、模型参数赋值、模型运行条件设置等。②模型选配调用。如模型选择、调用,模型求解方法配置等。③实用模型构造。利用库中模型信息,通过人与系统交互,示教学习,构造、组装、生成面向用户实际问题的模型。④模型运行维护。如模型的增删、修改、更新等。⑤导入导出。可从外部导入或更新相关模型与指标,也可导出内部建立的模型与指标。

(5)预警提醒及异常处置:①预警督办和处理。预警督办:按预警产生期别查询,对超过一段时间内未处理预警,可以督办下级办理;督办可以对某一条预警进行督办,也可以对所有产生期限超过一段时间内的预警逐级进行督办。预警处理:对所有本级的预警处理,填写处理过程及处理结果,系统自动上报给上级。②预警反馈。仅对督办解决了的预警进行反馈(预警的解决不在本系统里体现),填写的反馈信息,正常解决的预警无须反馈信息,在下月上报的数据里体现。对上报的反馈信息,先查询出督办信息,再填汇总反馈信息。③预警结果统计。主要统计一段时间内,某个地区的预警解决率,反映预警的解决情况。

(6)预警信息查询:根据业务需要,提供预警信息的查询功能。预警的展示主要是通过自动和手动检索预警信息,在系统登录时直接检查预警信息项,查看不同级别的预警,此外预警消息还可通过短信及电子邮件的方式及时发送给相关人员。在查看预警结果的同时,可以直接对预警处理,若该预警超过一段时间未处理也可以直接督办。预警结果展现分两种方式:按地域展现和按规则展现。选择地域或规则时都要加时间联合查询。按地域展现:按地域列出当前地域的所有预警,选中其中一个预警,显示当前地域的预警的具体信息:预警名称、预警规则、预警阈值、结果数量等,并能检索预警结果的详细信息。按规则展现:按预警规则列出全国各地域的所有预警,选中其中一个地域,显示当前地域的预警的具体信息:预警名称、预警规则、预警阈值、结果数量等,并能检索预警结果的详细信息,预警详细信息的查看则是以预警结果集格式的可扩展标记语言(extensible markup language,XML)的文件解析预警结果的存储字段。

6.骗保辅助识别作业

参合农民的跨省就医骗保的形式日趋多样,而且骗保形式多样化、行为隐匿、新农合业务数据孤立,导致骗保行为难以及时发现和监管。对新农合经办中的新农合欺诈及违规行为的手段和方式进行了总结分析,主要分为伪造发票和病历、重复参保、同院跨院重复开药、就医频次和交易金额异常、冒名顶替等现象,骗取了大量新农合资金,严重影响了新农合制度的实施效果。

骗保辅助识别通过建立预防跨省骗保行为智能分析模型,将以经验为基础的新农合业务规则与海量业务数据生成的模型规则相结合,建立智能骗保分析模型,同时反馈这些规则的绩效水平,支持快速修改现有规则或制定新规则。预防跨省骗保行为智能分析模型的构建可加强骗保行为管理,能够做到事先预防骗保行为的发生,避免支付新农合费用,而且也可以事后对骗保行为进行监控,保障新农合资金的有效利用。具体包括以下几点。

(1)骗保识别模型指标管理:骗保识别模型指标根据骗保识别管理的需要按逐层分解,形成骗保识别模型指标体系。骗保识别模型指标可以根据实际需求新增、修改、停用指标。

(2)高风险规则维护:根据系统骗保识别模型评估结果,选定特殊条件进行模型定义,以及对应的说明。用户根据模型评估结果进行高风险骗保防控的需求。如:设置大额骗保,一旦超过此金额,比如通过模型得出骗保金额≥3万,那么就需要设为高风险参合人员。

(3)骗保识别模型管理:①模型信息的存入。包括模型分类存放、模型参数赋值、模型运行条件设置等。②模型选配调用。如模型选择、调用,模型求解方法配置等。③实用模型构造。利用库中模型信息,通过人与系统交互,示教学习,构造、组装、生成面向用户实际问题的模型。④模型运行维护。如模型的增删、修改、更新等。⑤导入导出。可从外部导入或更新相关模型与指标,也可导出内部建立的模型与指标。

(4)骗保信息查询:根据业务需要,提供骗保信息的查询功能,此外骗保消息还可通过短信及邮件的方式及时发送给相关人员。

7. 元数据管理作业

本作业的主要目标是实现数据采集元数据管理作业。元数据管理作业是对医疗卫生数据采集点的规范化管理,其覆盖范围涉及省、市或县级新农合信息平台、医疗机构、原国家卫生计生委、公安部、人力资源社会保障部等部门,实现数据分析元数据及数据挖掘数学模型的注册与发布工作。

该作业包括注册登记、注册审核和注册发布三个操作。该作业流程中处理的信息对象包括需要采集的元数据信息、元数据标准规范要求、元数据信息等单证和数据包。

本作业业务流程见图4-6-4。

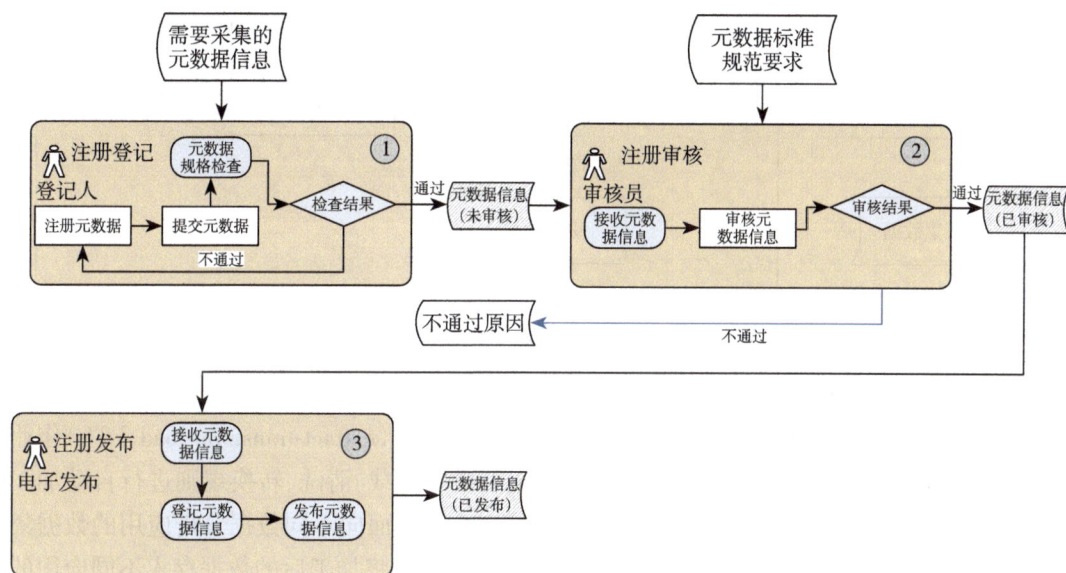

图 4-6-4 元数据管理作业流程

8. 数据采集作业

本作业的主要目标是实现数据采集作业。数据采集作业主要针对已发布的采集表单,通过统一数据采集标准,自动进行相关的数据收集和整理工作,并随之建立数据分析生产库。

该作业包括配置采集计划和数据采集两个操作。该作业流程中处理的信息对象包括数据采集范围、数据采集规则、采集单证信息、采集计划、数据完整性、基准校对要求、采集数据等单证和数据包。

本作业业务流程见图4-6-5。

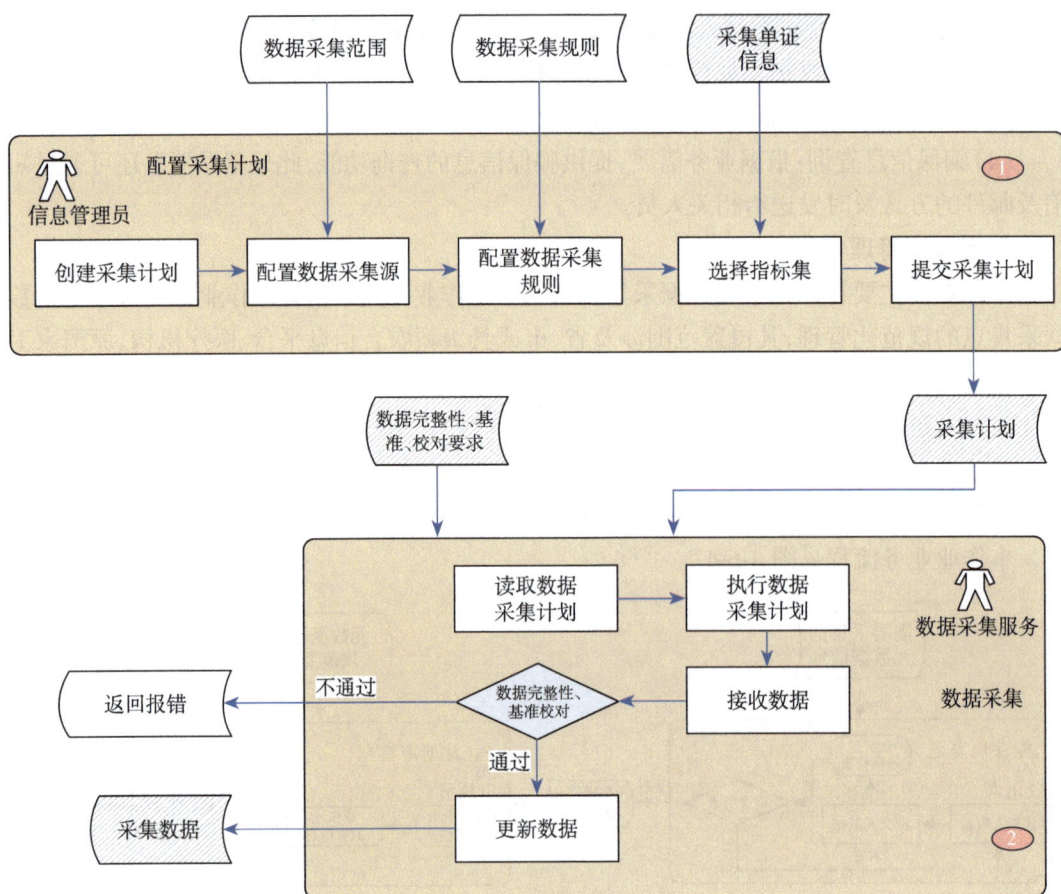

图 4-6-5　数据采集作业流程

9. 数据加工作业

本作业的主要目标是实现数据的清洗作业。数据加工（extract-transform-load，ETL）作业主要是针对已采集的数据分析生产库，通过制定的数据加载、清洗、转换规则进行自动加工形成数据仓库，进而根据需要，经进一步的 ETL 作业，建立面向不同数据分析应用的数据集市。某些数据根据业务需要还需人工数据加工核对。然后将加工后的数据存入不同应用的数据集市，供数据统计分析和决策支持使用。

该作业包括清洗规则管理、自动清洗和人工清洗三个操作。该作业流程中处理的信息对象包括清洗规则数据、清洗后数据等单证和数据包。

本作业业务流程见图 4-6-6。

10. 数据分析配置作业

数据分析配置作业的主要目标是实现指标管理作业。数据分析配置作业包括数据分析策略管理作业和数据展示方案管理作业。数据分析策略管理作业是对数据分析方法的元数据、分析脚本、数学模型进行管理，实现针对不同的数据要求进行智能的数据分析处理，提供可配置的分析结果数据，以满足不同的分析需求。数据展示方案管理作业是对不同数据分析方法结果数据的展示配置管理，实现针对不同的分析结果数据及要求进行智能的数据展

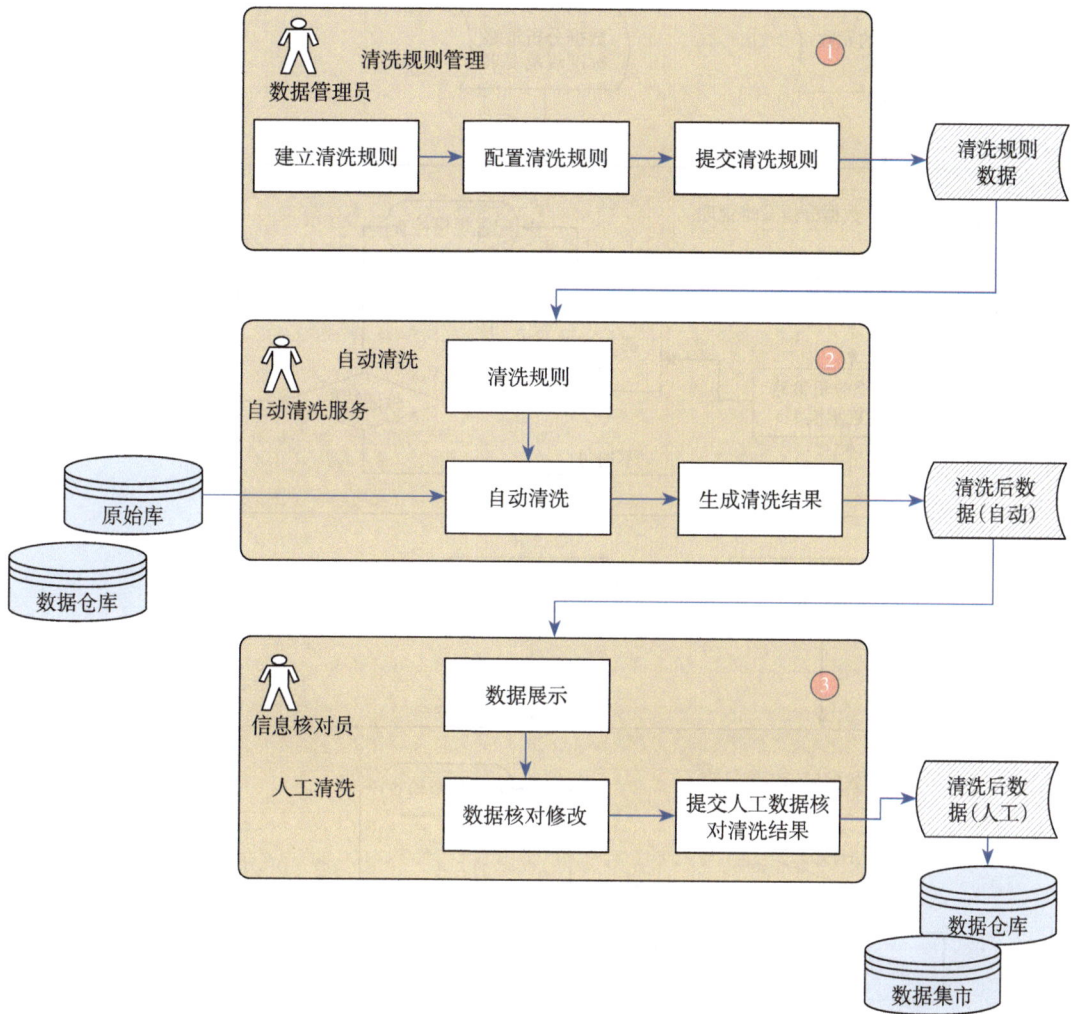

图 4-6-6　数据清洗作业流程

示,提供可配置的用户接口。

该作业包括数据分析策略管理和数据展现方案两个操作。该作业流程中处理的信息对象包括数据分析策略信息、数据展示方案配置信息等单证和数据包。

本作业业务流程见图 4-6-7。

11. 数据分析与展示作业

数据分析与展示作业包括智能数据展现作业、联机分析处理(online analytical processing, OLAP)作业、数据挖掘作业、预警分析、骗保辅助识别。数据分析与展示作业的主要目标是实现数据的分析处理作业。该作业包括:数据联机分析处理、预警分析、数据挖掘等操作。该作业流程中处理的信息对象包括多维综合卫生数据、预警指标、预警值、数据挖掘数学模型、数据展现策略、分析结果结构化数据、数据分析报告、骗保辅助识别等单证和数据包。

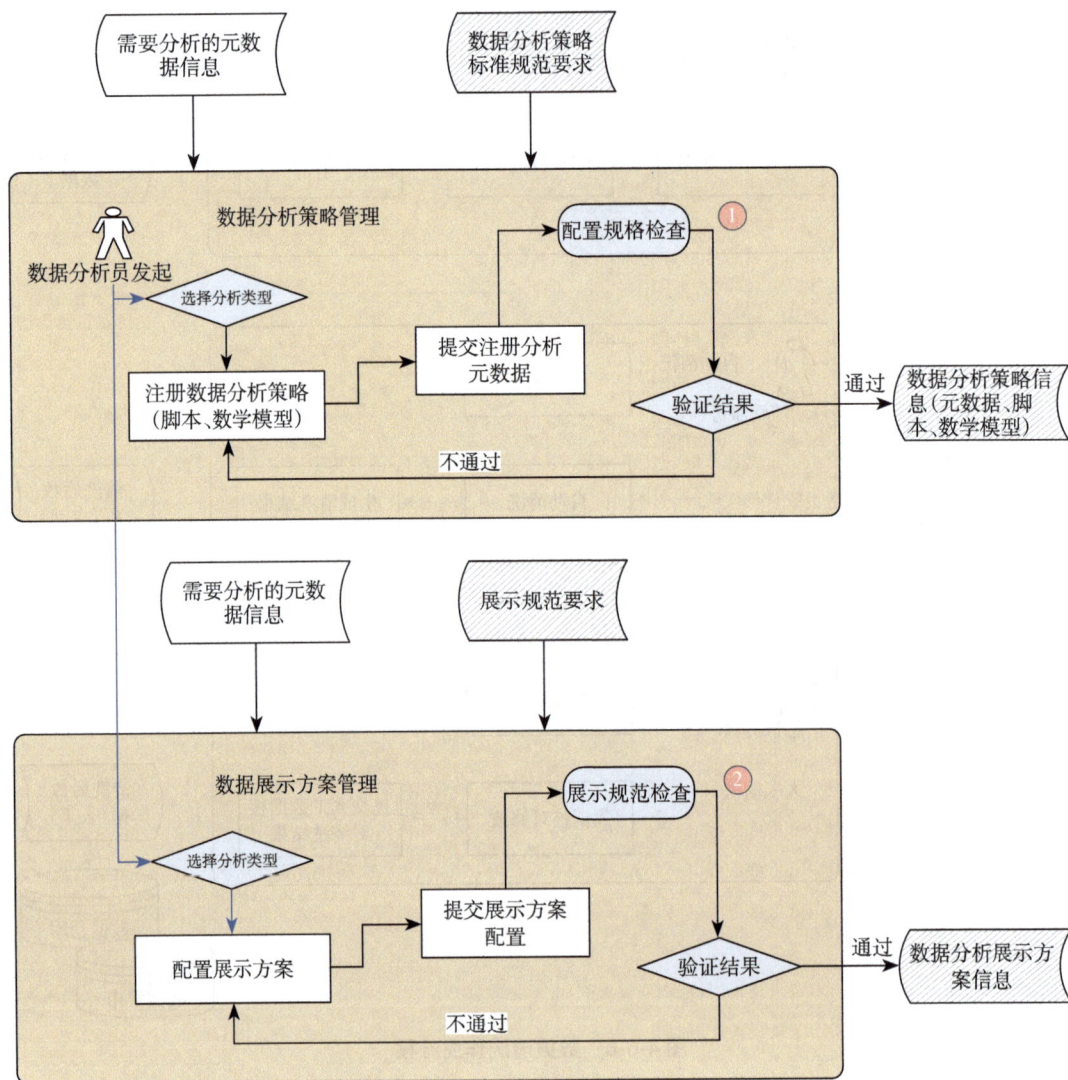

图 4-6-7　指标管理作业流程

本作业业务流程见图 4-6-8。

（1）智能数据展现作业：依据决策管理人员的需要及数据分析类型的不同需求，展示配置方案，采用仪表盘、指示灯、曲线图、直方图、饼图、报表等方式展示分析结果数据。

（2）联机分析处理作业：根据分析人员的要求，通过对新农合跨省业务数据进行分析、处理和加工，与数据加工模块结合生成相应的分析表，快速、灵活地进行大数据量的复杂查询处理，为后续直观而易懂的智能数据展现提供数据基础。联机分析处理是共享多维信息的、针对特定问题的联机数据访问和分析技术。通过对医疗信息的多种可能的观察形式进行快速、稳定一致和交互性的存取，允许管理决策人员对数据进行深入观察。联机数据分析处理作业主要包括数据旋转、数据钻探、数据切片、数据切块等操作。

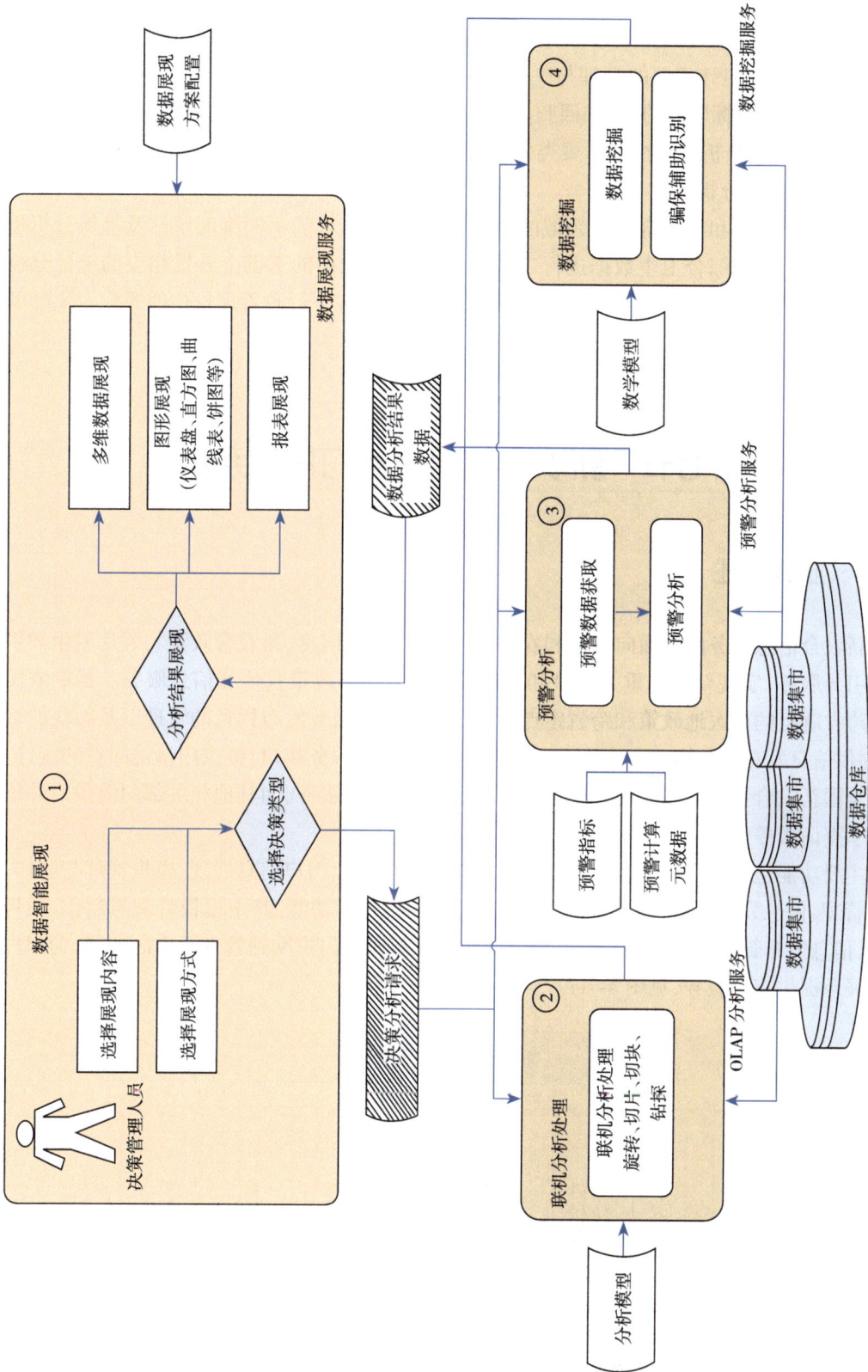

图 4-6-8 决策支持作业流程

（3）数据挖掘作业：医疗卫生数据挖掘作业从大量的、不完全的、有噪声的、模糊的、随机的医疗卫生数据仓库或数据集市中，提取隐含在其中、人们事先不知道的、但又潜在有用的信息和知识，支持卫计部门的管理与决策。主要包括以下两个方向：预测任务（根据其他属性的值预测特定目标属性的值，如回归、分类、异常检测）；描述任务（寻找概括数据中潜在联系的模式，如关联分析、演化分析、聚类分析、序列模式挖掘）。

12.综合统计分析作业

根据医疗卫生和新农合不同领域的主题要求，按照要求的不同维度统计及趋势分析模型要求对已上传的综合卫生数据进行二次处理，在这些数据的基础上开发相应的统计分析功能，并随之形成原国家卫生计生委或地方政府、省市县卫生行政管理机构的医疗卫生辅助决策分析报告。

第七节　新农合信息服务门户子系统

一、业务概述

新农合信息服务门户面向公众和农民，提供医疗机构信息、新农合政策与医疗卫生知识信息引导服务，实现新农合重大政策和事件的权威发布等政策宣传和信息服务。帮助农民了解跨省就医的就医地政策和跨省定点医院。提供信息服务发布栏目的管理以及版块的管理，提供信息发布和数据发布功能。为外部信息提供访问服务接口，提供门诊访问量的统计。提供全国新农合参合证明的统一申请与查询、新农合查询服务、为其他相关部门提供对外信息共享查询服务等。

主要功能包括参合农民注册与认证、新农合查询服务、门户信息展现、模板管理与制作、栏目管理、信息发布管理、数据发布管理、门户访问统计等功能，其中模板管理与制作、栏目管理、信息发布管理、数据发布管理、门户访问统计都属于门户网站管理后台的功能，为门户信息展现提供支撑服务，见图4-7-1。

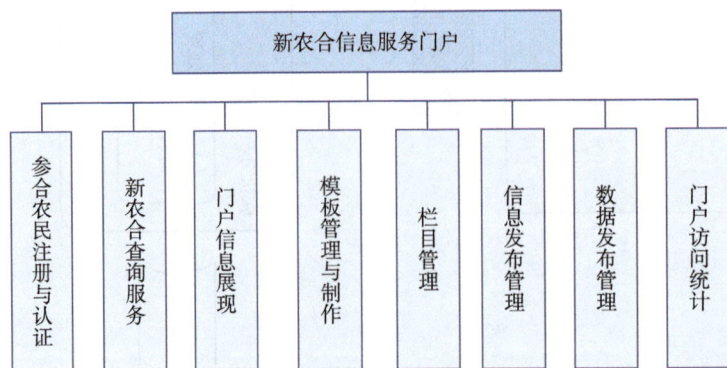

图 4-7-1　新农合信息服务门户功能框架

二、业务功能及流程分析

(一)总体业务功能及流程

基本作业环节:本业务涵盖以下 4 个基本作业环节。业务构成见图 4-7-2。

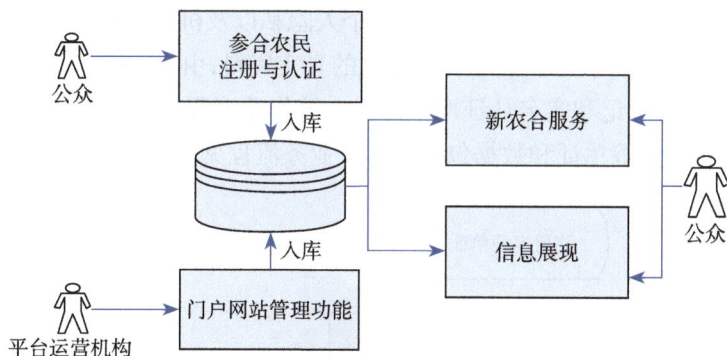

图 4-7-2　新农合信息服务业务构成

系统接口:新农合信息服务门户子系统需要从新农合跨省就医转诊子系统、跨省费用核查子系统、跨省费用结算子系统、新农合基金结算子系统、新农合业务监管与决策支持子系统获取对外发布的新农合信息,见图 4-7-3。

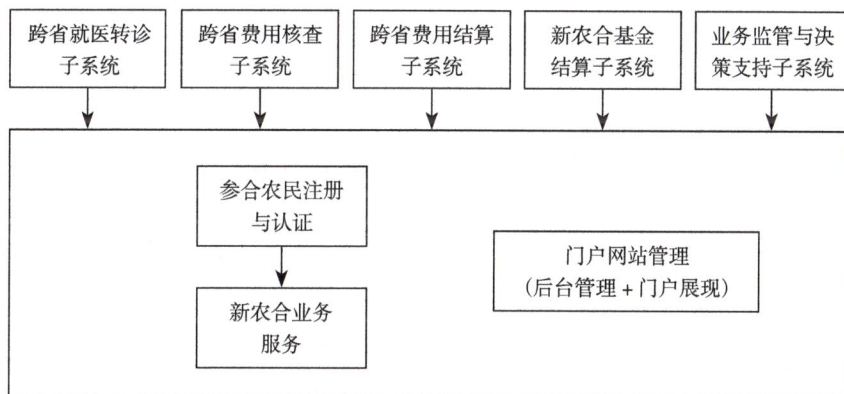

图 4-7-3　新农合信息服务门户子系统接口结构

(二)子业务功能及流程

1. 居民注册与认证作业子系统

居民注册与认证作业的主要目标是实现参合农民注册与认证。参合农民注册信息同时要共享给接入全民健康服务门户的其他系统,包括信息查询、转诊服务、结算系统、预约诊疗系统等。手机用户录入医疗证号、身份证号、手机号码、用户信息等进行新农合账户注册。将对参合用户进行身份验证,根据新农合患者的身份证号提供参合身份的识别认证服务,验证该患者的本年度的新农合是否参合。若是参合患者,则获得参合患者农民的基本信息和参合信息,根据这些信息完成参合农民的本次就医的注册。具体功能包括用户注册和实名认证。

用户注册:用户访问服务站点,进入用户注册页面,填写用户注册信息处理;服务站点将用户注册信息直接上传至服务器;服务器对用户注册信息进行处理,并将用户注册信息状态返回给服务站点;服务站点根据返回的用户注册状态信息作出相应处理。

实名认证:由于网站提供的一些功能涉及个人隐私以及机构利益,所以必须经过实名认证才可以使用这些功能。实名认证需提供相关的真实资料,由专人进行人工审核。

该作业包括注册登记和实名认证两个操作。该作业流程中处理的信息对象包括《注册申请》《居民注册信息》等单证和数据包。本作业业务流程见图4-7-4。

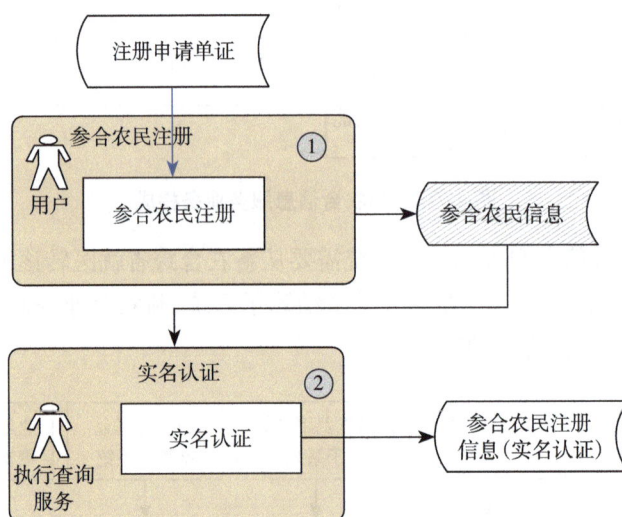

图 4-7-4　居民实名制注册作业流程

居民实名制注册作业具体功能如下。

（1）医疗证号认证与注册:根据新农合患者的医疗证号提供参合身份的识别认证服务,验证该患者的本年度的新农合是否参合。若是参合患者,则获得参合患者的基本信息和参合信息,根据这些信息完成参合患者的本次就医的注册。

（2）身份证号认证与注册:根据新农合患者的身份证号提供参合身份的识别认证服务,验证该患者的本年度的新农合是否参合。若是参合患者,则获得参合患者农民的基本信息和参合信息,根据这些信息完成参合患者的本次就医的注册。

2. 新农合查询服务作业

本作业的主要目标是为居民提供新农合跨省就医的政策、新农合合作机构和新农合业务咨询相关服务。公众通过门户网站选择新农合各个业务主题的查询,获取对应的新农合服务,主要包括定点医疗机构查询、疾病查询、目录查询、政策公示、住院记录查询、处方明细查询和住院补偿支付查询等功能。

该作业包括新农合服务操作。该作业流程中处理的信息对象包括异地结算政策、新农合结算机构、新农合业务咨询等单证和数据包。

本作业业务流程见图 4-7-5。

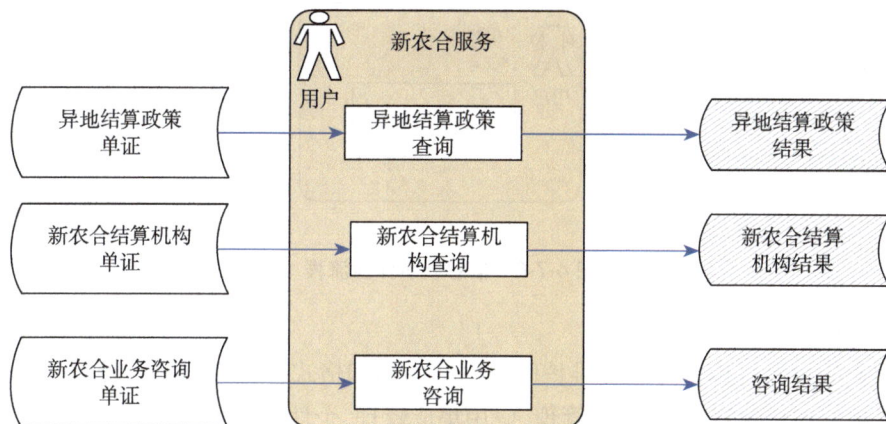

图 4-7-5 新农合查询服务作业流程

新农合查询服务作业具体功能如下。

（1）新农合跨省就医机构查询：查询各省市有哪些医院可以实现新农合异地结算；查询有哪些省市开通了新农合异地结算。

（2）新农合跨省就医结算政策查询：查询新农合相关的政策信息以及服务流程指南。

（3）新农合业务咨询：提供新农合业务的在线咨询服务。

（4）定点医疗机构查询：查找跨省就医定点医疗机构，并能够关联跨省就医结算政策信息。

（5）疾病查询：查询常见疾病在不同级别医院结算比例。

（6）目录查询：查询各类药品（国药、基药）和诊疗项目的结算比例。

（7）政策公示：查询患者所在地参合政策。

（8）住院记录查询：跨省就医患者住院补偿情况和结算明细查询，列出跨省就医住院记录，并显示详细信息。

（9）处方明细查询：列出单次住院全部费用明细，包括可报项目和不可结算项目以及结算比例。

（10）住院补偿支付查询：列出已支付补偿记录，并可以展示某条支付记录明细。

3. 信息展示作业子系统

本作业的主要目标是实现各类政策、常识、新闻等信息的同步和发布工作。信息展示包括新闻中心、健康常识和政策法规。新闻中心发布国内最新的新农合新闻资讯。健康常识提供健康相关的常识资料，可以是文章或视频的方式，为公众提供健康教育；文章或视频提供热点排名；健康常识栏目的设置可以从不同的维度进行分类，比如从疾病谱的角度进行分类，可分为常见慢性病、传染病、耳鼻喉科等。政策法规发布国家以及各省市的新农合政策、法规、办事指南。可以从区域、政策分类的多维度组合发布。同时提供查询、搜索功能。

该作业包括信息展示操作。该作业流程中处理的信息对象包括政策法规、新闻中心、健康常识等单证和数据包。

本作业业务流程见图 4-7-6。

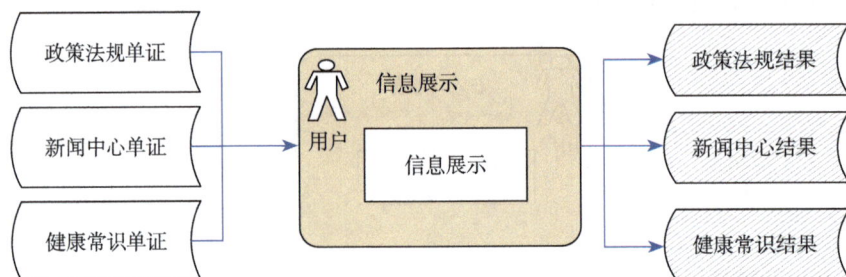

图 4-7-6　信息展示作业流程

4. 门户网站管理作业子系统

本作业的主要目标是管理和维护门户网站内容和格式,同步内外网数据。应用门户平台除了提供对用户的管理、权限的管理、应用集成管理、个性化设置外,还提供对应用门户网站的基础管理,主要包括网站栏目管理、信息发布管理、数据发布管理、门户访问统计等。

该作业包括数据发布管理、访问统计、信息发布和栏目管理四个操作。该作业流程中处理的信息对象包括医生业务、办公业务、卫生情况、访问记录、信息发布、栏目信息等单证和数据包。

本作业业务流程见图 4-7-7。

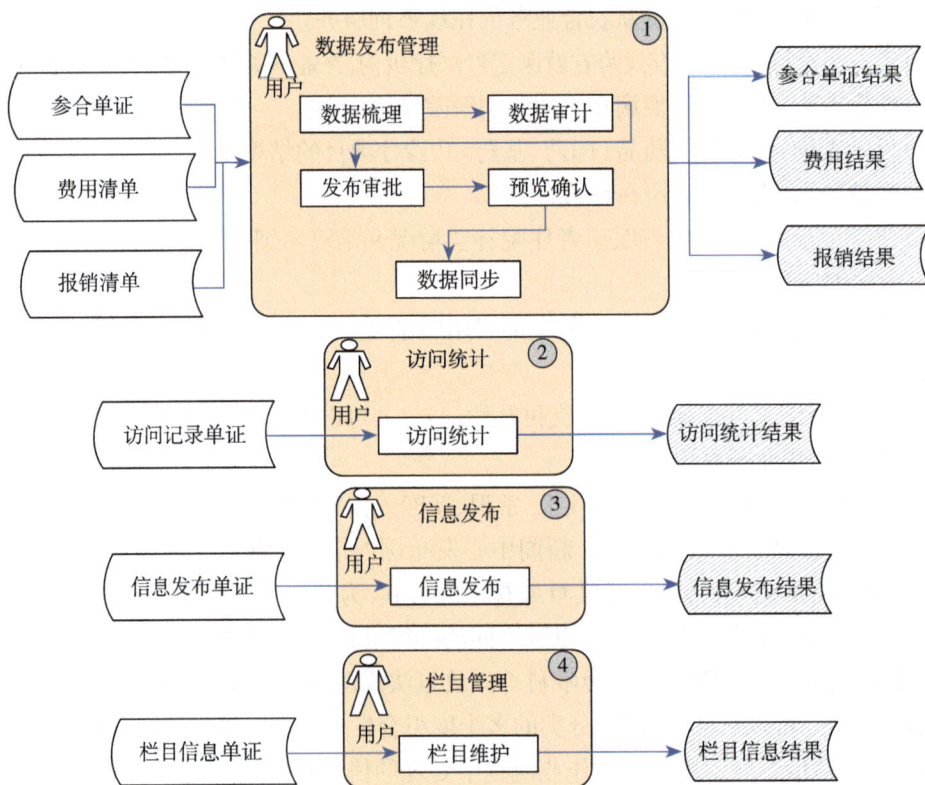

图 4-7-7　门户网站管理作业流程

5. 模板管理与制作模块

提供模板的管理功能,主要包括可视化编辑、模板嵌套和粘贴、模板校验和预览等功能。具体功能如下。

(1)可视化编辑:模板是包含有超文本标记语言(hypertext markup language,HTML)标记的 HTML 文件(或其他类似的文件),它实现页面的具体显示效果,模板制作的精美与否直接影响到一个网站的访问量,在系统中具有十分重要的作用。为了方便管理和使用,模板管理提供十分丰富的功能,具备可视化编辑等一系列优良功能,使得用户在制作模板的过程中能轻松实现所见即所得。

(2)模板嵌套和粘贴:提供模板嵌套和模板粘贴功能,通过模板粘贴可以选择将现有站点下的模板文件粘贴至当前模板编辑窗口中。通过模板嵌套可以在一个模板中包含其他模板。模板嵌套功能有利于减少网站开发的工作量。

(3)模板校验和预览:如果模板不正确,将会导致使用该模板的站点、频道或者文档发布出错或发布页面结果不正确,所以提供模板校验功能。模板校验检查模板内容中的置标是否拼写错误、置标属性配置是否正确以及嵌套模板是否匹配。校验完成后,如果某个模板在语法语义以及置标使用上出现错误则会在校验结果页面中列出,在校验结果页面中指出了出错的模板名称和模板 ID,并指出了出错位置(行和列)以及出错内容的详细说明,用户可以根据这些信息对错误模板重新进行修改。

6. 栏目管理作业

门户网站管理提供对应用门户栏目进行动态的设置,并可以根据栏目的设置,自动生成网站地图功能。对于每类门户,可缺省内置了多个栏目,如机构介绍、政策法规、服务指南等,用户还可以自行添加新的栏目、修改栏目名称、自由调整栏目顺序。支持树型结构的栏目设置,树型的层次没有限制,可以检索栏目,对栏目进行子栏目、文章的统计。

7. 信息发布管理作业

信息发布管理提供功能强大的信息发布功能,用户可输入信息的类别、信息的标题、内容等信息,可以调整字体大小、颜色、对齐方式,还可以添加项目符号、超链接等,录入方式所见即所得。如果有图片等信息,可以选择上传图片,上传的图片可以在编辑页面中调整插入的位置。

信息发布的来源可以有很多种,除了编辑输入外,外部信息可能还来自其他信息源,如现有的文本文件、Doc 文件、Excel 文件,以及数据库,为了能够让信息发布的维护人员更方便快捷地进行信息采编。

信息发布还可以将外部数据进行统一的转换,然后导入到信息编辑页面中,信息采编人员可以根据实际需要进行适当的修改(或者不修改)后,进行发布。系统提供一个开放的接口,信息录入时,可以从 XML 文件中导入外部信息,外部的信息源如果不是 XML 格式的文件,系统可以针对常用的信息源,基于公共的接口再扩展出一些专用接口,可以将外部信息进行统一转换后再导入。

信息发布人员还可以通过查询,选择已经发布的信息进行修改编辑。查询方式可以按照文章的标题、发布时间、作者等。发布后的信息将以网页的形式显示在网站相应的栏目中。

信息发布内容包括卫生政策、法规、办事流程等。

8. 数据发布管理模块

外网数据发布的核心程序就是部署在内网的数据发布系统,如同内网数据发布程序一样,从业务数据库中抽取的数据经过梳理、审计、审批、建模、发布这样一个流程。系统在发布时按照数据的配置信息,自动将数据外网门户的相应服务器的特定位置。

9. 门户访问统计模块

应用门户网站的访问、维护、发布等操作,系统均有记录,门户的管理员可以对历史的维护和访问信息按照关键字、时间段、信息栏目、信息类别等分别对网站的数据进行统计,也可以任意组合这些指标对网站的数据量进行统计。通过这些分析,为网站内容和功能的调整提供科学依据。管理员可以对网站内容进行优化,使网站构架、内容等方面更具吸引力、更出色,提升门户网站的功能。

10. 外部信息访问模块

提供相关的权威网站的链接,供使用者查询。

第八节　新农合电子平台转诊与结算

随着智能手机的普及和互联网技术的快速发展,移动支付应运而生,因其流程简洁易懂和操作便捷,极大地方便了人们的生活,受到公众的广泛欢迎。为此,为方便新农合跨省就医转诊和结算支付,新农合跨省就医结算与监管信息系统引入移动支付渠道辅助转诊、垫付押金缴纳以及费用结算等环节。

一、电子平台转诊申请

新农合跨省就医结算与监管信息系统依靠国家新农合信息平台为患者提供了自助转诊申请功能,由患者或亲属录入自己的转诊申请信息,向参合地提交申请,参合地审核通过后办理转诊单。患者自主转诊申请的方式有两种,一是通过国家新农合 app 实现转诊,二是通过"新农合异地就医联网结报"公众号实现转诊。两种方式的具体流程见图 4-8-1。

方式一:国家新农合 app 提供患者 / 亲属注册、登录入口,患者 / 亲属实名认证注册后,添加患者基本信息(姓名、身份证号、出生日期、参合区县等),提交患者转诊申请,申请内容包括患者姓名、身份证号、出生日期、联系电话、参合区县、转诊原因、就医医院、疾病诊断、入院日期等。患者 / 亲属查看转诊申请审核、回复的状态,转诊申请回复后可查看回复的转诊单号等。国家新型农村合作医疗异地就医结算管理中心接收患者 / 亲属提交的转诊申请,进行初步审核,审核通过后,提交转诊申请给参合省统筹地区。参合省统筹地区回复转诊申请,为可转诊患者办理转诊单。

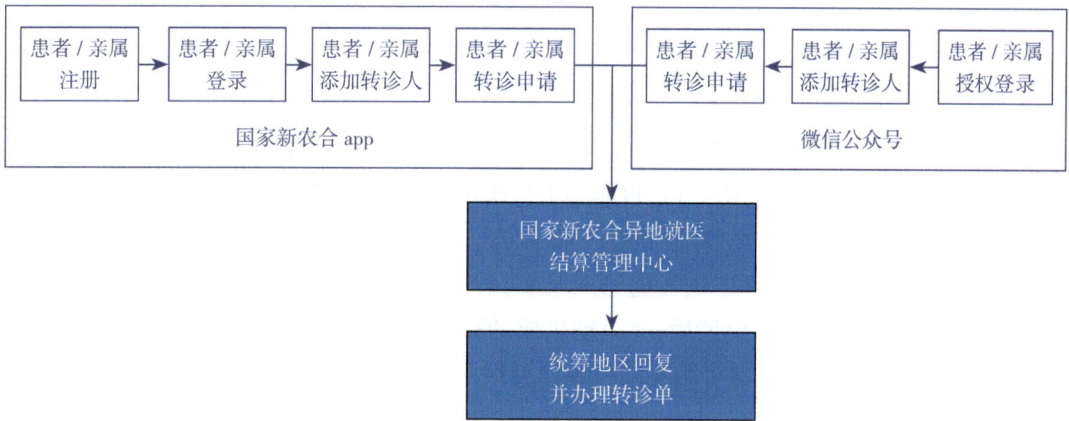

图 4-8-1 患者自主转诊的基本流程

方式二:公众号提供患者/亲属转诊入口,患者/亲属授权登录账号,添加转诊人,提交患者转诊申请,国家新型农村合作医疗异地就医结算管理中心接收患者/亲属提交的转诊申请,进行初步审核,审核通过后,提交转诊申请给参合省统筹地区。参合省统筹地区回复转诊申请,为可转诊患者办理转诊单。

二、移动支付结算

传统的新农合跨省就医支付方式包括"窗口支付"和"窗口支付+自助终端机支付"两种,支付流程烦琐,患者需多次排队。为方便患者就医,新农合跨省就医结算与监管信息系统通过搭建移动支付渠道协助新农合跨省就医联网结报工作,利用电子平台实现新农合的一键式支付。"新农合"移动支付的整体逻辑见图 4-8-2。

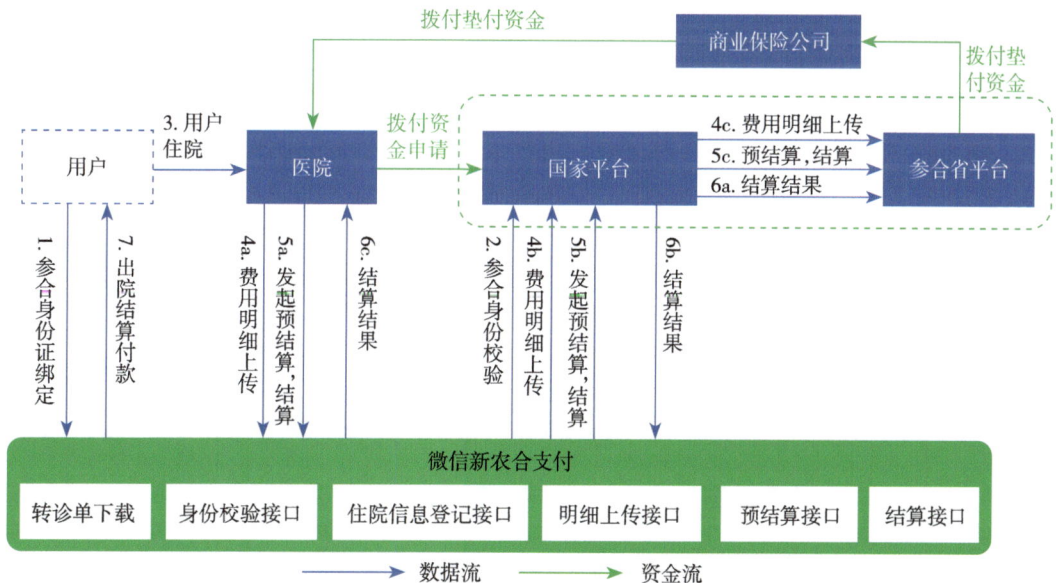

图 4-8-2 "新农合"移动支付的整体逻辑

数据流:①患者按照要求填写个人信息、参合地等信息,以此实现参合身份证绑定;②通过身份校验接口,将患者信息发送至国家平台,国家平台对患者参合身份进行审核,审核通过后,将患者信息推送至指定的定点医疗机构;③患者拿着下载的转诊单就可以到医院窗口进行入院登记;④患者住院期间,医院工作人员会定期将患者费用明细上传至电子平台,收到明细后,通过明细上传接口,将明细上传给国家平台,国家平台再将其转给省级新农合平台;⑤在患者出院窗口结算时,医院工作人员通过"新农合"移动支付平台,为患者发起结算,通过结算接口,将结算申请发送给国家平台,国家平台再将结算申请发给省级新农合平台;⑥国家平台收到结算申请后,会自动生成结算结果,并将结果返回至移动支付和省级新农合平台,移动支付平台再将结算结果返回至医院;⑦此时患者就可以实现线上的出院结算付款。

资金流:在患者出院时,由医院先行为患者垫付新农合基金报销金额,再向国家新农合异地就医结算中心发起拨付资金申请,中心在对申请材料审核通过后,由相关保险部门为医院直接拨付垫付资金。而后中心向参合省新农合经办机构发起申请,由参合省新农合经办机构向相关保险部门拨付垫付资金。

第五章

应用支撑平台设计

新农合跨省就医结算与监管信息系统由六个业务子系统组成,应用支撑平台是在统一的系统级支撑支持下,对各应用系统的共性功能进行提炼,形成一组应用级支撑服务组件。各业务系统可以通过调用这些服务组件直接实现应用系统某些功能,或利用这些服务组件通过定制实现应用系统某些功能,从而更好地保证应用系统的统一性和可维护性。

应用支撑在逻辑上分成两大部分,一是基于面向服务的体系结构(service-oriented architecture,SOA)提供的系统级服务,它提供了 SOA 的服务管理和解析等功能。二是提供一组应用级服务组件。其中,应用级服务组件又分为数据服务类组件、信息共享服务类组件、注册类服务组件、通用类服务组件和安全类服务组件。

除此之外,新农合跨省就医结算与监管信息系统通过数据交换平台实现与全民健康保障信息化工程、省级新农合信息平台、委预算内医院 HIS 和其他系统的数据交换和共享。应用支撑平台为数据交换平台提供访问权限控制、统一资源配置等基础功能支撑。

第一节 功能需求

根据新农合异地就医结算报销业务的特点,应用支撑平台功能需求,见表 5-1-1。

表 5-1-1 应用支撑平台功能需求表

类别	服务功能	功能需求
数据服务类	数据采集服务	实现对各个数据采集点的数据采集,并对数据采集的行为进行规范化管理,功能上应包括:数据采集、数据转换、数据加载格式转换、数据传输、加载等功能
	数据表单服务	主要功能有:数据指标定义及管理,表格定义及制作,数据源绑定,表单发布以及权限管理等功能

类别	服务功能	功能需求
数据服务类	数据质量管理服务	实现对平台内数据在数据质量方面的统一管理,包括数据清理、数据完整性、数据规范性、数据逻辑性、数据及时性、数据一致性、数据异常值管理等
	元数据管理服务	主要功能包括:元数据及数据元定义、值域管理、版本管理等
	数据交换服务	主要功能包括:源数据定义、目的数据定义、交换规则定义、数据适配管理、交换策略管理、交换安全认证、数据传输安全等
信息共享类	主索引	实现各数据中心和业务系统内主索引信息的统一管理,实现不同系统身份标识号(identity document,ID)间的匹配,提供个人/患者的唯一身份识别,为居民健康档案信息和医疗服务信息的交互共享提供基础
	资源目录服务	实现系统内数据源的智能化管理,需要将各个业务系统的数据源作为信息资源进行管理,建立信息资源目录,实现信息资源的注册、发布、查询、维护等管理功能
	信息共享服务	信息共享服务特指本项目中通过共享库形式实现对外共享服务的通用服务
安全类服务	安全类服务	用户认证,安全审计、数字签名、数字证书、访问控制等。这组服务由专业的安全服务提供商提供
注册类服务	用户注册	此处主要是对患者注册,是实现主索引的基础
	专业人员注册	实现对医生及新农合业务人员等的注册
	专业机构注册	实现对医疗卫生机构、公共卫生机构等进行注册
	术语注册	对医疗卫生及系统功能的术语进行注册
	卫生字典及标准注册	按照国家要求对国家卫生字典及标准进行注册
通用类服务	系统授权管理	按照组织机构职能设置要求,能对各职能岗位实现应用系统功能授权
	单点登录	通过一个应用中的安全验证后,再访问其他应用中的受保护资源时,不再需要重新登录验证
	门户管理	该模块为系统内所有门户提供统一的支撑和开发环境,可实现门户系统的建设和整合。功能上应包括:用户管理、权限管理、个性化引擎、信息交流互动管理、栏目管理、信息发布管理及外部信息管理等
	报表工具	以报表、图表的方式显示业务统计分析数据的功能。通过实现固定报表和自定义报表两类报表来满足新农合业务的不同需要,也提供了多种报表显示形式来满足业务的不同需求
	商业智能(business intelligence,BI)工具	商业化BI工具实现统计分析和决策支持功能

第二节　逻辑架构

系统采用基于SOA技术框架的技术解决方案,该框架将不同的功能封装成不同的服务,不同的服务构成不同的SOA的功能块,供上层应用调用。

一、架构构成

应用支撑在逻辑上分成两大部分,一是基于SOA提供的系统级服务,它提供了SOA的服务管理和解析等功能;二是提供一组应用级服务组件。其中,应用级服务组件在逻辑上又分为数据服务类组件、信息共享服务类组件、注册类服务组件、通用类服务组件和安全类服务组件,具体如下。

数据服务类组件:主要为应用系统提供数据服务,主要包括数据采集、数据质量管理服务、元数据及数据指标管理服务、表单服务、数据交换服务等。

信息共享服务类组件:主要为应用系统提供共享支撑,主要包括主索引服务、信息资源目录服务、数据查询服务、数据比对服务、数据下载服务等。

注册类服务组件:主要为形成基础信息提供统一的注册服务,主要包括机构注册服务、专业人员注册服务、标准和术语注册服务等。

通用类服务组件:主要为应用系统提供常用、通用的服务,主要包括用户管理、用户授权、单点登录、GIS及基础数据、BI工具、报表工具等。

安全类服务组件:由专业的安全服务提供商提供,主要包括用户认证、安全审计、数字签名、数字证书。

应用支撑平台的逻辑架构见图5-2-1。

二、服务组件

(一)注册类服务

注册类服务为建立统一的基础信息提供统一的注册,以保证基础信息建立的规范性和统一性。注册类服务主要包括个人注册服务、专业人员注册服务、卫生机构注册服务、卫生术语与字典注册服务四类。

1.个人注册服务

个人注册服务是指在一定区域管辖范围内,形成一个个人注册库,个人的健康标识号、基本信息被安全地保存和维护着,提供给国家卫生信息平台所使用,并可为医疗就诊及公共卫生相关的业务系统提供人员身份识别功能。

图 5-2-1　应用支撑平台逻辑架构

个人注册库主要扮演着两大角色:其一,它是唯一的权威信息来源,并尽可能地成为唯一的个人基本信息来源,用于医疗卫生信息系统确认一个人是某个居民或患者;其二,解决在跨越多个系统时用到居民身份唯一性识别问题。个人注册服务是国家卫生信息平台正常运行所不可或缺的,以确保记录在健康档案中的每个人被唯一地标识,其数据被一致地管理且永不会丢失。

2. 专业人员注册服务

卫生专业人员注册库是一个单一的目录服务,为本区域内所有卫生管理机构的医疗服务提供者,包括执业医生、执业护士、执业药师、疾病预防控制专业人员、妇幼保健人员及其他从事与居民健康服务相关的从业人员,系统为每一位医疗卫生人员分配一个唯一的标识,并提供给平台以及与平台交互的系统和用户所使用。

3. 卫生机构注册服务

通过建立卫生机构注册库,提供本区域内所有医疗机构的综合目录,相关的机构包括二、三级医院,社区卫生服务中心,疾病预防控制中心,卫生监督所,妇幼保健所等。系统为每个机构分配唯一的标识,可以解决居民所获取的医疗卫生服务场所唯一性识别问题,从而保证在维护居民健康信息的不同系统中使用统一的规范化的标识符,同时也满足国家卫生信息平台层与下属医疗卫生机构服务点层的互联互通要求。

4. 卫生术语与字典注册服务

建立术语注册库和字典库用来规范卫生事件中所产生的信息含义的一致性。术语可由平台管理者进行注册、更新维护;术语既可由平台管理者又可由机构来提供注册、更新维护。

(二)数据类服务

数据类服务主要为应用系统提供统一的数据采集、数据交换等服务,主要包括数据采集服务、数据表单服务、数据质量管理服务、元数据及数据元管理服务、数据交换服务等。

1. 数据采集服务

数据采集服务包括数据采集(数据接收或者数据抓取)、数据清洗、数据转换、数据加载等模块,实现数据源的采集、信息加工处理、不同数据源格式转换、信息传输、加载等功能。

数据采集针对已发布的采集表单,通过统一数据采集标准,采用可视化方法,对需要采集的数据与数据源库的数据进行映射和关联,进行相关的数据收集和整理工作。

数据加工处理包括数据信息清洗、信息转换、信息加载等功能,将从数据源获取过来的数据进行规范化处理,实现多源数据组合、冲突数据处理、数据格式检查等功能。

2. 数据表单服务

数据表单服务为应用系统提供快速构建采集表单以适应原国家卫生计生委的数据调查等数据上报工作。数据表单主要功能包括数据指标定义及管理、表格定义及制作、数据源绑定、表单发布,以及权限管理等。数据表单应能提供多种输出形式,例如 Web 表单方式、纸质打印输出方式、电子表单方式(Excel 表单)等。

3. 数据质量管理服务

数据质量管理服务完成对采集的数据进行质量管理,主要功能包括:数据清洗、数据完整性检查、数据正确性检查,以及错误修改等。采集的数据要按卫生数据元标准体系的管理要求重组并补充各类数据描述信息,然后通过各种加工手段丰富基础数据资源的构成,形成满足后续业务需要。在数据加工处理过程中,需要关注的一个重点是数据加工操作的规范化、自动化和可追溯。每一笔数据都应该是采用标准、统一的方式生产出来的,并且此数据的生产过程是被记录下来可供追溯的。

4. 元数据及数据元管理服务

元数据及数据元管理服务是针对原国家卫生计生委制定的相关卫生信息元数据及数据元等标准规范,数据字典进行统一管理的组件。主要功能包括:元数据及数据元定义、值域管理和版本管理等。

5. 数据交换服务

数据交换服务是各平台共用的服务。主要功能包括源数据定义、目的数据定义、交换规则定义、数据适配管理、交换策略管理、交换安全认证和数据传输安全等。

(三)信息共享类服务

信息共享类服务是根据新农合跨省就医联网结报信息化工程共享机制和方法,以及国家电子政务共享的资源目录体系等要求提出一组服务组件,主要包括主索引服务、信息资源目录服务、信息查询服务、信息比对服务和数据下载服务。

1. 主索引服务

主索引服务是基于 IHE PIX 规范形成的一个服务组件,它将来源于不同系统的患者信息进行整合、归并,形成患者主索引,这是将散落在各终端系统中的同一病人的就诊信息归并在一起,构建患者信息共享的基础,主索引关键字段包括患者身份证号、患者居民健康卡号、患者姓名等相关信息,后续可以实现与居民健康卡的集成应用。主要功能包括新增索引、更新索引、修改索引、获取患者交叉索引、索引匹配、索引发布和索引管理等功能。

2. 信息资源目录服务

信息资源目录服务是根据国家电子政务资源目录的规范形成的一个服务,用于在海量数据中发现和定位用户所需的信息资源。主要功能包括资源目录元数据管理、资源目录编码管理、目录编目、目录报送、目录查询、目录发布、目录服务、目录授权和认证等功能。

3. 信息查询服务

信息查询服务应该提供信息平台上各种资源的查询服务,包括个人信息查询、医疗机构和医疗人员查询、术语查询、健康档案文档查询和统计数据查询等。

4. 信息比对服务

比对服务主要针对归属原国家卫生计生委的有关法律文书或证书,为其他部门提供的一种文书或证书的确认服务。比对服务的功能主要包括比对申请人管理、比对信息定义、比对结果发布、比对信息下载和比对日志等功能。

5. 信息下载服务

在已获取授权的情况下,信息共享应该提供查询数据的下载服务。在更加严格的授权限制下,应提供可选择的下载数据形式,包括可修改版本和不可修改版本,例如 PDF 格式或者 Excel 格式等。

(四)安全类服务

安全类服务主要包括用户认证、安全审计、数字签名、数字证书和访问控制等。这组服务由专业的安全服务提供商提供,在此不做描述。

(五)通用类服务

1. 通用功能服务

(1)数据字典管理:实现对数据字典修改、增加和删除等功能,保证数据字典与实际系统数据库的一致性。

(2)用户管理:在统一应用平台用户管理组件支持下,实现对应用系统各级用户的统一管理,包括用户的增加 / 修改 / 删除、账号管理、批量导入和授权等功能。

(3)系统授权管理:按照组织机构职能设置要求,能对各职能岗位实现应用系统功能授权,主要功能包括多级模块授权、功能授权、菜单授权和数据权限设定等。

(4)单点登录:单点登录(single sign on,SSO)是身份管理中的一部分,即通过一个应用中的安全验证后,再访问其他应用中的受保护资源时,不再需要重新登录验证。

（5）接口管理:主要包括接口参数配置、接口版本管理和接口更新管理等功能。

（6）日志管理:提供日志查询、日志备份和日志导出等功能。

2. 通用工具

（1）GIS工具及基础数据:采购商业化GIS工具以及基础数据用于支持GIS展示的需要。GIS平台的主要功能包括基本地图服务、地图发布服务、空间分析服务、专题地图制作服务、地图目录服务、地图数据服务和数据展示服务等。

（2）报表工具:采用商业化报表引擎提供针对业务需求,以报表、图表的方式显示业务统计分析数据的功能。通过实现固定报表和自定义报表两类报表来满足业务的不同需要,也提供了多种报表显示形式来满足业务的不同需求。用户可以根据自己的需求动态生成报表需要显示的表头以及统计分析数据。

报表管理允许用户使用现成的工具创建新的、自定义的应用。应用开发将大大减少应用的维护和更新的额外开销。无须任何编程,用户可以简单地将实现部分应用功能的现成对象集成到整个系统当中。报表样式的设计更加科学、更加直观,报表种类也更加丰富、更加全面。它可以完成报表定制功能、报表分析功能、流程/业务统计以及与通用表单的数据接口等。

报表管理针对不同的用户对象提供了不同的报表。为管理人员、新农合研究人员、新农合经办人员等提供多种专题分析统计视图,从而满足了不同用户对象的需求。系统针对这些报表内置钻入功能,能够快速进行多层次的数据导航。高度的灵活性、强大的面向对象快速应用开发以及完全自定义的应用本身,帮助提高生产效率。

（3）BI工具:采用商业化BI工具用于支持综合部分统计分析和决策支持的需求。BI工具的主要功能包括指标管理、模型管理、表达式编辑以及分析结果显示与输出等。

（六）数据交换服务

数据交换服务为本系统和省级新农合信息平台、大型医院HIS之间提供数据交换服务,可提供统一的数据交换和监控管理机制;数据交换过程是建立在统一的数据交换标准之上;数据交换能够屏蔽网络和硬件平台的异构性,能够实现异构数据资源的无缝整合,使各个应用系统能够共享数据、协同整体运转;此外,应用支撑平台为数据交换平台提供访问权限控制、统一资源配置等基础功能支撑。数据交换服务的详细设计内容本书"第五章 第三节 数据交换平台"部分。

三、架构特点

应用支撑平台采用松耦合架构,其具备以下特点。

1. 松散耦合

应用支撑平台通过定义良好的接口来提供应用服务。服务实现者可以更改服务中的接口、数据或者消息版本,而不对消费者造成影响。松散耦合消除了对系统两端进行紧密控制的需要。

2. 可重用的服务

服务重用避免了重复开发之苦,同时提高了服务实现的一致性,服务的重用比起组件或者类的重用更容易实现,较过去曾尝试过组件和类的重用,有很大的改进。

3. 同步服务调用

如果服务提供者可用,那么同步服务调用可为请求提供立即响应。

4. 异步服务调用

由于粗粒度消息和消息收发服务的使用,可以对服务请求进行排队并以最合适的系统速度来处理,这种方法具有高度可伸缩性。

5. 共享的或基础架构服务

使用共享的基础架构服务可提供一致性,并允许单点管理。其他共享服务(如与安全相关的服务)可以通过将现有的产品作为服务直接提供出来的方式创建。

6. 细粒度服务

细粒度服务的优点是可在粒度级实施严格的安全和访问策略。

7. 粗粒度服务

粗粒度服务不需要通过网络多次调用来提供有意义的业务功能。

第三节　数据交换平台

一、设计原则

数据交换系统的建设过程中要实现对现有需要交换共享的数据源服务标准化,从而为应用之间的无缝集成和协作提供基础的接口上的一致性。

(1)标准化原则:这是本项目数据交换最基础的原则,所有的原则都不应违反该原则。原国家卫生计生委发布了新农合信息化一系列的标准规范,用于规范新农合的信息交换。

(2)面向服务原则:SOA 是目前领先的 IT 架构。在这种架构下,应用系统的接口被发布成数据服务,任何一个应用要与其他业务系统进行数据交换,可以通过对服务的发现和服务的表述来确定目标系统数据服务的属性和调用格式,从而实现标准化的应用之间的协作,达到应用系统之间的松散耦合。

(3)开放性和可扩展性原则:信息化建设强调信息的共享,因此系统的开放性是基本原则。开放性应该包括两方面:信息系统和资源的开放性;体系架构及采用技术的开放性。可扩展性是指可以满足未来需求而扩展的要求,即随着需求的增加,系统能够满足新的需求所要求的性能的能力。对于系统架构的每一个组成部分,都需要考虑充分的可伸缩性。

二、交换架构

新农合跨省就医结算与监管信息系统通过数据交换平台实现与全民健康保障信息化工程、省级新农合信息平台、委预算内医院 HIS 和其他系统的数据交换和共享。新农合跨省就医结算与监管信息系统中的数据交换平台与全民健康保障信息化工程的共享与交换平台进行对接,从而实现新农合业务数据与全民健康保障信息化工程之间的数据共享,委内和委外的其他业务系统可以通过全民健康保障信息化工程共享到新农合跨省就医结算与监管信息系统的业务数据。

数据交换平台需提供统一的数据交换和监控管理机制;数据交换过程是建立在统一的数据交换标准之上;数据交换能够屏蔽网络和硬件平台的异构性,能够实现异构数据资源的无缝整合,使各个应用系统能够共享数据、协同整体运转;此外应用支撑平台为数据交换平台提供访问权限控制、统一资源配置等基础功能支撑。数据交换架构见图 5-3-1。

数据交换平台的核心内容如下。

(1)数据接口:提供数据交换的服务接口。

(2)数据提取:从存储平台抽取需要交换的信息资源。

(3)格式映射:将提取出的数据按标准格式进行组织。

(4)数据路由:根据路由规则确定数据导向。

(5)数据传输:实现数据传输,通过消息中间件实现。

(6)数据接收:将接收数据还原、重新组织进行存储。

(7)规则库:整个数据集成平台的配置中心。

(8)流程控制:根据配置信息控制数据交换应采用的流程。

(9)安全保障:负责数据交换过程中的安全。

三、功能模块

(一)元数据及交换标准管理

提供元数据分类管理、元数据标准管理、元数据同步、数据源管理等功能。

(二)数据源属性管理模块

管理数据源属性,对不同的数据源确定该采取的采集和更新策略。

(三)数据访问授权模块

利用应用支撑平台的数据访问权限管理与配置功能,统一对需要采集或整合的数据进行授权(图 5-3-2)。

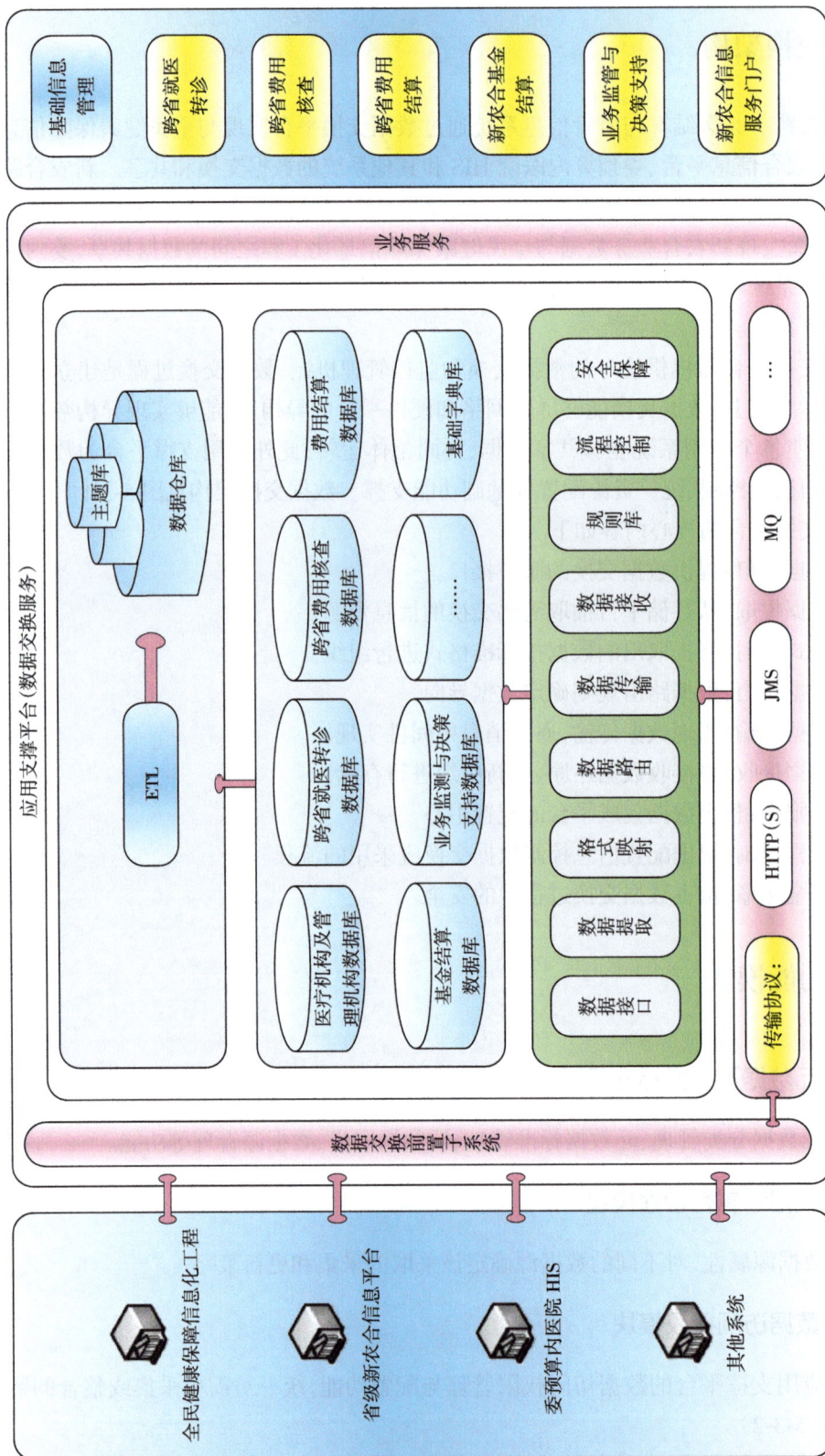

图 5-3-1 新农合省跨省就医结算与监管信息系统数据交换架构

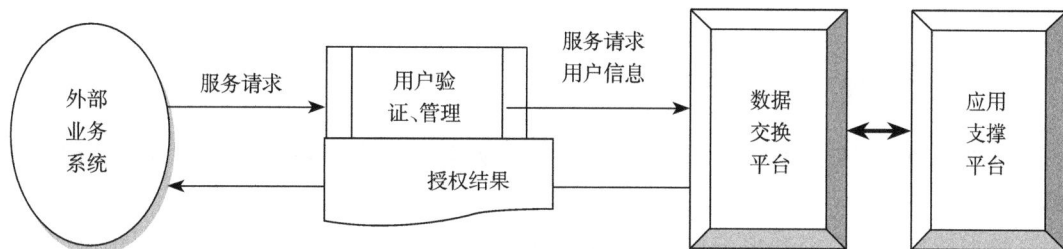

图 5-3-2　数据访问授权流程

(四)数据批量导入模块

针对各省级新农合平台、各医院 HIS 及其他相关业务系统等外部系统的数据标准不完全一致、各应用系统开发商不同、数据库选型可能不同等各方面原因,新农合跨省就医结算与监管信息系统要实现与各个异构系统之间互联互通,建立国家级中心数据库,完成各省级平台及各个接入医院 HIS 中数据的抽取、集中、校验、比对、清洗、转换、加载、更新、展现,构造统一的数据交换平台,保证数据的正确性、完整性、有效性。具体批量导入方案如下。

(1)统一数据编码规则:如性别描述表示为"男 / 女"还是"男性 / 女性"。

(2)导入数据库的标准格式,以 XML 文件为数据载体。

(3)批量数据导入请求,数据安全传输。

(4)数据格式检查,解析 XML 数据包,根据标准加载数据对象。

(5)做初步的数据合法性校验。

(6)数据加载、过滤、清洗、纠错、处理、转换。

(五)数据采集模块

1. 数据采集的主要功能

(1)数据获取:通过提供数据采集接口,从现有的各省级新农合平台、各接入医院 HIS 中接收数据或自动抽取数据,可对数据接收与抽取状态进行监测。

(2)数据查看:对接收的数据或抽取的数据可进行列表查看,打印输出。

(3)数据校验:对采集的数据根据数据交换标准、规则库进行过滤分析、容错纠错,同时与比对数据进行校核,确保数据来源的准确。

(4)数据处理:根据设定的规则对检验后数据进行转换、合并、汇总、装载等操作,可设定规则处理数据,将处理后的数据装载到中心数据库中。

(5)数据审计:提供审计机制,对采集的数据进行转换、合并、汇总、装载等操作进行日志记录,提供对历史数据库的管理。

2. 数据采集方式

基础信息的采集方式主要有三种:数据直报(接口服务)、批量采集和现有数据录入。除此之外,还可以通过业务处理和横向交换得到数据。数据采集子系统主要由以下模块组成:数据接口服务、数据批量导入模块、现有数据录入模块、业务信息采集模块和交换信息采集模块。

(六)数据清理及容错纠错

数据清理主要处理空缺值,平滑噪声数据(脏数据),识别、删除孤立点,并纠正数据中的不一致。

数据清理必须对空缺值进行处理,可以使用最可能的值填充空缺值,如可以用回归、贝叶斯形式化方法工具或判定树归纳等确定空缺值。这类方法依靠现有的数据信息来推测空缺值,使空缺值有更大的机会保持与其他属性之间的联系。

"噪声"是一个测量变量中的随机错误或偏差,包括错误的值或偏离期望的孤立点值。对于庞大的新农合业务数据而言,能够自动地识别噪声数据显得尤为重要,识别后可以要求各省级新农合平台用户对其进行审核。在真实数据获得之前,同样需要对噪声数据进行处理,以支撑上层的应用服务。

对于有些事务,所记录的数据可能存在不一致。有些数据不一致且无法做到自动纠错的可对该记录进行标识,由人工加以纠正。例如,数据输入时的错误可以根据原始纸上记录凭证加以更正。清理纠错服务流程见图 5-3-3。

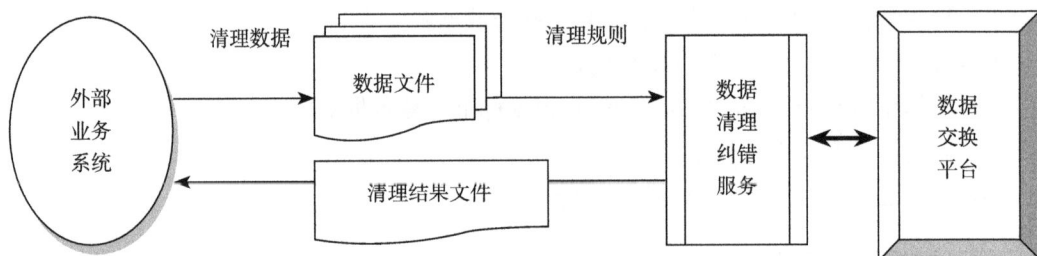

图 5-3-3 清理纠错服务流程

(七)差异比对模块

对来自各省级新农合平台、各医院 HIS 等外部业务系统与新农合跨省就医结算与监管信息系统定义的基础信息进行自动比对和人工比对,找出数据差异。比对服务流程见图 5-3-4。

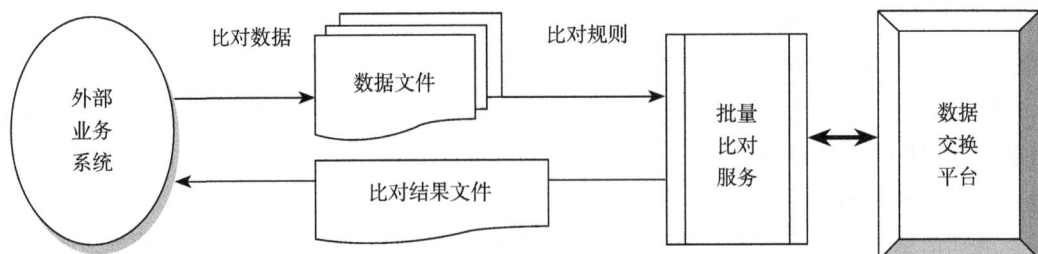

图 5-3-4 比对服务流程

(八)数据集成模块

将来自各省级新农合平台、各医院 HIS 等外部业务系统及已有内部业务系统的多个数据源中的数据根据抽取原则,将数据合并存放在一个统一的数据存储(如数据仓库、数据库等)中,数据源可以是多个数据库或一般的数据文件。

数据集成往往导致数据冗余,例如同一属性多次出现、同一属性命名不一致等。对于属性间冗余可以用相关分析检测到,然后删除。

由于表示、比例、编码等的不同,现实世界中的同一实体,在不同数据源的属性值可能不同。这种数据语义上的歧义性是数据集成的最大难点,需要具体问题具体分析,针对性地解决。

(九)接口文档模板

接口文档模板是预先定义于接口配置管理内部,用于进行接口描述的模板。

接口开发者可以基于模板定义自己的接口文档——包括服务请求消息和服务回应消息的定义。模板支持 XML 和自定义消息描述方,模板严格统一地定义了消息的控制部分,对消息的正文则允许开发者自己定义。

(十)应用程序编程接口服务

二次开发应用程序编程接口(application programming interface,API)实际上是一个封装好有消息发送、消息接收、消息组装、消息解析的消息组件和一个封装有接口文档查询发布的文档组件。

(十一)服务管理

管理服务提供者的注册管理、位置管理、接口文档关联管理、负载管理、访问控制管理、交换服务调度管理等,同时管理服务访问者的注册管理、权限管理等。

(十二)接口查询发布

任何注册于数据交换平台的服务访问者可查询它有权访问的接口文档,并允许将接口文档下载到本地用于消息的打包与解包。

(十三)消息交换服务

该组件实现在不同接口文档间的消息转换,这种转换只是打包格式的变换,组件不需关心消息正文的具体内容,同时保障服务请求消息和服务回应消息在请求者与服务者之间的透明传送。本方案通过集成第三方的消息中间件实现消息的交换服务。

(十四)数据交换前置子系统

在省级新农合平台、各医院 HIS 等外部业务应用系统端部署数据交换前置子系统,通过数据交换前置子系统实现与国家端的联通,中间的网络传输通过消息交换服务实现。数据交换前置子系统包括服务接口和消息中间件客户端两部分功能,服务接口实现了与消息中间件的集成,数据交换前置机的服务接口实现与各个接入业务系统的对接,消息中间件客户端与国家中心交换服务器的信息交换功能共同构成信息交换总线。

本方案中的数据交换前置子系统的服务接口包括与省级新农合平台联通的服务接口和与医院 HIS 联通的服务接口两大类,后续可以根据需要继续进行相应的扩充。

(十五)系统管理

提供数据交换服务配置、策略配置、日志管理、运行监控、数据交换用户管理、权限管理等功能。

四、接口设计

(一)与省级新农合平台联通的服务接口设计

新农合跨省结算与监管信息系统提供与省级新农合平台的联通的服务接口,各省级新农合平台根据该接口规范进行系统功能改造,实现与国家平台的联通和业务协同。

1.数据交换内容及频率

(1)上传内容及频率

1)本省新农合业务数据

a. 基础数据:用于了解各省新农合定点医疗机构、管理机构和县/乡镇/村/组基本情况。主要包括省内各级医疗机构数据、新农合管理经办机构数据和省辖县/乡镇/村/组自然档案数据,更新频率为每年。

b. 参合数据:用于了解参合人员家庭及个人基本情况及参合情况,更新频率为每年。

c. 医疗记录及补偿数据:用于了解本省参合人员就诊基本情况、诊疗情况及补偿情况。主要包括本省参合人员医疗记录及补偿数据(具体包括门诊就诊基础数据、门诊诊疗数据、门诊费用及补偿数据、住院就诊基础数据、住院诊疗数据、住院费用及补偿数据、转诊申请与审核数据),更新频率为每天;另外,二次补偿数据和体检数据更新频率为每年。

d. 基金管理数据:用于了解全省新农合基金运行情况。主要包括基金筹集数据、基金筹集规划数据、基金分配数据、基金支出数据,以及农民缴费及家庭账户管理数据。其中,基金筹集数据、基金筹集规划数据、基金分配数据、农民缴费及家庭账户管理数据更新频率为每季度,基金支出数据更新频率为每月。

e. 统计报表数据:用于了解全省新农合运行情况及重大疾病医疗保障试点工作情况。主要包括《全国新型农村合作医疗统计调查制度》规定的卫生统计报表47~51表,以及"重大疾病医疗保障水平试点工作基本情况调查表"(以下简称"基本情况年报表")和"重大疾病医疗保障水平试点工作补偿情况季度报表"(以下简称"补偿情况季报表")。其中卫生统计报表47~51表数据更新频率以《全国新型农村合作医疗调查制度》中的规定为准,基本情况年报表更新频率为每年,补偿情况季报表为每季度。

f.新农合补偿方案:用于了解省内各级补偿方案制定情况,主要包括年度补偿方案及二次补偿方案两类文件,更新频率为每年。

g.新农合数据字典:用于清洗转换省级平台交换数据,包括疾病、药品、诊疗项目、行政区域等数据字典,更新频率为每年。

2)跨省就医业务数据

a.外省参合人员的跨省就医医疗记录及补偿数据,用于了解外省参合人员在本省定点医疗机构进行跨省就医医疗记录及补偿的相关情况,更新频率为每天。

b.费用核查申请单数据,用于了解新农合管理经办机构对本省参合人员在省外定点医疗机构就医费用核查情况,更新频率为每天。

(2)下载内容及频率

1)跨省核查定点医疗机构数据,查询提供跨省费用核查功能的定点医疗机构数据,更新频率为实时。

2)跨省就医信息查询服务,查询本省参合人员在省外"跨省核查定点医疗机构"就诊数据,更新频率为实时。

3)跨省就医信息批量下载,下载本省参合人员在省外"跨省核查定点医疗机构"就诊数据,更新频率为每天。

2.数据交换内容结构设计

数据交换格式是省级平台与国家平台进行数据双向交换时采用的格式,数据格式设计主要依据《新型农村合作医疗管理信息系统基本规范(2008修订版)》(以下简称"《08规范》")、《全国新型农村合作医疗调查制度》,以及《卫生部农卫司关于调整新农合重大疾病医疗保障试点信息报表的通知》(卫农卫合医便函〔2012〕27号)等规范性文件,见表5-3-1。

表 5-3-1　数据交换内容列表

数据类别	数据交换内容
基础数据	新农合定点医疗机构
	管理机构
	县 / 乡镇 / 村 / 组
参合数据	农民家庭基本数据
	农民家庭参合数据
	农民家庭参合资助数据
	农民个人基本数据
	农民个人参合数据

续表

数据类别	数据交换内容
医疗记录及补偿数据	门诊就诊基础数据
	门诊诊疗数据
	门诊费用及补偿数据
	住院就诊基础数据
	住院诊疗数据
	住院费用及补偿数据
	转诊申请与审核数据
	体检数据
	二次补偿数据
基金管理数据	农民缴费及家庭账户管理
	基金筹集
	基金分配
	基金支出
	基金筹集规划
全国新农合卫生统计报表数据	包括：卫生统计 47 表、卫生统计 48 表、卫生统计 49 表、卫生统计 50-1 表、卫生统计 50-2 表、卫生统计 50-3 表、卫生统计 51 表
重大疾病医疗保障试点信息报表	基本情况调查表
	补偿情况季度报表
跨省就医数据	费用核查申请单
	跨省就诊基础数据
	跨省就诊明细数据

3. 数据传输服务接口

面向 Web Services 以简单对象访问协议（simple object access protocol，SOAP）引擎为核心的 SOA 架构，能适应异构系统的复杂性与动态性，具有良好的可扩展性。每一次请求国家平台服务接口都有响应，所有请求服务以 Web Services 接口方式，响应返回信息以 XML 格式。

（二）与医院 HIS 联通的服务接口设计

新农合跨省结算与监管信息系统提供与医院 HIS 联通的服务接口，各医院 HIS 根据该接口规范进行系统功能改造，实现与国家平台的联通和业务协同。

1. 数据交换内容及频率

（1）上传内容及频率

1）参合人员就诊基础数据：主要包括患者个人信息、参合信息及诊断信息等数据，更新频率为每天。

2）参合人员就诊诊疗数据：主要包括患者本次就诊的医疗服务项目或药品名称及数量等数据，更新频率为每天。

（2）下载内容及频率

1）申请单基本信息：主要包括申请机构、就诊医院及就诊患者基本信息，更新频率为每天。

2）转诊申请与审核数据：更新频率为每天。

2. 数据交换内容结构设计

数据交换格式是医院信息系统与国家平台进行数据双向交换时采用的格式，数据格式的设计依据《08 规范》以及《医院信息系统软件基本功能规范》，见表 5-3-2。

表 5-3-2 数据交换内容

数据交换内容	内容格式参考依据
跨省就诊基础数据	依据《08 规范》D504 制订
跨省就诊诊疗数据	依据《08 规范》D505 制订
转诊申请与审核数据	依据《08 规范》D507 制订
费用核查申请单	新增数据格式 N703

3. 数据传输服务接口

面向 Web Services 以 SOAP 引擎为核心的架构，能适应异构系统的复杂性与动态性，具有良好的可扩展性。每一次请求国家平台服务接口都有响应，所有请求服务以 Web Services 接口方式，响应返回信息以 XML 格式。

第六章

网络系统设计

为保证网络畅通与安全,新农合跨省就医结算与监管信息系统需要搭建一个稳定安全、高性能、可扩展的网络平台。因此,系统建设涉及的所有设备均部署在医科院信息所机房内,构成一个独立网络,用于承载新农合跨省就医结算与监管信息系统相关服务器、存储备份和网络安全设备,实现相关业务、网络安全域之间的数据和信息流快速交换、可靠传递,满足网络安全策略的控制需要。同时,整体网络设计通过选用高性能的设备、关键设备冗余的架构设计、预计能够满足系统建设完成后五年国家新农合业务发展的要求。

第一节   网络链路选择

新农合跨省就医结算与监管信息系统部署在内网上,该网络能够满足两种外联要求:一是,大部分省市新农合经办机构和 62 家医院(44 家委预算管理医院 +9 个未联通省 18 家医院)通过互联网 +VPN 通道方式实现与省级新农合信息平台、新农合跨省就医结算与监管信息系统实现数据通信;二是,少部分省市社保机构通过电子政务外网实现与新农合跨省就医结算与监管信息系统实现数据通信。同时,新农合跨省就医结算与监管信息系统还需要对社会公众提供新农合跨省就医结算与监管信息系统政策宣传、常见问题解答、最新的相关通知通告等。选择上述两种主要外联方式的主要原因如下。

1. 互联网 +VPN

由于各省医保机构以及委属管医院通信链路条件各不相同,待原国家卫生计生委现有专网完善后,本次方案架构可以很方便接入并使用专网链路资源。本次规划建设的网络架构具备很强的可扩展性,在核心交换区相关设备上预留有相应接口。

2. 2M 电子政务外网通信

本方案在设计中已经利用核心交换机通过专用设备租用 2M 专线,实现与原国家卫生计生委电子政务外网进行连接。在系统部署初期使用 2M 链路,主要原因是仅有少数省市医保机构是通过电子政务外网与本系统实现数据交互。一旦系统投产运行后,监测到电子政务外网的流量增大,链路使用率达到 60% 以上时,将及时扩容(现有设备处理能力能够满足更高带宽处理需要),达到对政务外网利用最大化。

3. 未来链路规划说明

考虑到实现新农合跨省就医结算的需求时间紧迫,时间紧任务重,因此目前主要依靠互联网 +VPN 接入方式,随着全民健康保障信息化工程的逐步开展完善,将来新农合跨省就医结算业务的接入逐步迁移至政务外网,网络的接入速率稳定性及安全性有更好的保障,未来与原国家卫生计生委统一的备份机房实现光纤直连,确保新农合跨省就医结算与监管信息系统实现业务两地热备和数据两地备份。

第二节　网络系统架构

新农合跨省就医结算平台需要建设一个基础网络,通过部署网络交换机、防火墙、链路负载均衡、带宽管理、入侵检测系统(intrusion detection system,IDS)和分布式拒绝服务(distributed denial of service,DDoS)防御设备,建立起新农合跨省就医结算平台的数据交互网络,既保证新农合跨省就医结算平台与新农合经办机构和三甲医院的数据交互效率,带宽可控,又确保网络边界清晰安全,杜绝大量的网络安全攻击。

为了满足内部服务器间大量数据处理和快速交换,内网核心区域的采用 2 台核心交换机,本次选用的核心交换机为数据中心级,两台交换机使用 40G 光纤互联,并使用虚拟化技术(intelligent resilient framework,IRF)群集技术提高设备可用性;使用双万兆下联数据交换区、生产区、业务管理区服务器设备,双千兆下联运维开发测试区、安全管理区服务器和虚拟机。2 台核心交换机分别上联一台万兆防火墙用于隔离对外核心区域(包括发布区、DMZ区)和数据中心区,对外核心区域使用园区级核心交换机,两核心交换机间使用双万兆光纤互联,使用 IRF 群集技术虚拟成一台核心交换机,分别连接政务网接入、对外服务的发布区、DMZ 区,并通过出口防火墙与互联网接入区连接。

考虑到带宽冗余安全保障需求和分布在全国各地使用不同通信运营商接入互联网的用户的访问体验效果,互联网接入区分别采用了电信和联通各 1 条 100M 接入,在互联网控制区采用链路负载均衡设备动态均衡网络带宽、带宽管理设备按不同数据流划分优先级、路由器实现路由选择和地址转换,此外还使用了入侵检测、DDoS 攻击防护、出口防火墙等设备保障安全;总体上,整体网络设计通过选用高性能的设备、关键设备冗余的架构设计、预计能够满足未来五年国家新农合业务发展的要求。

通过部署两层两台异构防火墙(互联网控制区出口防火墙 - 内网核心区万兆防火墙),实现新农合跨省就医结算平台具有纵深的网络安全防御架构;在出口部署 IDS,实现针对常规网络安全威胁进行检查工作;同时部署防 DDoS 攻击的安全设备,针对异常大流量进行过滤和清洗,确保在网络边界上可以放行真实的网络安全流量;部署带宽管理设备,保障新农合跨省就医结算平台的关键业务能够优先使用出口带宽,能够可视直观、快速有效地确保与新农合经办机构和三甲医院的数据交换效率。核心交换机起到承上启下的流量转发作用,将 DMZ 区域和发布区的交互数据快速转发,同时,也快速交换数据中心与发布区的数据。数据中心交换机采用两台高性能的交换机进行智能弹性架构的虚拟化冗余,确保整个核心系统的可靠稳定。数据中心交换机连接内部各个安全域,此交换机须支持丰富的接口、高性能的数据转发以及先进的虚拟化功能,能够通过将两台交换机逻辑上虚拟为一台设备,在可靠冗余、性能翻倍的同时,还可以实现边界的运维管理。通过在其上部署的万兆防火墙板卡,实现整个核心区域的安全域划分,并确保各域之间的数据交换高效、安全可控。

新农合跨省就医结算与监管信息系统本地网络的网络拓扑见图 6-2-1。

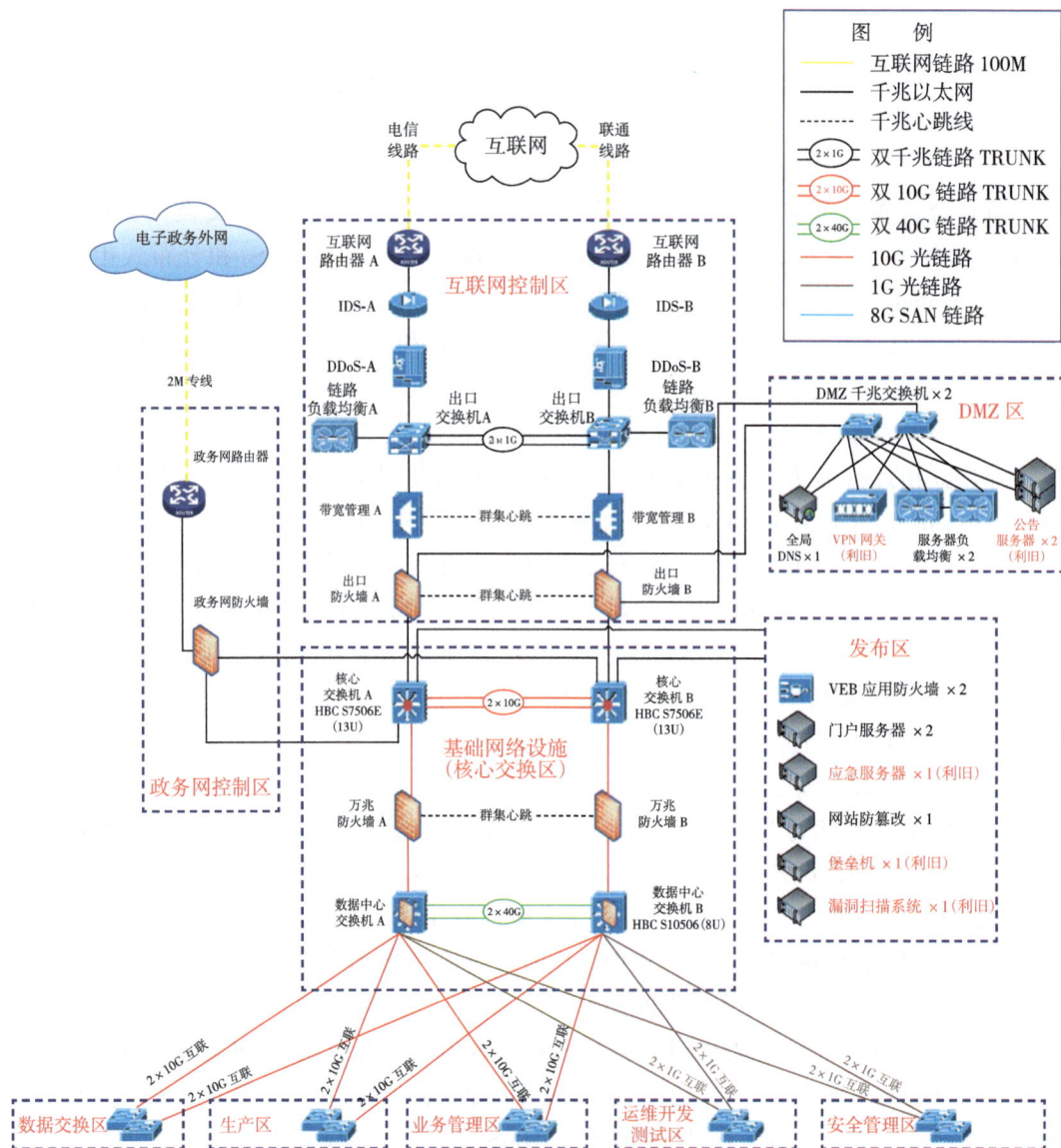

图 6-2-1 新农合跨省就医结算与监管信息系统网络架构

第三节　拓扑详细设计

新农合跨省就医结算与监管信息系统与医科院信息所现有网络物理隔离,总体架构分为出口链路-互联网控制区(互联网出口链路)、政务网控制区(政务外网链路)、内网核心交换区(基础网络及边界安全)、DMZ区、发布区、交换区、生产区、业务管理区、运维开发测试区和安全管理区共10个部分。

一、互联网出口链路设计

(一)互联网出口链路概述

根据前文针对信息量的分析与预测,平台上午高峰值为11 087.18KBps计算,考虑到20%带宽余量,至少106Mbps(11 087.18KBps×8×1.2)互联网出口带宽才能够满足实际通信传输能力需要。按照"链路冗余"的等保三级链路安全要求,新农合跨省就医结算与监管系统需要建设两条同样带宽的互联网100M出口链路。且由于新农合经办机构和三甲医院分布在中国各地,结合"北联通、南电信"的交叉访问速度不理想的实际情况,出口链路建议选择两个运营商,每条运营商链路带宽100M,确保新农合跨省就医结算与监管系统与各地机构均能够实现快速数据交换。部署两台中端路由器分别连接两个不同的电信运营商,通过链路负载均衡设备实现两条链路的带宽叠加、出口冗余等功能。具体互联网出口链路,见图6-3-1。

(二)互联网出口链路网络设备用途和性能参数

1. 路由器设备

用途:网络地址转换、配置IP路由策略、基本的安全防护。

型号和配置:1端口GE Combo WAN卡+8口百兆电口及1端口千兆电口卡。

2. 链路负载均衡设备

由于本系统涉及即时结报和结算业务,保证网络接入的稳定性对于本系统来说是非常重要的。需采用多条不同ISP的链路,可避免链路的单点故障。链路负载均衡设备可以做到充分利用各种链路资源;提高信息发布的质量;提高网络的灵活性和扩展性;降低系统维护难度和成本。

3. 宽带管理设备

型号和配置:在实时监控和服务质量(quality of service,QoS)管理情况下,最大吞吐量可达2Gbps,可管理4条千兆链路。可选8×10/100/1000 BASE-T(auto-negotiation),Bypass旁路单元模块,冗余电源。能对网络中的P2P/IM带宽滥用、网络游戏、炒股、网络视频、网络多媒体、非法网站访问等行为进行精细化识别和控制,保障网络关键应用和服务的带宽,对网络流量、用户上网行为进行深入分析与全面地审计,进而帮助用户全面了解网络应用模型和流量趋势,优化其带宽资源,开展各项业务提供有力的支撑。基于深度包检测(deep packet inspection,DPI)技术及动态应用检测(dynamic advertising reporting targeting,DART)技术,实现优化网络流量并确保用户的满意度。

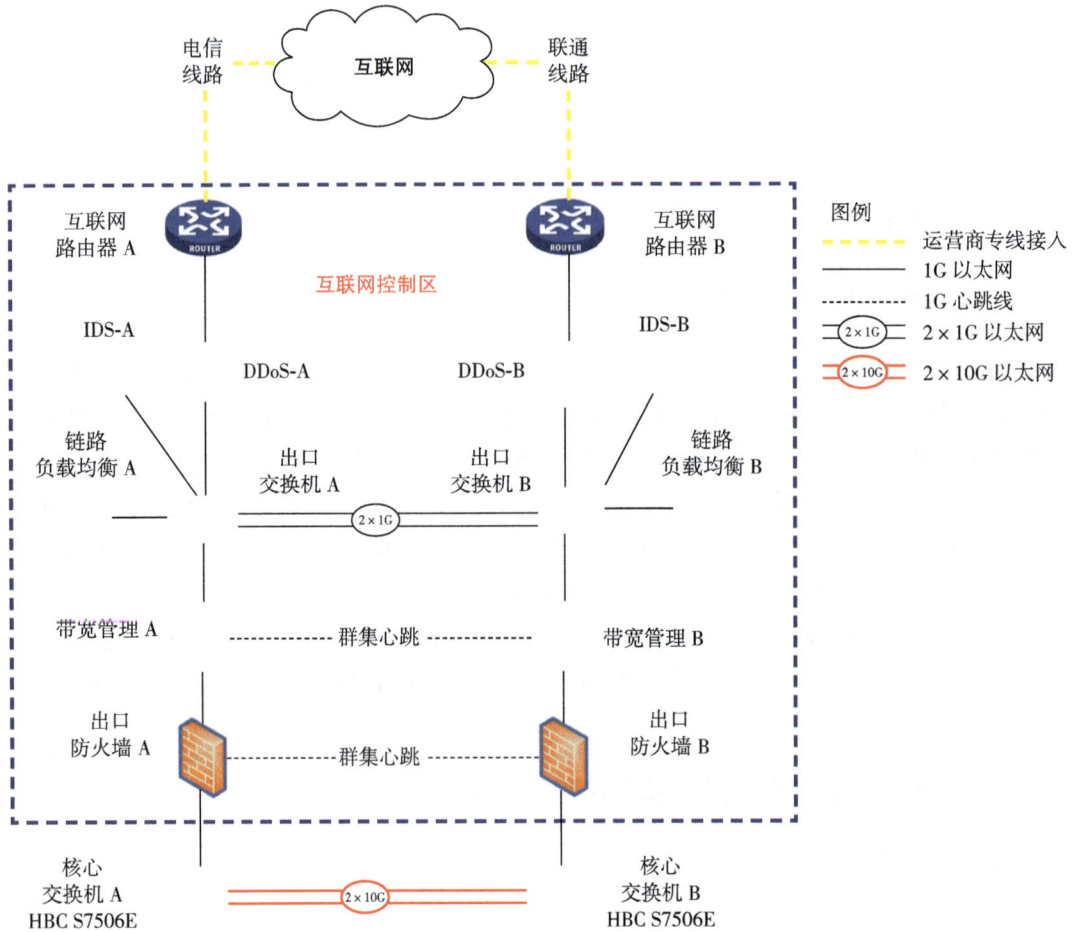

图 6-3-1　新农合跨省就医结算与监管系统网络出口链路

4. 出口交换机设备

主机双冗余电源,端口:48个10/100/1000 BASE-T端口,4个10G/1G BASE-X SFP+端口,2个万兆多模光模块。

设备用途:使用IRF将两台交换机虚拟成一台交换机,实现设备故障无缝自动切换,提高网络可用性;另外将两个电口配置成监控模式,为IDS设备监听端口输出流量。

5. 安全相关设备

安全相关的IDS入侵检测、DDoS攻击防护、防火墙等安全设备详见本书"第八章　系统安全建设"。

二、政务外网链路设计

(一)政务外网链路设计概述

针对原国家卫生计生委和部分省市新农合经办机构仅通过政务外网实现数据交换的情况,在新农合跨省就医结算与监管系统中增加一条2M的政务外网链路,用于满足这部分机构的数据访问和交换的需要。部署一台中端路由器,用于实现与政务外网的电路连接。由于国家电子政务外网要求与互联网逻辑隔离,因此,政务外网链路通过专线和专用设备与新农合跨省就医结算与监管系统核心网络交换机链接,而不与新农合跨省就医结算与监管系统互联网出口直连。同时,来自政务外网的请求仅允许与数据交换区做数据传输和访问发布区指定资源,而禁止政务网与互联网双向互访。具体政务外网链路系统,见图 6-3-2。

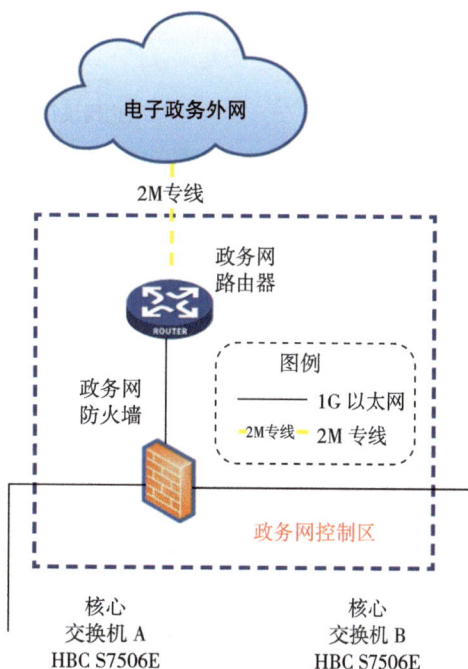

图 6-3-2　新农合跨省就医结算与监管系统
平台与政务外网出口链路

(二)政务外网链路网络设备用途和性能参数

1. 路由器设备

要求 1 端口 GE Combo WAN 卡 +8 口百兆电口及 1 端口千兆电口卡。
用途:网络地址转换、配置 IP 路由策略、基本的安全防护。

2. 安全相关设备

安全设备防火墙的相关介绍详见本书"第八章　系统安全建设"。

三、内网核心交换区

(一)内网核心交换区概述

为了满足内部服务器间大量数据处理和快速交换,内网核心区选择 2 台数据中心级核心交换机,2 台数据中心级交换机采用 40G 光纤互联,使用双万兆下联数据交换区、生产区、业务管理区服务器设备,双千兆下联运维开发测试区、安全管理区服务器和虚拟机。

两个数据中心交换机分别上联一台万兆防火墙用于隔离对外核心区域(包括发布区、DMZ 区)和数据中心区,对外核心区域使用园区网级别核心交换机,分别连接政务网接入、对外服务的发布区、DMZ 区,并通过出口防火墙与互联网接入区连接,见图 6-3-3。

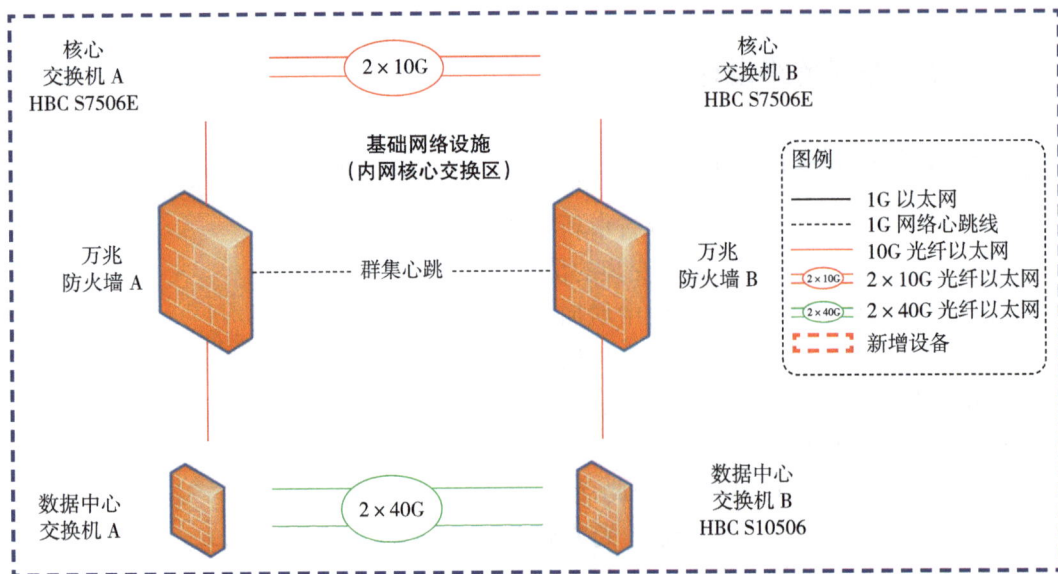

图 6-3-3　新农合跨省就医结算与监管系统内网核心交换区拓扑结构

(二)内网核心交换区设备用途和性能参数

1. 核心交换机设备

配置要求:6 槽机箱,单主控,冗余电源、带监控板,48 个千兆电接口,24 个千兆光接口,4×10G 光接口板。

设备功能:汇集互联网和政务网访问流量与 DMZ 区和发布区快速交换。

2. 数据中心交换机设备

配置要求:6 槽机箱,单主控,冗余电源、风扇、交换网板,24 个千兆光口,24 个千兆电口,24 个万兆光口,万兆防火墙模块。

设备功能:实现内网的大量数据快速交换,同时通过在内置的防火墙模块上设置数据交换区、生产区、业务管理区、运维开发测试区、安全管理区共 5 个区域之间的互访权限策略,达到内网互访安全可控。

3. 安全相关设备

安全设备防火墙将在"第八章　系统安全建设"叙述。

四、DMZ 区

(一)DMZ 区概述

该区域部署了新农合跨省就医结算平台对外提供互联网服务的基础服务系统,包括全局域名系统(domain name system,DNS)服务器、VPN 服务器、服务器负载均衡和用于发布新农合医疗政策、新闻、即时通知消息的公告服务器。DMZ 区域的交换机连接到出口防火墙的 DMZ 端口,实现来自互联网的访问只能被转发到 DMZ 区域。通过防火墙上的安全策略设置,仅允许互联网访问此区域的指定 IP、指定协议、指定端口。其他区域的服务器只接受来自 DMZ 区服务器负载均衡设备的代理访问,拒绝来自互联网的直接访问请求。新农合跨省就医结算平台与 DMZ 区出口链路,见图 6-3-4。

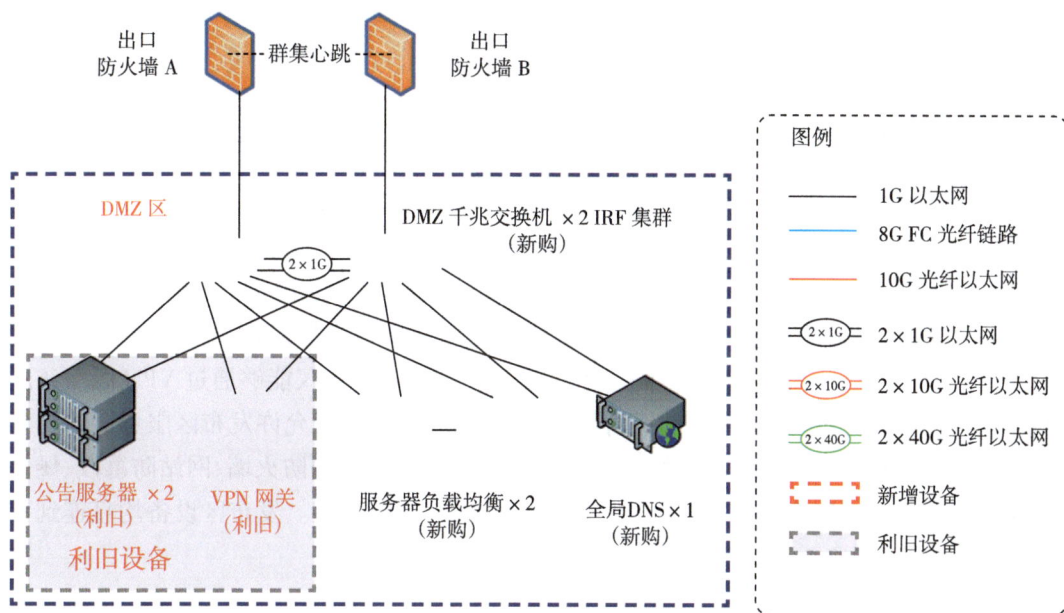

图 6-3-4　新农合跨省就医结算与监管系统平台与 DMZ 区出口链路

(二)CMZ 区设备用途和性能参数

1. 区域汇聚交换机设备

设备参数和性能要求:主机 + 双风扇 + 双电源端口,48 个 10/100/1000 BASE-T 端口,4 个 10G/1G BASE-X SFP+ 端口,2 个 40G QSFP+ 端口,2 个万兆多模光模块。

设备功能描述:为 DMZ 区设备提供汇聚层接入,使用双机配置成 IRF 群集模式,方便管理的同时提供高性能、高可用性的冗余接入。

2. 服务器负载均衡设备

设备配置和性能:2U 主机,16 个 10/00/1000 Base-T,4 个可选千兆 Mini GBIC 光纤端口,四至七层的应用负载均衡,压缩、缓存、传输控制协议(transmission control protoco,TCP)连接复用、TCP 单边加速、安全套接层(secure socket layer,SSL)协议卸载等功能,智能流量管理语言,深度内容检测,SLA 服务等级管理,N+M 群集模式,每秒七层新建≥10 万 /s。

设备用途描述:服务器负载均衡设备为解决应用服务器负荷过大,资源利用不均的情况,部署时使用两台负载均衡器,通过采用各种分配内置调度算法把网络请求分散到一个服务器集群中的可用服务器上去,通过管理进入的 Web 数据流量和增加有效的网络带宽,从而使各个服务器的资源得到充分利用,消除某些服务器负荷过大而某些服务器闲置的状况。

3. 全局 DNS 设备

设备配置和性能:1U,1 颗四核处理器,4GB 内存,220V AC 冗余电源,完备的 DNS Server

功能,多链路入方向负载均衡,多数据中心的负载均衡,DNS QPS ≥ 100 000,IPv6/IPv4 的双栈混合解析,DNS 查询统计及防 DNS 注入、防 DNS DDoS。

设备功能用途描述:用于对外提供域名解析服务。

五、发布区

(一)发布区概述

该区域部署新农合门户网站服务器,通过 DMZ 区域服务器负载均衡设备调度实现间接对外提供互联网服务的应用系统,通过在防火墙上部署相应的安全控制策略,指定相应限定可被访问的源 IP 和服务端口,确保该区域的安全。来自互联网的访问只能被允许直接访问位于 DMZ 区的服务器负载均衡设备,而不能直接访问发布门户服务器,发布门户服务器仅接受来自服务器负载均衡的数据访问。各医院和各省农合平台仅能够通过 VPN 线路访问到指定服务端口。发布区防火墙部署内部数据安全控制策略,仅允许发布区服务器访问各自业务的应用服务器数据库。同时,发布交换区内部署 Web 应用防火墙、网站防篡改、堡垒机、漏洞扫描系统等安全设施,确保发布服务安全真实、运维可控。发布区设备均直连到核心交换机上,见图 6-3-5。

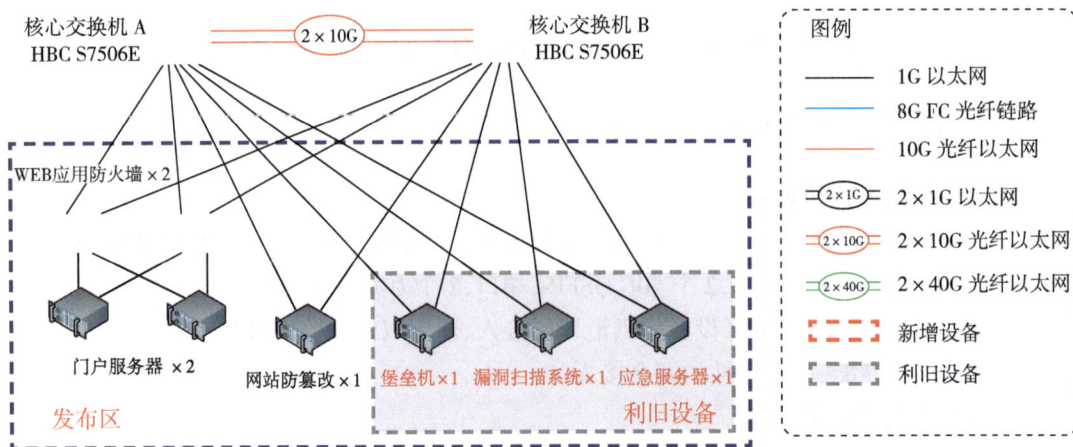

图 6-3-5　新农合跨省就医结算与监管系统发布区网络拓扑结构

(二)发布区设备用途和性能参数

本区域内部署的 Web 应用防火墙、网站防篡改、堡垒机、漏洞扫描设备等均属于安全设备,此部分内容详见本书"第八章　系统安全建设"。

本区域内设备直连核心交换机,门户服务器不直接对外提供服务器,门户服务器需经 DMZ 区的服务器负载均衡调度后对外提供服务。对外服务以门户服务器为主,应急服务器为辅。门户服务器经统一身份认证系统对用户进行身份认证后,对省市新农合机构和医院工作人员以及广大新农合参保人员提供服务。

六、数据交换区

(一)数据交换区概述

医院提交的数据、省农合平台返回的数据、准备发布到发布区服务器上的数据、与原国家卫生计生委数据中心进行交换的数据均在此区域按照一定流程规则进行检查。或者按照指定安全策略提交到数据资源生产区,或者按照安全策略控制分发到服务发布区,或者根据需要传递给医院或省农合。通过汇聚交换机与数据中心交换机实现 2 万兆上联。利用交换机虚拟化技术,可以实现两台汇聚交换机 4 万兆上联到数据中心交换机上。交换区服务器通过 HBA 卡与 SAN 存储连接,实现访问集中存储资源和快速 LAN-free 的备份。通过数据中心交换机上的防火墙模块,实现对本区域与其他区域互访权限的限制,见图 6-3-6。

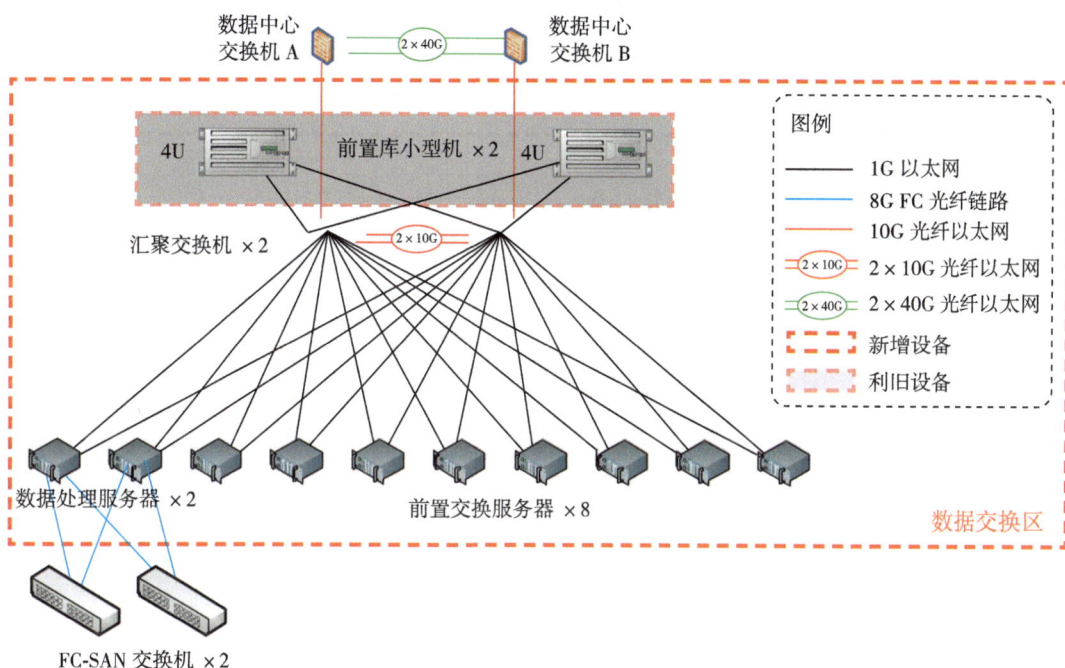

图 6-3-6　新农合跨省就医结算与监管系统数据交换区网络拓扑结构

(二)数据交换区设备用途和性能参数

1. 区域汇聚交换机设备参数和性能要求

主机 + 双风扇 + 双电源端口:48 个 10/100/1000BASE-T 端口,4 个 10G/1G BASE-X SFP+ 端口,2 个 40G QSFP+ 端口,2 个万兆多模光模块。

2. 设备功能描述

为数据交换区服务器设备提供汇聚层接入,使用双万兆光纤互联配置成 IRF 群集模式,并使用双万兆上联至数据中心交换机,方便管理的同时提供高性能、高可用性的冗余接入。

七、生产区

(一)生产区概述

此区域是新农合跨省就医结算与监管系统的核心数据区域。来自交换区的数据经过预处理,直接存放到中心库小型机中。同时,根据要求,消息服务器将相应的数据经过处理发送给交换区服务器,上传到原国家卫生计生委数据中心,或者下发到省新农合信息平台新农合经办机构,或三甲医院前置机上。通过汇聚交换机与数据中心交换机实现2万兆上联。利用交换机虚拟化技术,可以实现两台汇聚交换机2万兆上联到数据中心交换机上。同时部署备份系统,确保生产区的数据库数据被可靠备份。交换区服务器通过HBA卡与SAN存储连接,实现访问集中存储资源和快速LAN-free的备份。通过数据中心交换机上的防火墙模块,实现对本区域与其他区域互访权限的限制。生产区网络拓扑结构见图6-3-7。

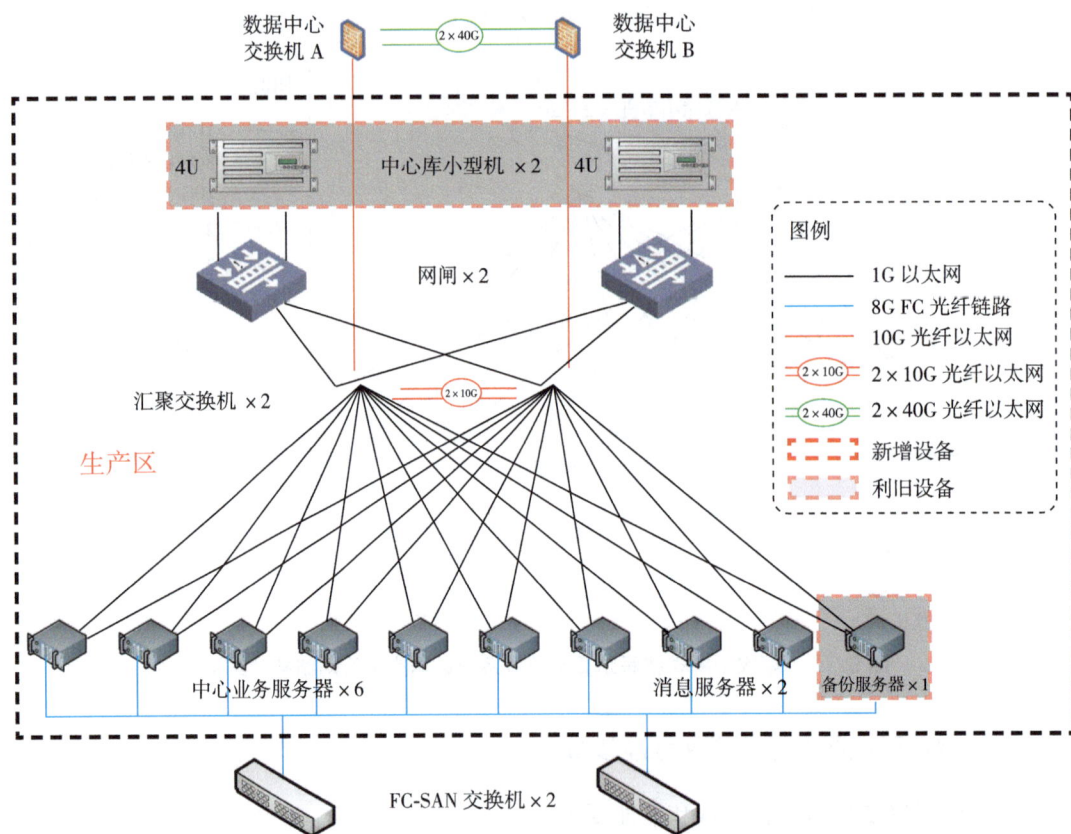

图6-3-7　新农合跨省就医结算与监管系统生产区网络拓扑结构

(二)生产区设备用途和性能参数

1. 区域汇聚交换机设备参数和性能

主机 + 双风扇 + 双电源端口:48 个 10/100/1000BASE-T 端口,4 个 10G/1G BASE-X SFP+

端口,2 个 40G QSFP+ 端口,2 个万兆多模光模块。

2.设备功能描述

为数据交换区服务器设备提供汇聚层接入,使用双万兆光纤互联配置成 IRF 群集模式,并使用双万兆上联至数据中心交换机,方便管理的同时提供高性能、高可用性的冗余接入。

八、业务管理区

(一)业务管理区概述

本区域设计功能:数据采集加工后的深入数据分析和数据挖掘,通过对采集到的全国各地农村人口医疗数据做深入分析,做数据统计和趋势预测,如农业人口就诊疾病种类分析,特定类型疾病的地域分布,特定疾病的趋势统计,某种疾病的地域相关性研究分析,等等。另外,可将相关分析结果和统计汇总的数据输出到大屏展示。业务管理区网络拓扑结构,见图 6-3-8。

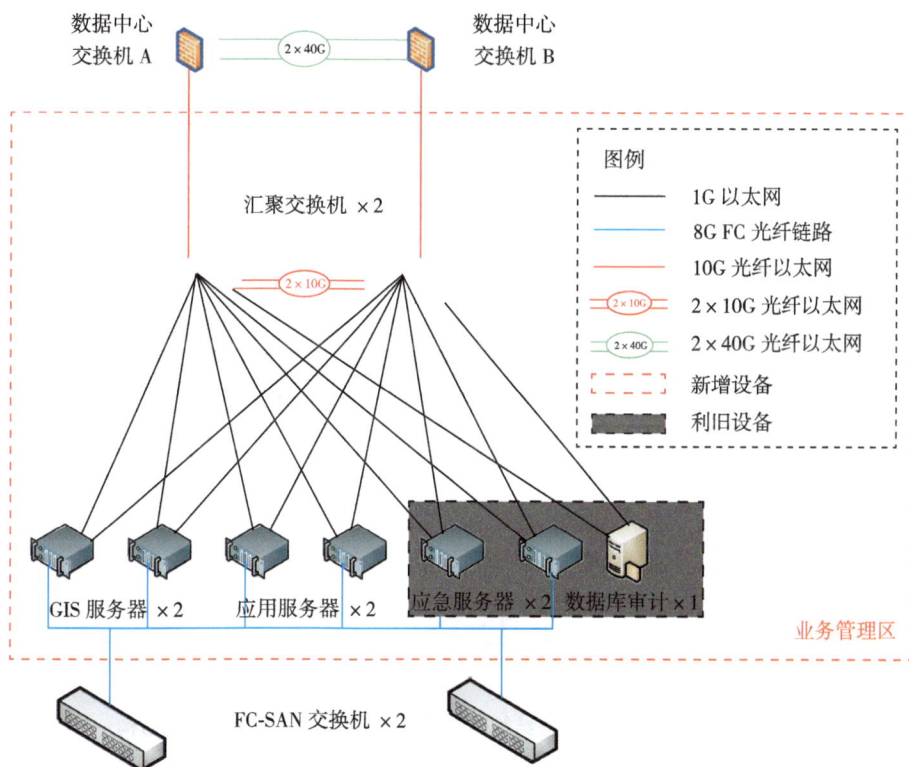

图 6-3-8　新农合跨省就医结算与监管系统业务管理区网络拓扑结构

(二)业务管理区设备用途和性能参数

1.设备参数和性能

主机 + 双风扇 + 双电源端口:48 个 10/100/1000BASE-T 端口,4 个 10G/1G BASE-X SFP+

端口,2 个 40G QSFP+ 端口,2 个万兆多模光模块。

2. 设备功能描述

为数据交换区服务器设备提供汇聚层接入,使用双万兆光纤互联配置成 IRF 群集模式,并使用双万兆上联至数据中心交换机,方便管理的同时提供高性能、高可用性的冗余接入。

九、运维开发测试区

(一)运维开发测试区概述

通过服务器虚拟化,实现信息所的开发人员和运维人员进行程序开发测试以及远程运维。待发布的程序也在这个区域进行预发布测试。通过数据中心交换机上的防火墙模块,实现对本区域与其他区域互访权限的限制。同时,通过数据中心交换机上的防火墙模块,实现对开发测试区域权限的限制。运维开发测试区拓扑结构见图 6-3-9。

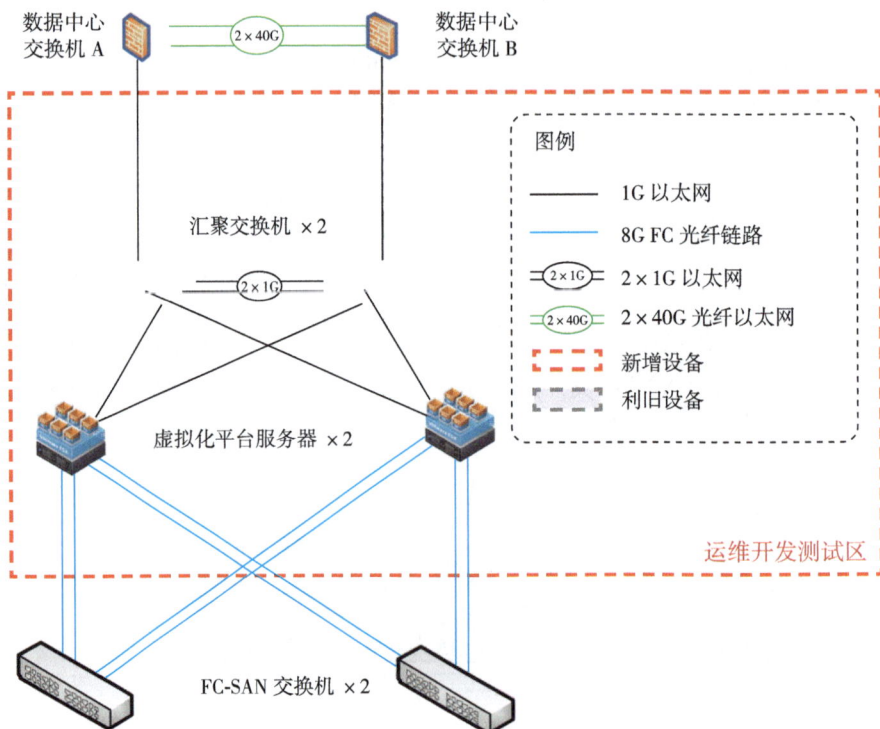

图 6-3-9 新农合跨省就医结算与监管系统运维开发测试区拓扑结构

(二)运维开发测试区设备用途和性能参数

1. 区域汇聚交换机设备参数和性能

主机 + 双风扇 + 双电源端口:48 个 10/100/1000BASE-T 端口,4 个 10G/1G BASE-X SFP+ 端口,2 个 40G QSFP+ 端口,2 个万兆多模光模块。

2.设备功能描述

为数据交换区服务器设备提供汇聚层接入,使用双万兆光纤互联配置成 IRF 群集模式,并使用双万兆上联至数据中心交换机,方便管理的同时提供高性能、高可用性的冗余接入。

十、安全管理区

(一)安全管理区概述

按照等级保护三级安全要求部署网络安全设备、安全管理软件和网络管理设备。通过访问控制策略配置,实现网络内各区域间互访权限的控制。安全管理区拓扑结构见图6-3-10。

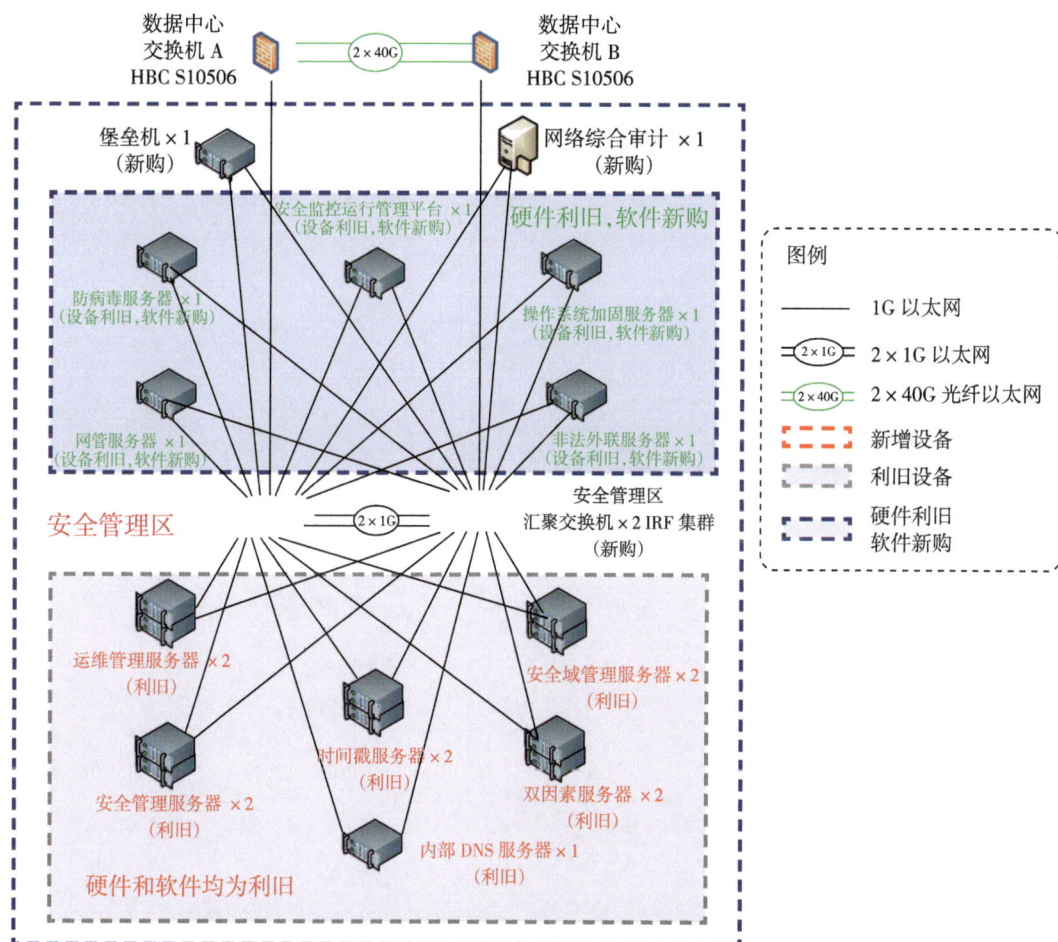

图 6-3-10　新农合跨省就医结算与监管系统安全管理区拓扑结构

（二）安全管理区设备用途和性能参数

1. 区域汇聚交换机设备参数和性能

主机＋双风扇＋双电源端口：48 个 10/100/1000BASE-T 端口，4 个 10G/1G BASE-X SFP+ 端口，2 个 40G QSFP+ 端口，2 个万兆多模光模块。

2. 设备功能描述

为数据交换区服务器设备提供汇聚层接入，使用双万兆光纤互联配置成 IRF 群集模式，并使用双万兆上联至数据中心交换机，方便管理的同时提供高性能、高可用性的冗余接入。

本区域部署的堡垒机、网络综合审计以及非法外联控制服务器、操作系统加固服务器、安全监控运行管理平台、防病毒服务器、网管服务器、双因素认证服务器、安全域管理服务器、时间戳服务器、安全管理服务器、运维管理服务器属于安全和管理范畴，详见本书"第八章　系统安全建设"。

第七章

数据处理和存储系统设计

新农合跨省就医结算与监管信息系统承担着业务数据的存储和处理,具有业务量大、存储量大的特点,特别是关键数据库服务器的选择尤为重要。数据处理和存储系统基础 IT 架构设计中,参考了传统 IT 架构与云计算架构两种架构方式,传统架构的优势在于硬件资源性能的最大化利用,可完全保证核心业务系统的运行与发展。云计算架构的优势是硬件资源的利用率高,空间的使用率高,且投资回报率高。为了新农合的稳定性、可用性、先进性以及可扩展性,因此,系统建设决定采用传统架构 + 云计算的混合架构,在保证核心业务系统性能的同时,利用云计算技术提高设备的利用率,减少设备的空间浪费,并保证项目整体的投资回报率。

新农合跨省就医结算与监管系统数据处理和存储设备分布在数据交换区、生产区、业务管理区、运维开发测试区、安全管理区、DMZ 区、发布区和存储备份系统区内。存储架构包括主机层、网络层和存储层。

第一节　架构设计

为了新农合跨省就医结算与监管信息系统的稳定性、可用性、先进性以及可扩展性,数据处理和存储系统的基础 IT 架构设计采用传统架构 + 云计算的混合架构,在保证核心业务系统性能的同时,利用云计算技术提高设备的利用率,减少设备的空间浪费,并保证项目整体的投资回报率。

新农合跨省就医结算与监管信息系统通过部署部分服务器及存储设备,采用负载均衡、SAN 网络传输等主流技术,构建了针对不同业务需求的硬件环境。根据需求分析,系统建设考虑与原有技术架构结合,设计采用 26 台 X86 服务器、1 台高性能 SAN 存储、1 台存储虚拟化网关、2 台光纤交换机及虚拟磁带库,实现对新农合跨省就医结算与监管信息系统工程的升级改造工作,完善硬件支撑环境,满足业务应用的部署、运行、共享和存储等功能。

数据处理与存储系统建设遵循如下原则:在条件允许的情况下尽可能选用国产设备;

设备均选用知名厂商的产品;设备选型要考虑相互之间的兼容;产品性能要充分满足业务需求,并且确保性能不浪费。

新农合跨省就医结算与监管系统数据处理和存储设备分布在数据交换区、生产区、业务管理区、运维开发测试区、安全管理区、DMZ 区、发布区和存储备份系统区内。其中,红色字体部分硬件设备均属于利旧设备,利用原有服务器;黑色字体部分设备均需要根据需要新购;绿色字体部分是硬件设备利旧,而软件需要新购。系统建设数据处理与存储拓扑结构见图 7-1-1。

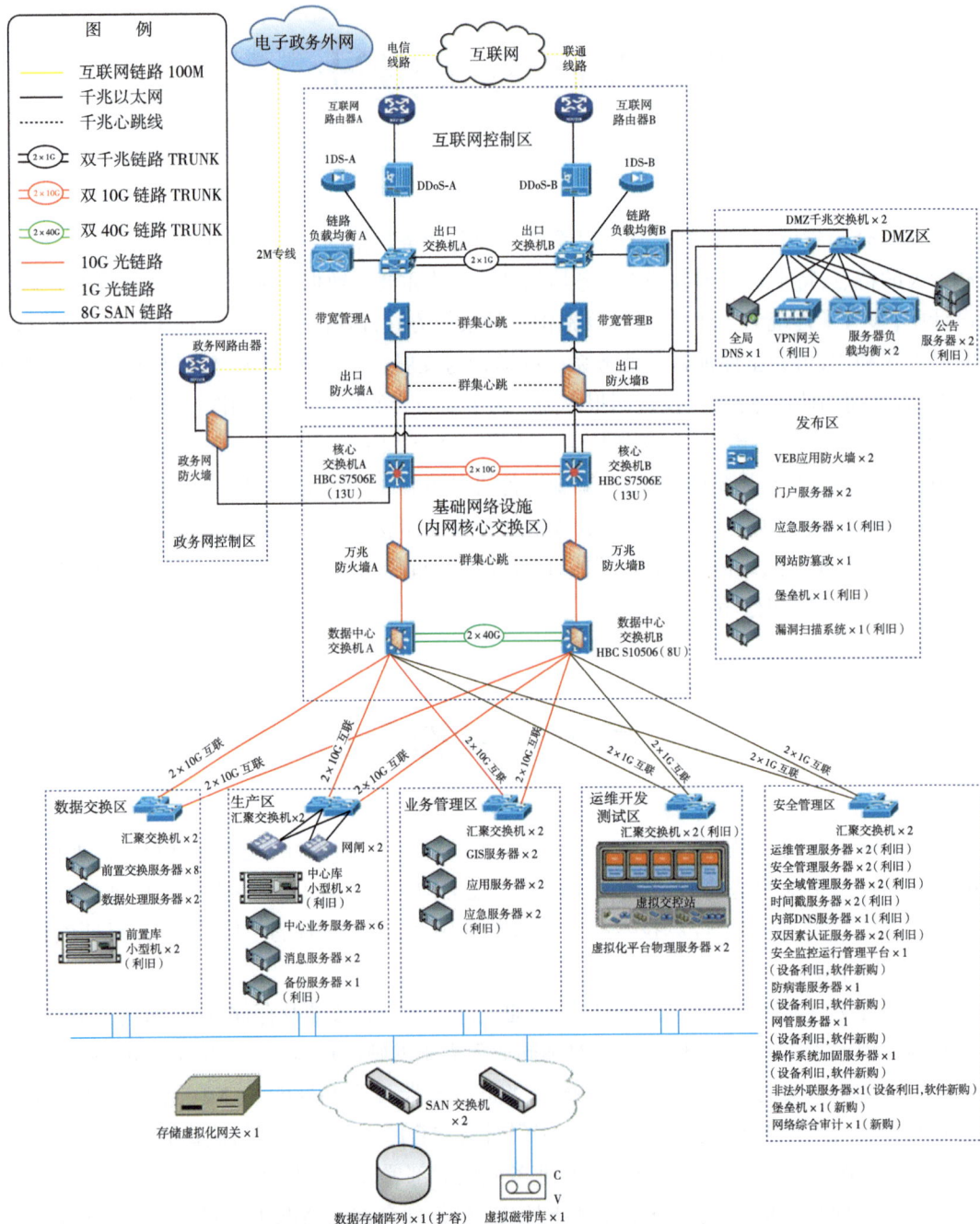

图 7-1-1　新农合跨省就医结算与监管信息系统建设数据处理与存储拓扑结构

第二节　主机部分

　　由于新农合跨省就医结算与监管系统主要处理转诊、结算业务,兼有门户网站,主要面临的是并发条件下服务器性能如何满足数据交互和消息传递需要。需要满足每年 1 000 万参保农民在 1 000 所三甲医院转诊、结算需求。

　　SPECWeb 2005 的衡量结果是一台 Web 服务器能够有效响应客户端的 Web 请求的最大极限个数。服务器的会话处理和实体交易能力指标则采用 SPECjEnterprise 2010。SPECjEnterprise 2010 衡量结果是构成 Java 三层架构应用环境的所有部分。根据第三方测试机构 SPEC 网站(www.spec.org)正式公布的 SPECWeb 2005 和 SPECjEnterprise 2010 测试结果数值选取满足需求的服务器型号。无匹配的数值使用如下公式推算。

　　服务器 SPECWeb 2005 和 SPECjEnterprise 2010 基准值 = 服务器公测值 ÷ 测试 CPU 核心数 ÷ 测试 CPU 主频;业务需求值 ÷ 服务器基准值 ÷CPU 最高主频 = 服务器核心数。

　　按照 SPEC 网站(www.spec.org) 上 SPECjEnterprise®2010 的测试结论,在 WebSphere Application Server V7 on IBM System x3650 and DB2 9.7 on IBM System x3850 环境下 SPEC 值是 1 013.40Jops。该应用服务器测试环境是 IBM System x3650 M2,8 cores,2 chips,4 cores/chip,主频 2933MHz,内存 16GB。因此依据 SPECjEnterprise 2010 基准值是 0.0432。

　　依据本项目的特点,基于 X86 架构 Linux 操作系统的 2 颗 1.9GHz CPU、每处理器 6 核心操作系统是适合于所有区域服务器的选择,见表 7-2-1。

表 7-2-1　新农合跨省就医结算与监管信息系统计算能力需求汇总表[联通 31 个省(自治区、直辖市)]

负载类型	平均值	上午高峰值	下午高峰值	单位
请求响应能力	204.07	588.57	600.41	个 /s
会话处理能力	75.23	282.35	274.35	Jops
实体交易能力	53.17	224.66	216.88	Jops
计算执行能力	/	/	/	Flops
数据交易能力	93 016.40	436 930.96	415 077.14	tpmC

　　注:该仿真数据结果由全民健康保障信息化工程[一期联通 10 个省(自治区、直辖市)]中的仿真结果 ×3.1 计算得出。

第三节　数据中心

　　本次新农合跨省就医结算与监管系统设计中数据中心网络架构中有交换区、生产区、业务管理区、运维开发测试区、安全管理区、DMZ 区、发布区和存储备份系统区,各区域系统部署情况如表 7-3-1 所示。

表 7-3-1 服务器部署表

序号	部署内容	部署区域
1	前置交换服务器	交换区
2	数据处理服务器	交换区
3	中心业务服务器	生产区
4	消息服务器	生产区
5	GIS 服务器	业务管理区
6	应用服务器	业务管理区
7	虚拟化平台物理服务器	运维开发测试区
8	门户服务器	发布区

一、数据交换区部分

(一)概述及拓扑

为了满足数据交换区数据处理能力需求,本区配置 8 台 2U 机架式前置交换服务器,配置 2 台 2U 机架式数据处理服务器,利旧原有 2 台 4U IBM 前置库小型机设备,为整个信息平台提供数据收集处理和数据交换(图 7-3-1)。

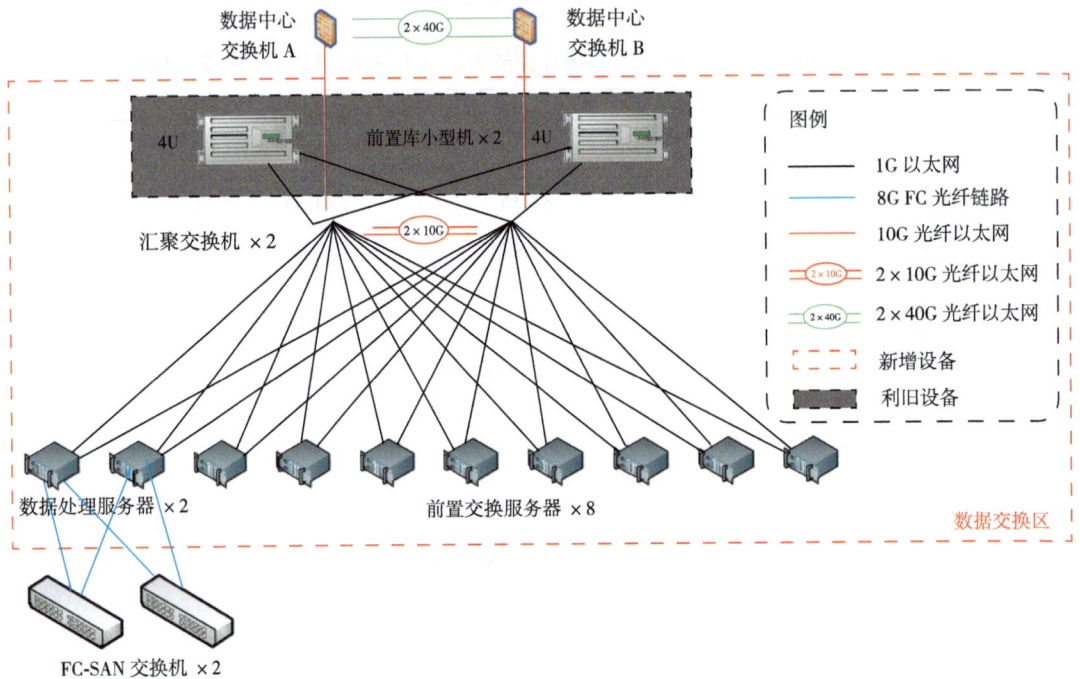

图 7-3-1 数据交换区系统拓扑结构

（二）设备选型

1. 前置交换服务器

交换区前置交换服务器能力估算情况见表 7-3-2。

表 7-3-2　交换区前置交换服务器能力估算表

负载类型	交换区前置交换服务器能力估算	单位
请求响应能力	857.73	个/s
会话处理能力	403.36	Jops
实体交易能力	320.94	Jops

注：服务器处理能力按峰值负载不超过其性能的 70% 考虑。

使用 SPECjEnterprise 2010 推算方法计算，403.36/（0.043 2×1 900）=4.91。部署时前置交换服务器面对 31 家省医保机构的处理要求，需要针对每家机构配置 4.91 核确保满足处理能力，高峰时同时处理业务的医保机构占总数的 60%，约需要 7.61［（31×4.91×60%）/12］，即，需要配置 8 台 2 颗 6 核 1.9G CPU 以上配置 PC 服务器可以满足需求。

2. 数据处理服务器

交换区数据处理服务器能力估算情况见表 7-3-3。

表 7-3-3　交换区数据处理服务器能力估算表

负载类型	数据处理服务器能力估算	单位
请求响应能力	857.73	个/s
会话处理能力	403.36	Jops
实体交易能力	320.94	Jops

注：服务器处理能力按峰值负载不超过其性能的 70% 考虑。

数据处理服务器主要处理前置交换服务器传递过来的交易数据，使用 SPECjEnterprise 2010 推算方法计算，320.94/（0.043 2×2 400）=3.10。数据处理服务器需要处理来自 8 台前置交换服务器的数据处理任务，即需要配置 2.06（8×3.10/12），合计配置 2 台 2 颗 6 核 1.9G CPU 以上配置 PC 服务器可以满足需求，且按照 2 台组成热备集群组成可靠数据处理服务。

3. 相关设备性能指标

交换区交换服务器和数据处理服务器性能指标，见表 7-3-4。

表 7-3-4　交换区交换服务器和数据处理服务器性能指标

序号	设备名称	主要性能指标	服务器类型	数量
1	前置交换服务器	2 颗 E5-2609 v3 1.9GHz 6C/ 内存:32GB 内存（2×16GB）/硬盘:300GB 10K RPM 6Gbps SAS 2.5 英寸热插拔硬盘×4/网卡:双口万兆网卡/DVD-ROM 光驱/Linux 操作系统/电源冗余/3 年 7×24 小时原厂服务	X86 服务器	8

序号	设备名称	主要性能指标	服务器类型	数量
2	数据处理服务器	2 颗 E5-2609 v3 1.9GHz 6C/ 内存：32GB 内存（2×16GB）/ 硬盘：300GB 10K RPM 6Gbps SAS 2.5 英寸热插拔硬盘×4/ 网卡：双口万兆网卡 / 双 8G HBA 卡 /DVD-ROM 光驱 / Linux 操作系统 / 电源冗余 /3 年 7×24 小时原厂服务	X86 服务器	2

二、生产区部分

(一)概述及拓扑

为了满足生产区数据处理能力需求,本区配置 6 台 2U 机架式中心业务服务器,配置 2 台 2U 机架式消息服务器,原有利旧 1 台 2U 机架式备份服务器,利旧原有 2 台 4U IBM 中心库小型机设备,为整个信息平台提供集中数据处理,见图 7-3-2。

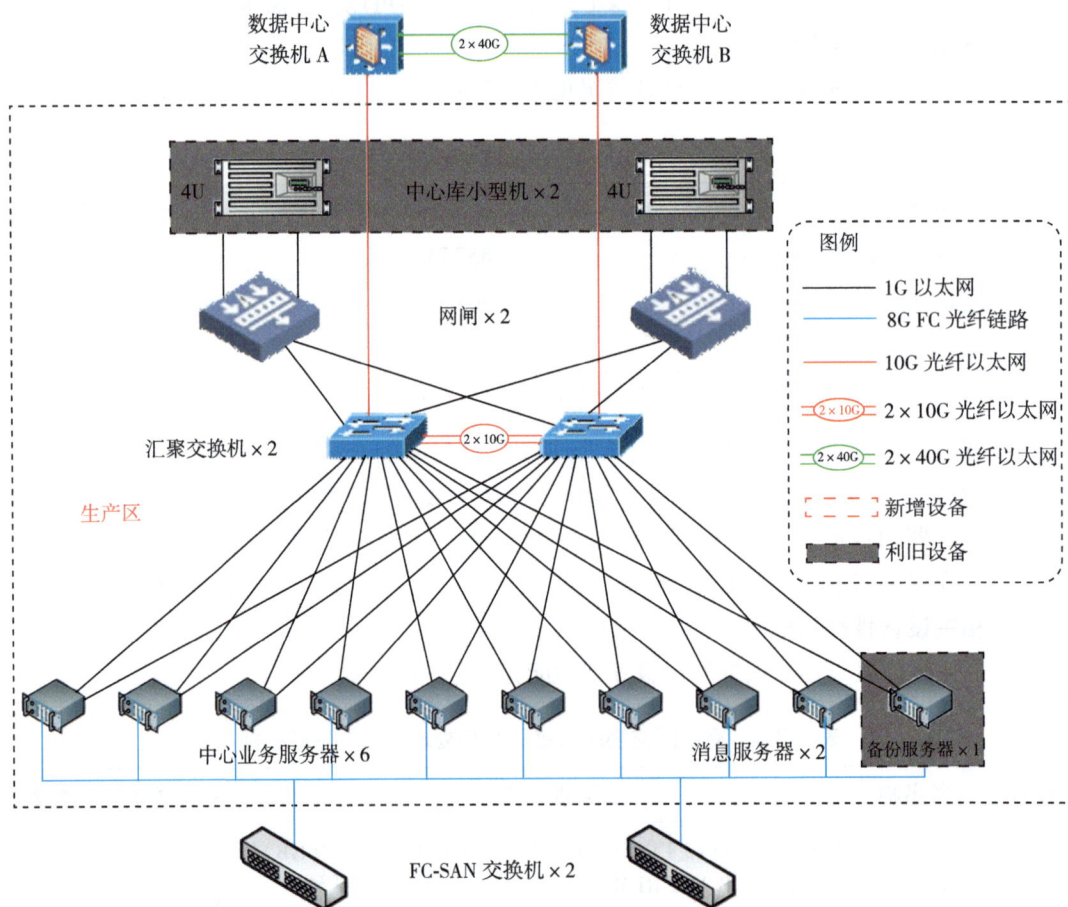

图 7-3-2 生产区系统拓扑结构

(二)设备选型

1. 中心业务服务器

生产区中心业务服务器能力估算情况如表 7-3-5 所示。

表 7-3-5 生产区中心业务服务器能力估算表

负载类型	生产区中心业务服务器能力估算	单位
请求响应能力	857.73	个 /s
会话处理能力	403.36	Jops
实体交易能力	320.94	Jops

注:服务器处理能力按峰值负载不超过其性能的 70% 考虑。

中心业务服务器主要处理交易数据,使用 SPECjEnterprise 2010 推算方法计算,320.94/(0.043 2×1 900)=3.91。中心业务服务器处理 31 家省医保机构的交易需求,高峰时同时处理业务的医保机构占总数的 60%,即需要配置 6.06 [(31×3.91×60%)/12],合计配置 6 台 2 颗 6 核 1.9G CPU 以上配置 PC 服务器可以满足需求。

2. 消息服务器

生产区消息服务器能力估算情况如表 7-3-6 所示。

表 7-3-6 生产区消息服务器能力估算表

负载类型	生产区消息服务器能力估算	单位
请求响应能力	857.73	个 /s
会话处理能力	403.36	Jops
实体交易能力	320.94	Jops

注:服务器处理能力按峰值负载不超过其性能的 70% 考虑。

消息服务器主要处理交易数据,使用 SPECjEnterprise 2010 推算方法计算,320.94/(0.043 2×2 400)=3.10。消息服务器面对来自 6 台业务服务器的消息处理任务,即需要 1.55(6×3.10/12),合计配置 2 台 2 颗 6 核 1.9G CPU 以上配置 PC 服务器可以满足需求。

三、业务管理区部分

(一)概述及拓扑

为了满足业务管理区数据处理能力需求,业务管理区配置 2 台 2U 机架式 GIS 服务器,配置 2 台 2U 机架式应用服务器,利旧原有 2 台 2U 机架式应急服务器,为整个信息平台提供数据的深度挖掘分析和输出展示(图 7-3-3)。

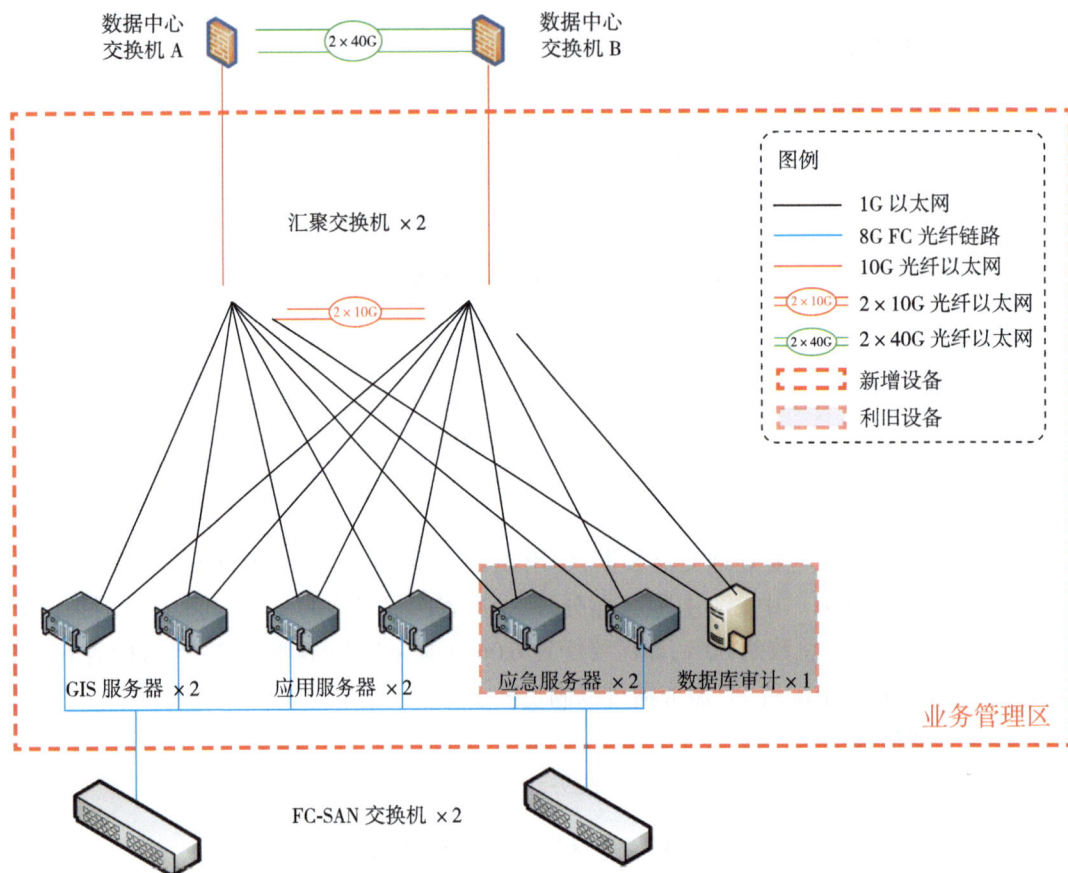

图 7-3-3　业务管理区系统拓扑结构

（二）设备选型

1. GIS 服务器

业务管理区 GIS 服务器能力估算情况如表 7-3-7 所示。

表 7-3-7　业务管理区 GIS 服务器能力估算表

负载类型	业务管理区 GIS 服务器能力估算	单位
请求响应能力	857.73	个/s
会话处理能力	403.36	Jops
实体交易能力	320.94	Jops

注：服务器处理能力按峰值负载不超过其性能的 70% 考虑。

使用 SPECjEnterprise 2010 推算方法计算，403.36/（0.043 2×1 900）=4.91。即需要 0.41（3.82/12）。部署时 GIS 服务器主要面对决策支持的处理要求，按照两台组成热备集群，避免单机出现单点故障导致服务失效。配置 2 台 2 颗 6 核 1.9G CPU 以上配置 PC 服务器可以满足需求。

2.应用服务器

业务管理区应用服务器能力估算情况见表 7-3-8。

表 7-3-8 业务管理区应用服务器能力估算表

负载类型	业务管理区应用服务器能力估算	单位
请求响应能力	857.73	个 /s
会话处理能力	403.36	Jops
实体交易能力	320.94	Jops

注:服务器处理能力按峰值负载不超过其性能的 70% 考虑。

使用 SPECjEnterprise 2010 推算方法计算,403.36/(0.043 2×1 900)=4.91。即,需要 0.41 (3.82/12)。BI 可视化展示服务器也需要单独的服务器进行部署,按一台进行配置。按照两台组成互备集群,避免单机出现单点故障导致服务失效。配置 2 台 2 颗 6 核 1.9G CPU 以上配置 PC 服务器可以满足业务管理和 BI 可视化展示部署需求。

四、运维开发设计区部分

概述及拓扑

因为运维开发测试区服务器主要使用虚拟化方式满足运维、开发和测试需要。由于新农合业务上线后不能随意变动生产环境程序,需要在开发环境和测试环境仿照生产环境模拟,但压力并不大。利用虚拟化技术实现云平台是非常符合运维开发测试区应用要求的。部署两台 4CPU、256GB 内存的物理服务器,组成最小虚拟化支撑环境,搭载虚拟化软件,为运维开发测试区提供最多 480 个虚拟化服务器(每核最多虚拟 10vcpu),确保运维开发测试需要。运维开发测试区系统拓扑结构见图 7-3-4。

五、发布区部分

(一)概述及拓扑

为了满足发布区信息发布需求,在本区配置 2 台 2U 机架式门户服务器,利旧原有的 2U 机架式应急服务器 1 台,为整个信息平台提供 WEB 信息发布(图 7-3-5)。

(二)设备选型

1.门户服务器

发布区门户服务器能力估算情况如表 7-3-9 所示。

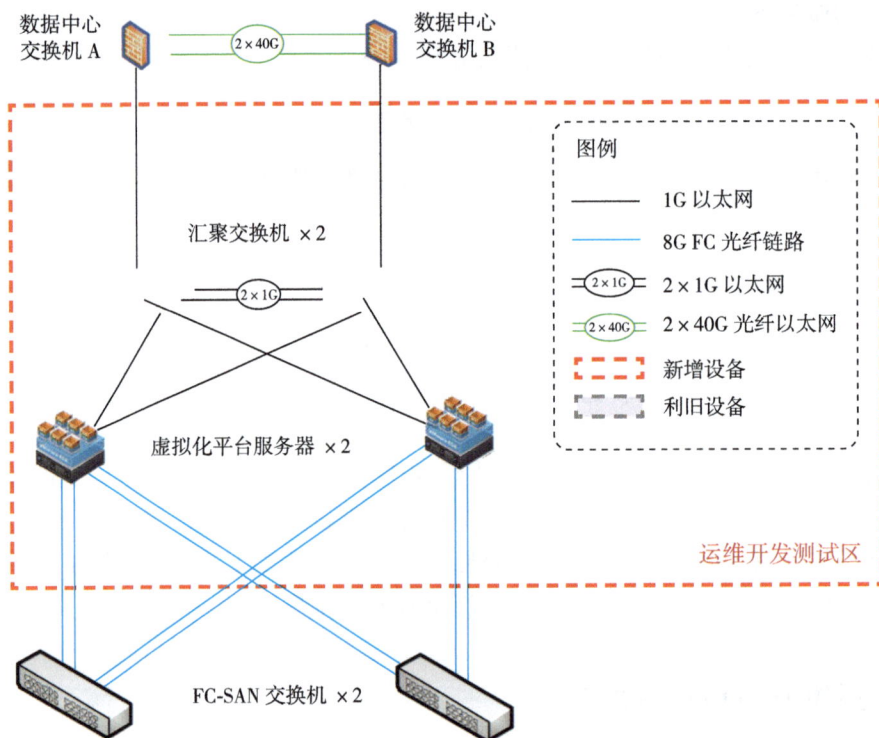

图 7-3-4 运维开发测试区系统拓扑结构

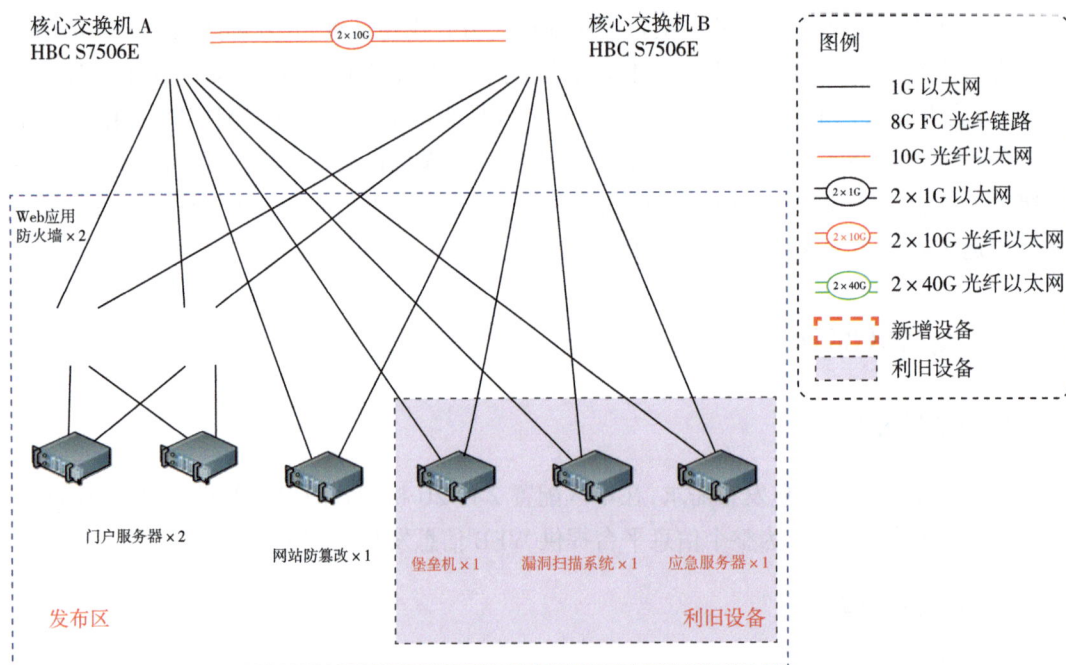

图 7-3-5 发布区系统拓扑结构

表 7-3-9　发布区门户服务器能力估算表

负载类型	发布区门户服务器能力估算	单位
请求响应能力	857.73	个 /s
会话处理能力	403.36	Jops
实体交易能力	320.94	Jops

注：服务器处理能力按峰值负载不超过其性能的 70% 考虑。

使用 SPECjEnterprise 2010 推算方法计算，403.36/（0.043 2×1 900）=4.91。即需要 0.41（4.91/12）。部署时门户服务器面向 1 000 所三甲医院和 31 家省医保机构以及新农合参保人员提供服务，按照两台组成热备集群，避免单机出现单点故障导致服务失效。配置 2 台 2 颗 6 核 1.9G CPU 以上配置 PC 服务器可以满足需求。

2. 相关设备性能指标

发布区门户服务器性能如表 7-3-10 所示。

表 7-3-10　发布区门户服务器性能指标

序号	设备名称	主要性能指标	服务器类型	数量
1	门户服务器	2 颗 E5-2609 v3 1.9GHz 6C/ 内 存：32GB 内存（2×16GB）/ 硬盘：300GB 10K RPM 6Gbps SAS 2.5 英寸热插拔硬盘 ×4/ 网卡：双口万兆网卡 / 双 8G HBA 卡 /DVD-ROM 光驱 /Linux 操作系统 / 电源冗余 /3 年 7×24 小时原厂服务	X86 服务器	2

六、安全管理区部分

为了满足等保三级需要，本次购置大量安全管理软件。由于已经有一定数量的服务器，本次安全管理软件全部部署在已有服务器上，安全管理区服务器全部利旧，本项目不再进行重新购置。安全管理区系统拓扑结构见图 7-3-6。

七、DMZ 区部分

为了满足 DMZ 区对外提供服务需求，建设 DMZ 区公告服务器，用于通过互联网对公众发布新农合医疗政策、新闻、消息等服务，由于数据中心已有服务器能够满足 DMZ 区数据处理要求，因此 DMZ 区服务进行利旧，本项目不再进行重新购置。DMZ 区系统拓扑结构见图 7-3-7。

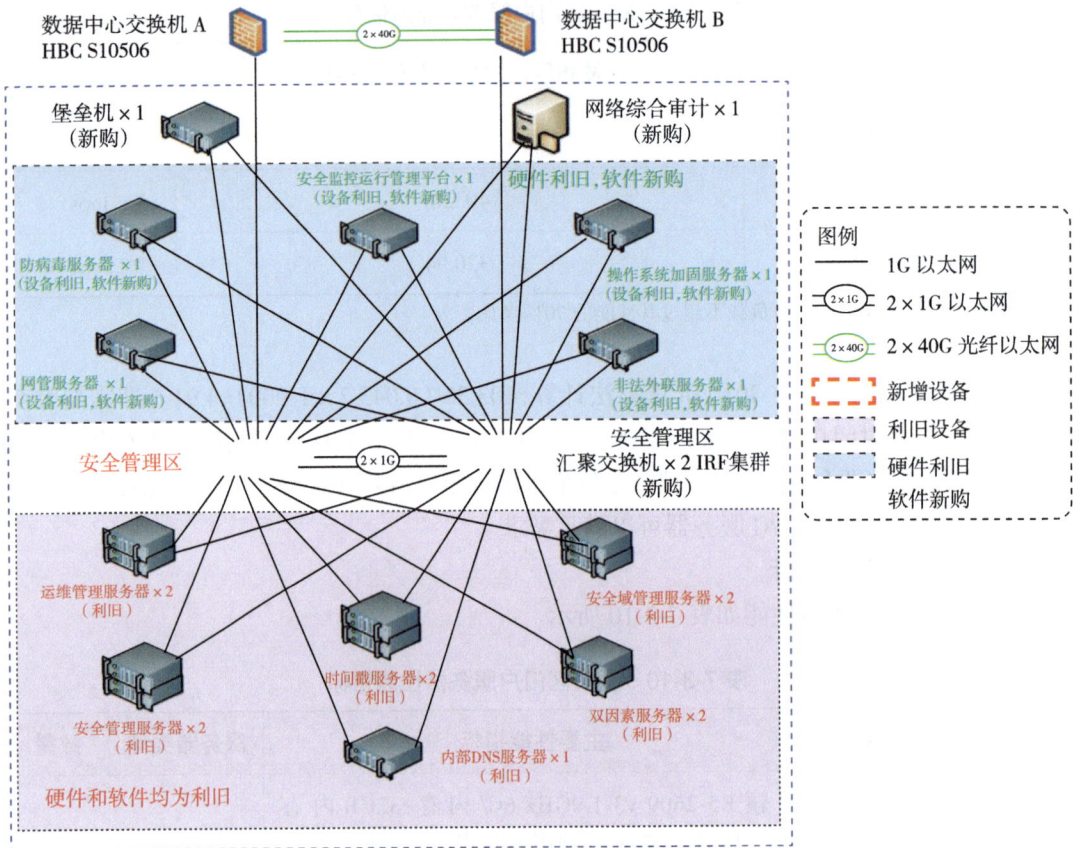

图 7-3-6　安全管理区系统拓扑结构

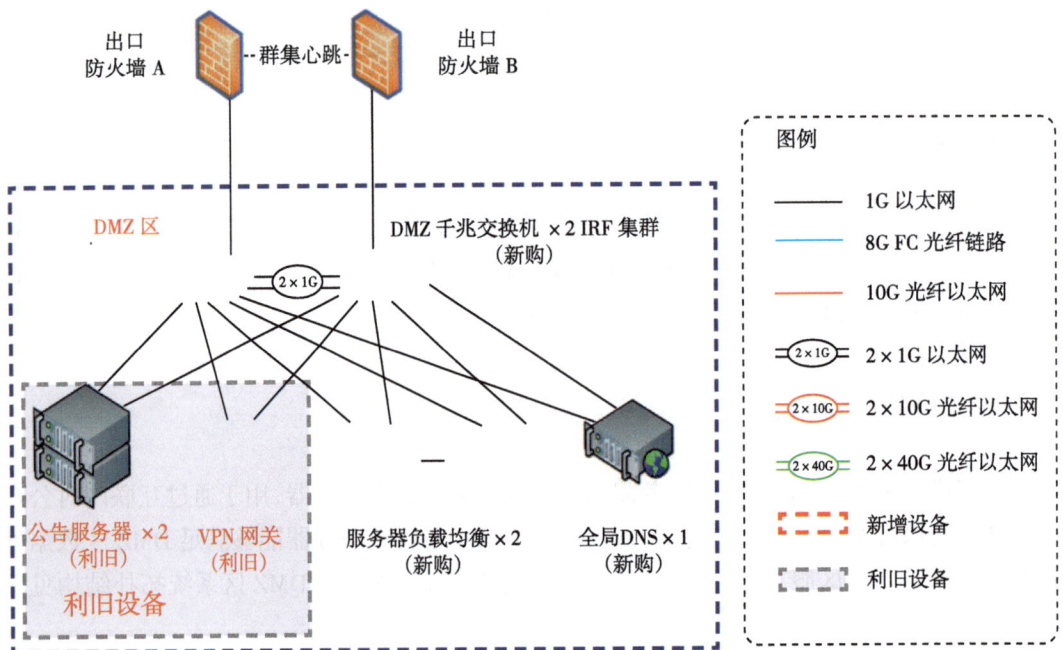

图 7-3-7　DMZ 区系统拓扑结构

第四节 存储部分

一、概述

根据需求分析,在本项目中,需要设计一套数据集中存储平台系统,供业务系统使用。因为存储建设与主机、网络是密不可分的,所以在存储架构规划中,需要分主机层、网络层和存储层来设计。

(一)主机层

主机层主要进行信息处理和数据库运行,为了提高数据库的性能和不间断运行,采用在集群环境下实现多机共享数据库,以保证应用的高可用性。同时可以自动实现并行处理及均分负载,还能实现数据库在故障时的容错和无断点恢复。

集群为大多数关键业务要求的数据库环境提供了极高的性能和完善的纠错功能。允许集群系统或大型并行系统中的多个节点共享同一物理数据库,可以自动进行负载平衡、故障修复和规划停机时间,以支持高可用性应用程序;还提高了大型数据仓库和决策支持系统的性能;通过与并行查询选件结合,还提供了节点间的并行性和节点内的并行性,以得到更高的性能。

(二)网络层

SAN 网络中网络层是非常关键的一个部分,它负责将主机和存储系统连接在一起,并且提供一个高灵活性、高扩展性的环境,以适应业务系统不断发展带来的主机和存储系统的扩展。

在 SAN 网络设计中,采用冗余的网络设计,为主机和存储系统提供冗余的连接路径。

(三)存储层

存储层或者说整个 SAN 网络存储系统的核心设备是磁盘阵列,在数据中心的集中存储系统中要求磁盘存储系统为可以保证高数据可用性的系统,整个系统应没有任何单点故障,采用全冗余的结构设计:双独立供电接口与内部 N+1 电源模块,冗余散热风扇,磁盘阵列(redundant arrays of independent disks,RAID)技术保护方式,全局动态热备份盘包,caché 镜像保护设计,支持镜像写缓存技术,在两组独立 cache 内镜像写数据,保证系统高可靠性和实现 $7 \times 24 \times 365$ 天不停机运行要求。

高端存储内部结构采用高性能、无瓶颈的全光纤交换结构;控制链路、控制缓存与数据链路、数据缓存分立设计,前端主机通道、后端磁盘通道、数据缓存 caché 三部分通过 caché 交换机连接组成无阻塞的高速数据交换网络,提供输入和输出(input/output,I/O)数据交换的多路由和高速的数据交换;前端、后端、控制缓存组成了点到点的网络结构,用于传输 I/O 和 caché 的控制信息;同时该高端存储系统还应采用全局的数据检索技术和处理机制,保证数据 caché 中的数据高速检索和 caché 命中效率。该磁盘存储系统采用全光纤的交换体系结构,该设计可以保证系统极大的扩充能力。

(四)存储扩展

磁盘存储系统要具有良好的单机扩充能力和系统扩充能力。

二、架构设计

本次信息建设采用在线和离线两种 SAN 存储架构方式,其中在线存储采用磁盘阵列,其配置容量 140T,RAID 和热备开销后可用容量不低于 114.3T。离线存储配置的虚拟磁带库裸容量 56TB,可用数据备份容量 50TB。

为了实现新农合医疗跨省费用核查系统中小型机上的数据库服务使用新存储时出现稳定性和时效性,建设本地数据中心存储虚拟化设备 1 套,提供更快的数据响应速度和数据吞吐能力以及灵活的数据资源调配能力。实现新老存储的使用融合和关键业务数据(20TB,约 1 年的信息量)的存储虚拟化,见图 7-4-1。

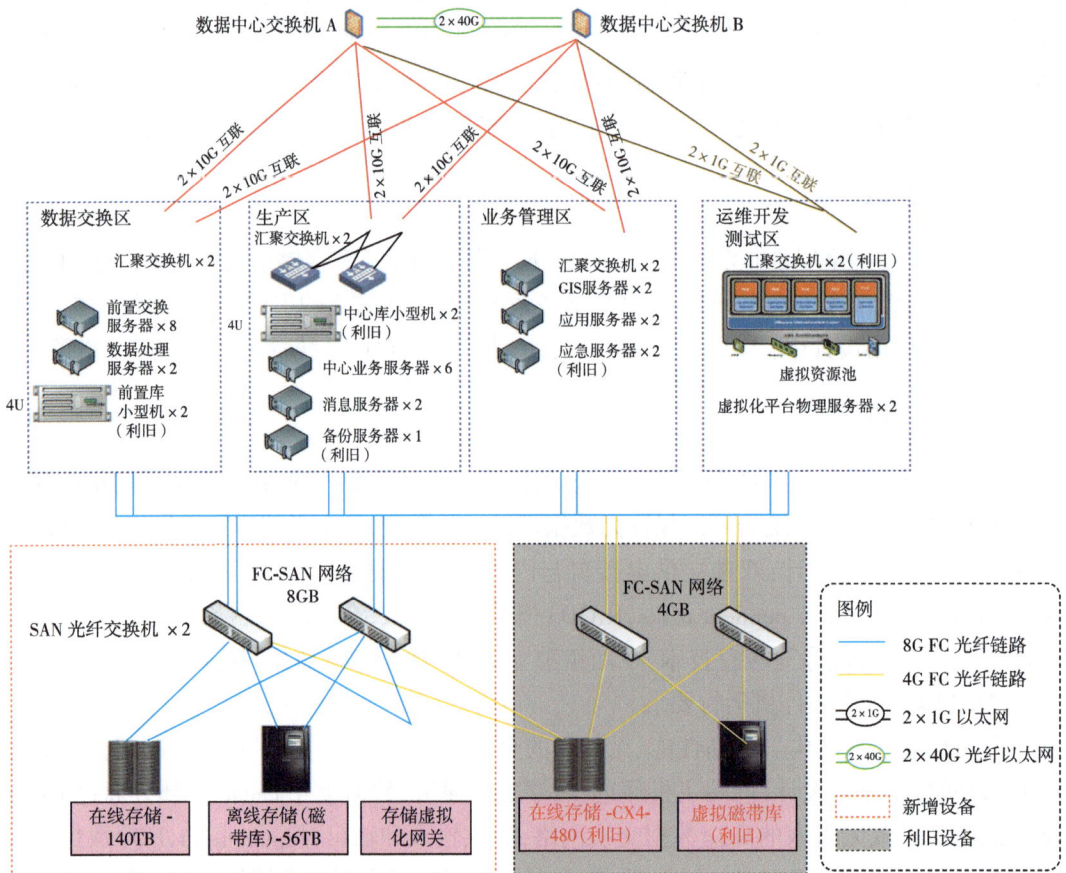

图 7-4-1 存储备份系统拓扑图

三、存储系统设备

本次存储建设设计采用在线存储和离线存储两种方式。

存储方案采用数据库和外部文件服务器相结合的方式,这样数据存储服务器就需要由文件服务器和数据库服务器共同组成,存储系统硬件需要在现有的存储设备基础上进行扩充。

根据现有业务量,全国新农合一年的业务量 =204.55 亿条补偿数据,这些数据包含了参合人员基本信息,门诊及住院补偿数据,是系统所管理的最主要的数据。假定每条数据项 1KB。

每年信息量:204.55 亿 × 1KB=19.05T。

5 年信息量:19.05T × 5=95.25T。

综合考虑项目需求,结合国家新农合数据中心未来的业务发展需要,在 5 年信息量估算的基础上,按照 1.2 的系数计算 5 年的总数据量为 95.25TB × 1.2=114.3TB。为保证 RAID 冗余需求(按照 RAID 组织及全局热备盘部署,一般采取系数为 1.2～1.3),本次新购置磁盘阵列存储裸容量为 140TB,用于满足新农合跨省就医结算与监管信息系统 5 年的数据存储需要。通过部署本地存储虚拟化设备,实现新老存储的使用融合和关键业务数据(20TB,约一年的信息量)的存储虚拟化,避免小型机上的数据库服务在使用新存储时出现稳定性和持续性问题。

离线存储由新购置的虚拟带库(可用容量 50TB、裸容量 56TB)实现。由原有的备份软件定期将关键业务数据从服务器上(含文件和数据库数据)自动备份到虚拟带库上。本项目的异地灾备将基于全民健康保障信息化工程的容灾中心来实现。

原 SAN 环境光纤交换机仅仅是 4G 接口,不能满足新系统建 8G 的连接需求,本次需要更换 2 台 8G 的光纤交换机,以满足本项目的业务数据高速存储需求。

四、相关产品性能指标

(一)SAN 交换机设备

设备参数和性能:设备配置 48 端口交换机,24 端口激活,单电源(固定),含 24 个 8Gb 短波 SFP,含 Web tools、Zoning、级联软件授权,3 年原厂 7×24 小时服务。

设备功能描述:为数据交换区、生产区、业务管理区、运维开发测试区及数据存储备份区中的磁盘阵列、存储虚拟化网关、虚拟磁带库设备提供 8GB 48 端口扩展的 FC-SAN 存储区域网络环境。为保障数据安全及整体系统平台业务连续性配置为 FC 多链路冗余模式。

(二)磁盘阵列设备

设备参数和性能:设备配置双控制器,配置 140TB 容量,配置 32GB cache,配置 8 个 8GB

FC 主机端口,配置存储管理软件。3 年原厂质量保证。

设备功能描述:为数据交换区、生产区、业务管理区、运维开发测试区提供 8GB FC 存储网络数据存储系统平台。为保障集中存储的数据安全采用双控制器多扩展柜管理方式。结合存储自有的存储管理软件提供高效数据安全管理。

(三)存储虚拟化设备

设备参数和性能:设备配置双控制器,20TB 容量授权;所有前后端端口为 8Gbps 速率;前后端端口数量为 8 个;是一款内容存储虚拟化产品。

设备功能描述:为了解决新系统与利旧设备的数据交换、整体存储系统的性能及业务连续性需求通过部署本地存储虚拟化设备,实现新老存储的使用融合和关键业务数据的存储虚拟化,避免小型机上的数据库服务在使用新存储时出现稳定性和业务持续性问题。存储虚拟化设备配置双控制器引擎提供 8GB 前后端共 8 个 8Gbps 速率端口。

(四)存储磁带库设备

设备参数和性能:设备配置基于高性能硬件架构的虚拟磁带库控制引擎,可用容量为 56TB,提供基于硬件加速的数据压缩功能及冗余数据删除,控制器为标准 3U 机架式,4×8Gb FC 端口,2×GbE iSCSI 端口,含虚拟磁带库管理软件。3 年原厂服务。

设备功能描述:基于平台数据安全和业务连续性需求采用虚拟磁带库设备,提供基于硬件加速的数据压缩功能及冗余数据删除。能够高效业务备份恢复同时减少备份链路的负载开销。

第八章

系统安全建设

新农合跨省就医结算与监管系统按照信息系统等级保护三级的要求进行建设,并通过了国家信息安全等级保护三级认证(简称"三级等保")测评。整个系统安全保障体系建设严格遵循国家等级保护有关规定和标准规范要求,坚持管理和技术并重的原则,将技术措施和管理措施有机结合,建立信息系统综合防护体系,搭建科学完善的安全技术架构、安全管理架构、安全运维架构,并做好安全风险评估,提高信息系统整体安全保护能力。

第一节 安全定级与备案

《中华人民共和国网络安全法》于 2017 年 6 月 1 日正式施行,这是我国第一部全面规范网络空间安全管理方面问题的基础性法律,其中第二十一条明确提出:"国家实行网络安全等级保护制度。网络运营者应当按照网络安全等级保护制度的要求,履行下列安全保护义务,保障网络免受干扰、破坏或者未经授权的访问,防止网络数据泄露或者被窃取、篡改。"依据国家网络安全法律法规及卫生行业信息标准,结合新农合跨省就医结算业务安全防护需要,针对日趋复杂和严重的网络安全形势,基于"同步规划、同步建设、同步运行"原则,需建立健全网络安全防护体系,确保新农合跨省就医结算与监管信息系统能够安全稳定运行。

一、系统关键业务分析

《"十二五"国家政务信息化工程建设规划》提出建设全民健康保障信息化工程,该工程的建设目标是实现相关政务部门的信息共享和业务协同,提高突发公共卫生事件应对能力、重大疾病防控能力、卫生监督和公众健康保障能力,以及基层医疗卫生服务能力。提升医疗卫生事业行政监督管理水平。提高远程医疗服务能力,促进医疗卫生公共服务均等化,满足人民群众多层次多样化医疗卫生需求。

全民健康保障信息化工程的建设内容按照深化医药卫生体制改革的要求,紧紧围绕《"十二五"国家政务信息化工程建设规划》和原国家卫生计生委、国家中医药局《关于加快推进人口健康信息化建设的指导意见》建设内容,按照"以人为本、三医联动、中西医并举、多部门共享协同"的要求,从中西医协同的公共卫生管理、综合业务管理和绩效考核、医疗健康公共服务、基本药物制度运行监测评价和综合管理五大领域,在国家层面(即中央投资部分)共规划七大信息系统,包含36个业务应用。

全民健康保障信息化工程新农合分信息系统包括新农合跨省费用核查和新农合异地结算两部分关键业务。

(1)新农合跨省费用核查业务:建立新农合跨省费用核查,实现对跨省就医人员报销明细的核实检查,全面提升跨省就医人员就医数据的准确性,加强对跨省就医补偿基金的"跑冒滴漏"的监管。

(2)新农合异地结算业务:建立新农合异地结算系统,解决了因病需异地就医人群和外出农民工异地就医人群即时获取报销的问题,同时解决了异地结报后新农合经办机构对垫付资金的医疗机构的拨付问题。异地就医人群能够快速获取补偿,减轻了就医负担。

二、系统安全等级确定

(一)安全等级概述

根据等级保护对象在国家安全、经济建设、社会生活中的重要程度,以及一旦遭到破坏、丧失功能或者数据被篡改、泄露、丢失、损毁后,对国家安全、社会秩序、公共利益,以及公民、法人和其他组织的合法权益的侵害程度等因素,等级保护对象的安全保护等级分为以下五级,见表8-1-1和表8-1-2。

第一级,等级保护对象受到破坏后,会对相关公民、法人和其他组织的合法权益造成一般损害,但不危害国家安全、社会秩序和公共利益。

第二级,等级保护对象受到破坏后,会对相关公民、法人和其他组织的合法权益产生严重损害或者特别严重损害,或者对社会秩序和公共利益造成危害,但不危害国家安全。

第三级,等级保护对象受到破坏后,或者对社会秩序和公共利益造成严重危害,或者对国家安全造成危害。

表 8-1-1 业务信息安全等级矩阵表

业务信息安全被破坏时所侵害的客体	对相应客体的侵害程度		
	一般损害	严重损害	特别严重损害
公民、法人和其他组织的合法权益	第一级	第二级	第三级
社会秩序、公共利益	第二级	第三级	第四级
国家安全	第三级	第四级	第五级

表 8-1-2　系统服务安全等级矩阵表

系统服务安全被破坏时所侵害的客体	对相应客体的侵害程度		
	一般损害	严重损害	特别严重损害
公民、法人和其他组织的合法权益	第一级	第二级	第三级
社会秩序、公共利益	第二级	第三级	第四级
国家安全	第三级	第四级	第五级

第四级,等级保护对象受到破坏后,会对社会秩序和公共利益造成特别严重损害,或者对国家安全造成严重危害。

第五级,等级保护对象受到破坏后,会对国家安全造成特别严重危害。

(二)安全定级流程

定级对象的安全主要包括业务信息安全和系统服务安全,与之相关的受侵害客体和对客体的侵害程度可能不同,因此,安全保护等级也由业务信息安全和系统服务安全两方面确定。从业务信息安全角度反映的定级对象安全保护等级称为业务信息安全保护等级;从系统服务安全角度反映的定级对象安全保护等级称为系统服务安全保护等级。确定信息系统安全保护等级的流程如下(图 8-1-1)。

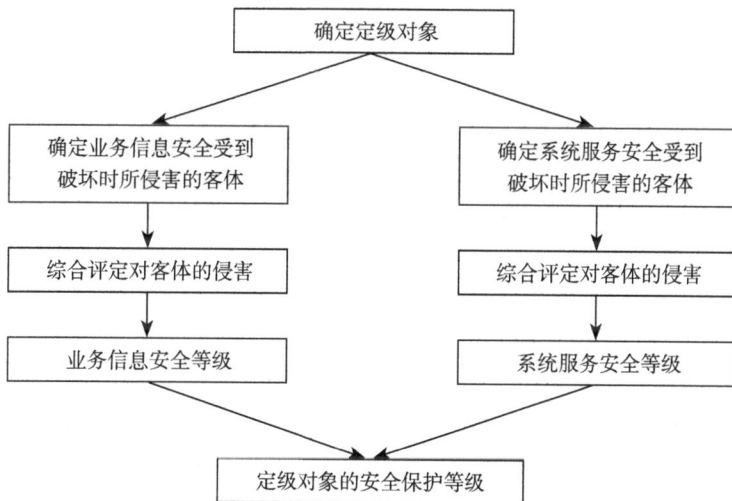

图 8-1-1　安全定级流程

(1)确定作为定级对象的信息系统。

(2)确定业务信息安全受到破坏时所侵害的客体。

(3)根据不同的受侵害客体,从多个方面综合评定业务信息安全被破坏对客体的侵害程度。

(4)确定系统服务安全受到破坏时所侵害的客体。

（5）根据不同的受侵害客体,从多个方面综合评定系统服务安全被破坏对客体的侵害程度。

（6）根据系统服务安全等级矩阵表得到系统服务安全等级。

（7）由业务信息安全等级和系统服务安全等级的较高者确定定级对象的安全保护等级。

(三)系统安全定级

新农合跨省就医结算与监管信息系统运行将会产生、传输和储存大量信息,部分信息相对敏感,直接关乎国家安全、社会稳定。当系统受到破坏时,对信息安全的危害方式表现为对其业务信息安全的破坏和对系统服务安全的破坏。

2017年,国家安全生产监督管理总局通信信息中心依据 GB/T 22239—2008《信息安全技术 信息系统安全等级保护基本要求》、GB/T 28448—2012《信息安全技术 信息系统安全等级保护测评要求》等标准要求对新农合跨省就医结算与监管信息系统实施了等级测评,测评范围包括技术上的物理安全、网络安全、主机系统安全、应用安全和数据安全 5 个层面和管理上的安全管理机构、安全管理制度、人员安全管理、系统建设管理和系统运维管理等 5 个层面。通过人员访谈、现场核查、文档查看、配置核查、工具测试等方式对新农合跨省就医结算与监管信息系统进行了检测,基本符合 GB/T 22239—2008《信息安全技术 信息系统安全等级保护基本要求》三级(S3A3G3)要求,该信息系统总体安全保护状况良好,见表8-1-3。

表 8-1-3　系统安全保护等级确认表

信息系统名称	安全保护等级	业务信息安全等级	系统服务安全等级
新农合跨省就医结算与监管信息系统	第三级	第三级	第三级

第二节　安全防护总体规划

一、安全风险及需求分析

按照 GB/T 25058—2019《信息安全技术 网络安全等级保护实施指南》工作流程,总体安全规划需根据新农合系统的划分情况、定级情况、承载业务情况,明确信息系统安全风险和需求,设计合理的、满足等级保护要求的总体安全方案。

(一)安全风险分析

新农合跨省就医结算与监管信息系统安全风险主要涉及 3 方面内容:①信息安全风险。系统相关资产、威胁、脆弱性和安全措施等基本要素,考虑业务目标、资产价值、安全需求、安全事件等要素相关的属性。②新技术应用风险。远程移动办公、虚拟化、新型攻击等安全威胁,需要针对新的安全威胁明确新的安全防护要求。③系统运营风险。日常安全运营中存在的安全隐患和风险,例如高级威胁和未知病毒等安全挑战。

(二)安全需求分析

新农合跨省就医结算与监管信息系统承载着新农合跨省费用核查业务应用、新农合异地结算业务应用等关键业务,并传输和存储着大量的敏感信息,面对来自系统内外部的各种安全威胁,以及新技术、新安全形势的发展,需要从多层级、多维度建设整体的、符合三级等保要求的安全防御体系。具体需求包含以下几点。

(1)物理和环境安全需求:须考虑机房选址、机房建设、设备设施的防盗、防破坏、防火、防水、电力供应、电磁防护等。因此,数据中心机房建设需满足三级等保相关标准要求。

(2)通信网络安全需求:网络整体架构和传输线路的可靠性、稳定性和保密性是业务系统安全的基础,须考虑网络架构安全、通信完整性与保密性等内容。

(3)区域边界安全需求:须考虑边界隔离与访问控制、防入侵和防病毒、网络安全审计等内容,及时发现处置异常行为。

(4)计算环境安全需求:须考虑对主机和应用系统用户进行身份鉴别和访问控制、安全审计、对主机和各类终端的入侵防范和恶意代码防护、数据保密性和完整性、数据备份与恢复、剩余信息和个人信息保护。

二、总体安全策略设计

(一)遵循网络安全相关法律法规的指导

如《中华人民共和国国家安全法》《中华人民共和国网络安全法》《中华人民共和国密码法》《中华人民共和国保守国家秘密法》《中华人民共和国电子签名法》等;参照等级保护标准规范的要求,如 GB/T 22240—2008《信息安全技术 信息系统安全保护等级保护定级指南》(已被 GB/T 22240—2020《信息安全技术 网络安全等级保护定级指南》代替)、GB/T 25058—2010《信息安全技术 信息系统安全等级保护实施指南》(已被 GB/T 25058—2019《信息安全技术 网络安全等级保护实施指南》代替)、GB/T 25070—2010《信息安全技术 信息系统等级保护安全设计技术要求》(已被 GB/T 25070—2019《信息安全技术 网络安全等级保护安全设计技术要求》代替)、GB/T 22239—2008《信息安全技术 信息系统安全等级保护基本要求》(已被 GB/T 22239—2019《信息安全技术 网络安全等级保护基本要求》代替)等。

(二)安全技术方面

参照《信息安全技术 网络安全等级保护基本要求》第三级要求,实施强制性的安全保护,使数据信息免遭非授权的泄露和破坏,保证较高安全的系统服务。结合成熟可靠的安全技术及安全产品,构建覆盖物理环境、通信网络、区域边界、计算环境和安全管理中心 5 个方面的安全技术体系;通过安全管理中心,在统一安全策略下对系统安全事件集中审计、集中监控和数据分析,并作出响应和处理,从而构建较为全面的动态安全技术体系。

(三)安全管理方面

参照《信息安全技术 网络安全等级保护基本要求》第三级要求,建立完整的信息系统安全管理体系,形成符合等级保护基本要求的安全管理制度,对安全管理过程进行规范化的定义。根据实际安全需求,成立安全管理机构,配备专职的安全管理人员,落实各级领导及相关人员的责任,落实等级保护监督检查的管理要求。

(四)安全运营方面

参照《信息安全技术 网络安全等级保护基本要求》第三级要求,提升安全防护能力,强化风险应对(监测、预警、防护、处置、溯源等)能力。建立规范的信息化安全运维体系,以安全视角规范信息系统安全运营的整个过程,形成安全业务标准和流程,实行分级保障,加强安全运营的可持续性建设。

三、安全防护体系规划

新农合跨省就医结算与监管信息系统安全防护体系以"一个中心、三重防护"为核心指导思想,构建集防护、检测、响应、恢复于一体的安全保障体系。"一个中心"指构建高效的安全管理中心,实现针对系统、设备、策略、信息安全事件、操作流程等的统一管理;"三重防护"指构建安全区域边界、安全计算环境、安全通信网络三位一体的安全技术防御体系。在此基础上,形成涵盖安全技术框架、安全管理框架、安全运营框架的安全防御体系,三个体系相互融合、相互补充。其中,安全技术体系是纵深防御体系的具体实现,安全管理体系是策略方针和指导思想,安全运维体系是安全防护的支撑和保障(图 8-2-1、图 8-2-2)。

(一)安全技术架构

安全技术架构主要涵盖"一个中心、三重防护",即安全管理中心、通信网络安全、区域边界安全、计算环境安全。通过将新农合系统安全需求、基本要求和技术要求相结合,提出完整的安全技术措施,形成新农合系统特定的安全技术框架。

一个中心:安全管理中心是安全技术框架的核心,集安全检测、安全防御、安全运维、安全响应中心的功能于一体。

三重防护:通信网络安全从保护网络数据传输安全、整体网络架构可靠和可用等方面保障新农合网络通信安全;区域边界安全从加强网络边界的访问控制粒度、网络边界行为审计以及网络边界完整性保护等方面,提升网络边界可控性;计算环境安全从系统、应用的身份鉴别、访问控制、安全审计、数据机密性和完整性保护、资源控制等方面,全面提升新农合系统及应用的安全。

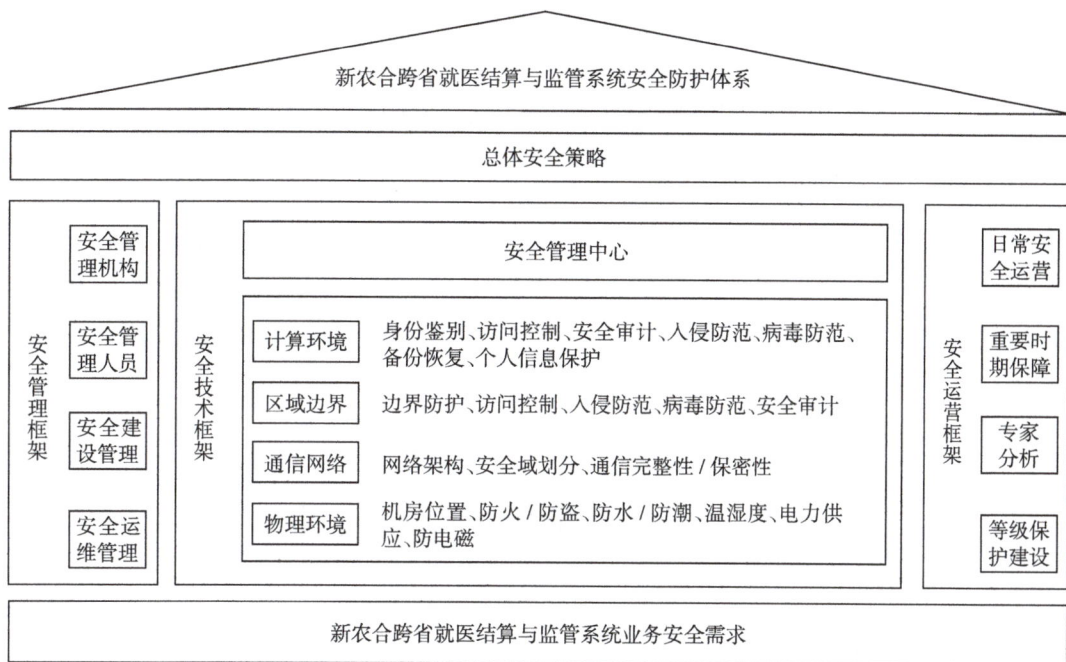

图 8-2-1　新农合跨省就医结算与监管信息系统安全防护体系

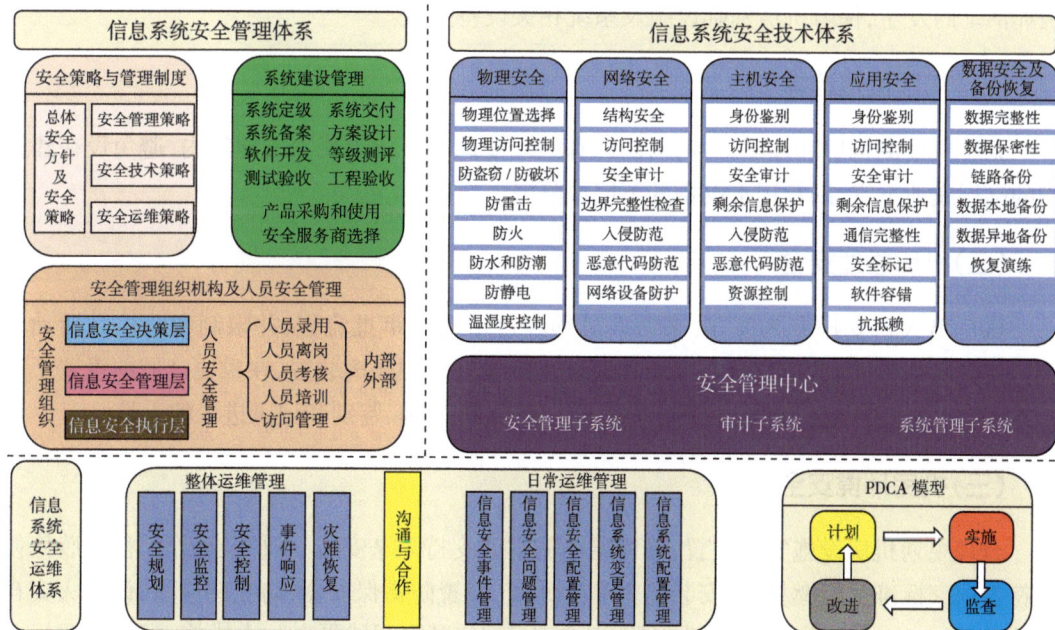

图 8-2-2　新农合跨省就医结算与监管信息系统总体安全框架

（二）安全管理架构

在安全管理方面，新农合系统需要达到"建立完整的信息系统安全管理体系，对安全管理过程进行规范化的定义，并对过程执行实施监督和检查。根据实际安全需求，建立安全管理机构,配备专职安全管理人员,落实各级领导及相关人员的责任。"在此基础上提出适合新形势下的新农合系统的管理模式和管理策略,既从全局高度考虑为信息系统制定安全管理策略,又从信息系统的实际需求出发,最后形成统一的整体安全管理框架。

(三)安全运营架构

由于安全技术和管理的复杂性、专业性和动态性,新农合系统安全的规划、设计、建设、运行维护均需要专业的安全服务和运维团队支撑。基础的安全运营服务包括系统日常维护、安全加固、应急响应、安全评估、安全培训和安全咨询等工作。系统上线后,还需要逐步完善安全运营体系,以确保系统的安全、稳定运行。

第三节 安全技术架构设计

一、安全物理环境

物理环境安全建设参照三级等保要求,以防止非法用户进入计算机控制室和各种偷窃、破坏活动的发生,保障机房基础设施及系统相关设备安全。

(一)物理位置选择

系统所处的机房和控制室选择在具有防震、防风和防雨等能力的建筑内,避免设在建筑物的高层或地下室,以及用水设备的下层或隔壁。

(二)机房管理安全

机房出入口安排专人值守,来访人员须经过申请和审批流程,并限制和监控其活动范围。对机房划分区域进行管理,区域和区域之间设置物理隔离装置,在重要区域前设置了交付或安装等过渡区域。重要区域配置电子门禁系统,控制、鉴别和记录进入的人员。

(三)机房环境安全

合理规划机房设施安装位置,预留足够的空间支持未来安装、维护及操作。机房装修使用符合国家标准的阻燃材料;安装防雷和接地线,设置防雷保安器,防止感应雷;设置火灾自动消防系统,自动检测火情、自动报警,并自动灭火;采取区域隔离防火措施;配备恒温恒湿空调系统;配置稳压器和过电压防护设备;建立备用供电系统,提供短期备用电力供应;设置冗余或并行的电力电缆线路为计算机系统供电;对关键设备和磁介质实施电磁屏蔽等。

(四)物理访问控制、防盗窃和防破坏

为了防止无关人员和不法分子非法接近新农合网络并使用其中的主机盗取信息、破坏

网络和主机系统、破坏网络中的数据的完整性和可用性,机房采用了区域监控、防盗报警系统,阻止非法用户的各种攻击行为。此外,制定严格的机房出入和环境监控制度,以保障区域监控系统和环境监控系统的有效运行。对介质进行分类标识,存储在介质库或档案室中。

二、安全通信网络

基于网络安全保障需求,参照三级等保要求对系统安全区域进行划分设计,实现内部办公、数据共享交换与外部接入区域之间的安全隔离,并对核心区域进行冗余建设,以保障关键业务系统的可用性和连续性。

(一)安全域划分原则

安全域指同一系统内根据信息属性、使用主体、安全目标和安全策略等因素来划分的不同逻辑子网或网络,每一个逻辑区域有相同的安全保护需求、相同的安全访问策略和边界控制策略。从系统业务角度和安全角度出发,网络安全域划分主要考虑了以下因素。

1. 业务功能保障

安全域划分的根本目标是保证安全的同时,保障业务的正常运行。同时,基于业务系统逻辑和应用的关联性,满足外部业务支撑,完善内部管理需求。

2. 适度安全要求

安全域划分时会面临部分业务紧密连接,但基于安全要求(信息密级要求、访问应用要求等)又要将其划分到不同安全域的矛盾。因此,需综合考虑业务隔离的难度和合并安全域的风险,选择合适的安全域划分方法。

3. 结构简化原则

安全域划分的目的和效果是将整个网络变得更加简单,简单的网络结构便于设计防护体系。因此,安全域划分并不是粒度越细越好,安全域数量过多、过杂可能导致安全域的管理过于复杂和困难。

4. 立体协防支撑

安全域的主要对象是网络,围绕安全域的防护需要考虑在各个层次上的立体防护,包括在物理链路、网络、主机、应用等层次。同时,在部署安全域防护体系时,要综合运用身份鉴别、访问控制、检测审计、链路冗余、内容检测等安全功能实现协防。

(二)安全域划分

根据系统网络安全需求并结合 GB/T 22239—2019《信息安全技术 网络安全等级保护基本技术要求》和 GB/T 25070—2019《信息安全技术 网络安全等级保护安全设计技术要求》中三级等保相关要求,按照分域保护思路进行,统一区域划分,统一安全域设计。系统网络按照需要保护的业务计算环境划分为 10 个安全域,其中与安全相关的设备、服务器分别部署在互联网控制区、政务网控制区、内网核心交换区(基础网络设施)、DMZ 区、发布区和安全管理区共 6 个区域。新农合跨省就医结算与监管信息系统安全域划分见图 8-3-1。

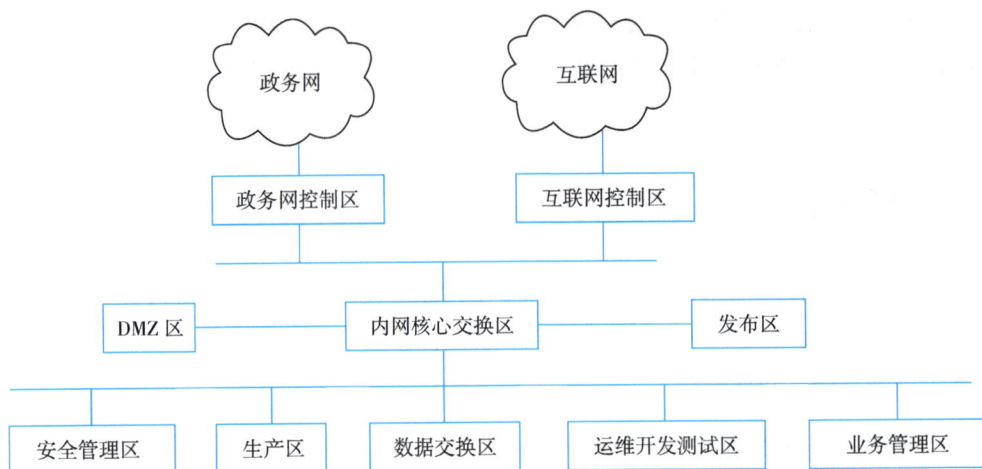

图 8-3-1　新农合跨省就医结算与监管信息系统安全域划分

1. 安全管理区

安全管理区提供所有内网设备软硬件的运行状态实时监控和管理功能,包含网络管理系统、防病毒系统、补丁升级系统、IDS 管理端、漏洞扫描系统等,与所有的区域都有通信,连接核心网络区。

2. 生产区

生产区将系统前置数据交换服务器获取的数据经过清洗、结构整理后,进入核心数据加工处理流程。该区域严格禁止访问外网和被外网访问;内网允许访问数据交换区、业务管理区、安全管理区服务器访问,允许发布区门户服务器抓取特定数据(只读),允许堡垒机作为管理入口进行管理操作。

3. 数据交换区

数据交换区支持各省市新农合平台前置机数据交换和本地数据预处理。该区域主机可访问范围为全国各省市新农合平台 VPN 设备链路 IP 地址和通过政务网接入的省级新农合平台对端前置机的 IP 地址,其他互联网 IP 禁止访问。

4. 运维开发测试区

运维开发测试区用于软件开发和系统测试,此区域主机允许访问互联网,允许发布作为测试用的软件平台,允许被外网访问特定的服务;允许访问内网数据交换区、生产区、发布区、DMZ 区服务器,允许被安全管理区服务器访问,允许堡垒机作为管理入口进行管理操作。

5. 业务管理区

对采集到的全国各地农村人口医疗数据做数据统计和趋势预测,提供给可视化平台输出展示。该区域服务器禁止访问外网和被外网访问;允许被发布区门户服务器抓取特定数据(只读),允许被安全管理区服务器访问,允许堡垒机作为管理入口进行管理操作。

6. DMZ 区

DMZ 区域提供对外服务器域名解析;各省市 VPN 接入;服务器负载均衡作为对外服务的接入点;对外发布新农合系统信息公告。该区域对外提供 DNS 解析服务、Web 服务、VPN 接入服务等。

7. 内网核心交换区

内网核心交换区负责内网数据流的高速转发;将发布区、DMZ 区与内网核心数据区域隔离;与出口防火墙异构的万兆防火墙为内网核心数据增加安全屏障,防止出口防火墙可能存在的未知缺陷导致安全隐患,进一步保障核心数据安全。

8. 发布区

发布区通过门户服务器对省市新农合机构、三甲医院及广大新农合参保人员提供服务。该区域服务器允许被服务器负载均衡调度访问,不直接对公网提供应用服务;堡垒机用于作为远程管理的安全入口,方便工作人员进行远程管理。

9. 政务网控制区

政务网控制区提供政务网链路接入,设置按源地址限制的访问安全策略和基础攻击防御策略。该区域设备允许被安全管理区服务器采集运行状态数据;允许堡垒机作为管理入口进行管理操作。

10. 互联网控制区

提供电信、联通双链路互联网接入,恶意入侵行为检测,配合防火墙联动主动阻断恶意流量,抵御 DDoS 攻击,出口网络流量负载均衡,按业务需要划分数据流优先级和保障带宽。

(三)安全域级别

新农合跨省就医结算与监管信息系统按照"纵深防御、集中管控、模块安全"的思路,分别对外部网络和内部网络两个大的安全区域进行控制,见图 8-3-2。

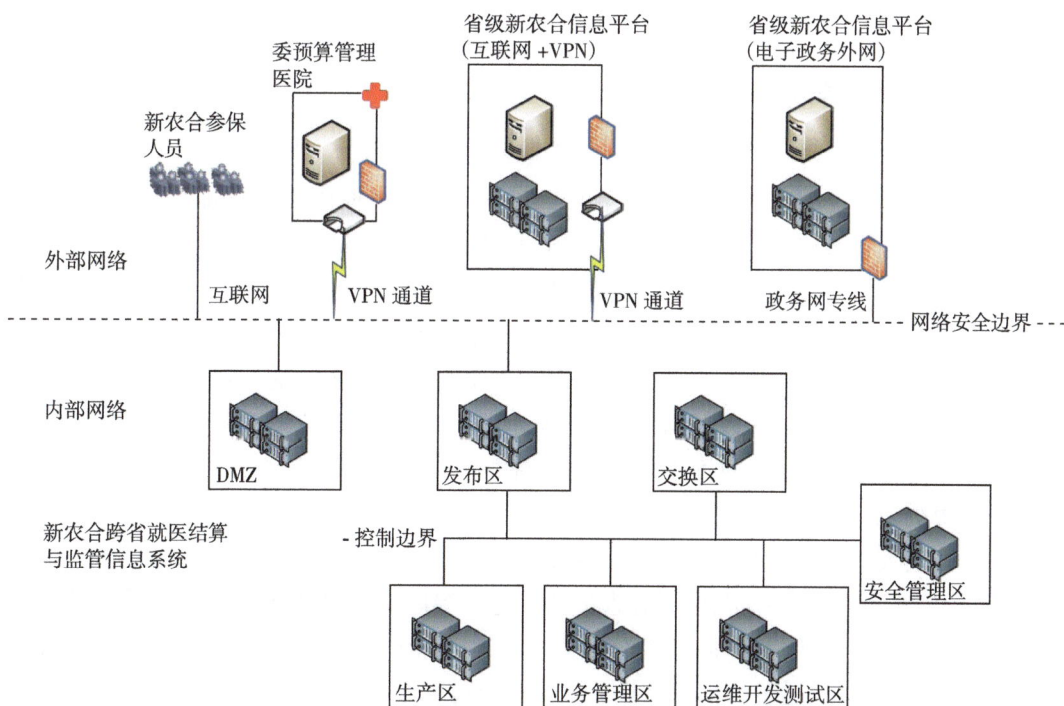

图 8-3-2　新农合跨省就医结算与监管信息系统安全架构

新农合跨省就医结算与监管信息系统外部网络用户分为三类:新农合参保人员(互联网用户)、委预算管理医院和基于互联网+VPN链接的省级新农合信息平台、基于电子政务外网链接的省级新农合信息平台。

新农合跨省就医结算与监管信息系统内部网络主要包括DMZ区、发布区、交换区、生产区、业务管理区、运维开发测试区和安全管理区,其中:①新农合参保人员(互联网用户)仅允许访问内部网络DMZ区域指定服务,用于获取国家政策以及面向互联网发布的通知公告等,安全级别最低。②委预算管理医院用户和基于互联网+VPN链接的省级新农合信息平台用户通过DMZ区域的VPN通道实现对内部网络发布区门户网站的访问权限,在经过身份认证后能够访问门户网站指定资源,安全级别稍高。③基于电子政务外网专线链接的省级新农合信息平台用户具有对内部网络发布区门户网站的访问权限,在经过身份认证后能够访问门户网站指定资源,安全级别稍高。交换区服务器可以通过VPN通道或电子政务外网专线与委预算管理医院和省级新农合信息平台的前置机实现数据交互。将数据从生产区传递到这些机构,或者从这些机构获取数据,放置到生产区中,安全级别稍高。④生产区对获取的数据按照业务逻辑进行处理和消息传递,确保相关信息被及时处理,安全级别高。⑤业务管理区对生成区的数据进行数据挖掘和决策分析以及可视化展示,安全级别高。⑥运维开发测试区用于满足业务系统的开发和测试需要。并根据运维需要实现对各个区域的运维记录,安全级别高。⑦安全管理区负责对整体网络的安全态势进行收集、监控、管理和响应,安全级别最高。

三、安全区域边界

(一)边界访问控制

1.边界防护

边界是网络安全的第一道防线,所有访问内部应用的数据均会通过网络边界进入内部网络,随着攻击手段的不断演进,边界所面临的安全风险越来越高。防火墙是新农合系统主要的边界访问控制设施,通过实施静态或动态访问控制功能,提高整个安全保障系统的动态反馈控制能力,并对关键业务数据实施分流,对应用层数据进行分析、过滤,提高数据保护能力,以应对当前网络威胁,满足安全有效性和防御实时性的切实需求。安全建设过程中,通过防火墙连接互联网和电子政务网,为新农合系统数据采集提供安全防护保障,配置万兆防火墙用于隔离对外发布区和数据中心区,并定期进行策略检查和优化。

2.边界隔离

系统涉及大量敏感的业务及个人信息,需要与各省级新农合平台进行频繁的业务数据交换,一旦与外网连接,将存在被恶意人员利用进行端口攻击、非授权访问等安全风险。为保障数据信息安全传递,实现强逻辑安全隔离,采用安全隔离与信息交换系统(网闸),保障内外网安全隔离,以及适量的信息交换。安全建设过程中,在内外网之间部署网闸系统,配合制订相应的数据信息交换策略,如交换方向、文件类型、内容文件通过限制等,对文件进行内容检查、病毒检查等,并定期进行文件交换。

(二)边界入侵防护

1.边界入侵防御

随着国家信息化的发展,网络攻击活动愈演愈烈,网络攻击造成的破坏性因信息化程度高度集中也越来越大。边界入侵防御系统能够从新农合网络中搜集网络行为信息,分析各种攻击特征,全面快速地识别如扫描、嗅探、后门、病毒、恶意代码、拒绝服务、分布式拒绝服务、可疑行为、非授权访问、主机异常和欺骗等网络攻击,并做好相应的防范。入侵监测系统可侦听、分析网络流量,及时发现网络中的入侵攻击行为,并发出报警,同时按照预定的响应规则对攻击事件作出响应。

2.高级威胁攻击检测

近年来,具备国家和组织背景的新型网络攻击日益增多,其中最为典型的为 APT 攻击,该攻击采用的攻击手法和技术为未知漏洞(0 day)、未知恶意代码等,依靠已知特征、已知行为模式进行监测的 IDS、IPS 无法预知 APT 攻击。通过在新农合网络核心交换机旁路部署具备 APT 检测功能的防火墙设备,对用户网络中的流量进行全量检测和记录,实现对新型网络攻击行为的发现、分析和追溯。

(三)边界完整性检测

1.网络安全准入

针对网络层的非授权连接行为管控可以通过网络安全准入系统进行控制,网络安全准入系统可实现系统安全管理和访问控制、相关终端安全合规检查、认证绑定管理等,通过监测发现和评估终端是否符合访问条件,明确哪些终端允许安全访问系统资源。

2.违规外联检测

终端的非法外联采用上网行为管理设备进行控制,上网行为管理设备通过在网络出口处进行安全策略配置,限制用户外联访问行为,如应用控制、内容审计和过滤、共享接入监控、日志审计等。

(四)边界恶意代码检测

随着科技进步,计算机病毒的产生速度、种类、危害程度发生巨大变化,借助互联网进行传播,威胁系统止常运行,因此,新农合网络边界处应能够及时检测出病毒,切断传播途径,采取积极主动的防病毒措施。下一代防火墙具有专业的防病毒(anti virus,AV)模块,能在互联网入口进行病毒的检测和清除。通过在互联网边界启用下一代防火墙的漏洞防护、防间谍软件、反病毒、统一资源定位器(uniform resource locator,URL)过滤等功能,基于本地安全引擎,拦截常见的漏洞入侵、间谍软件、病毒、木马、钓鱼网站等网络威胁,同时,为保障恶意代码防范的有效性,随时保持恶意代码库的升级和检测系统的更新。

(五)网络安全审计

随着网络安全威胁的多样化,传统信息安全以"防"为主的思路已经发生转变,在攻击防不胜防的情况下,持续监控、快速响应并追踪溯源成为新等级保护体系的主要思想,安全审计也变得尤为重要。新农合系统通过网络安全审计系统监视并记录网络中的各类操作,发现系统中的现有和潜在威胁,实时地综合分析出网络中发生的安全事件,包括各种外部事件和内部事件,对网络中的数据包进行分析、匹配、统计,通过特定的协议算法,从而实现入侵检测、信息还原等网络审计功能,根据记录生成详细的审计报表。网络行为监控和审计系统采用旁路技术,与其他网络安全设备进行联动,将各自的监控记录安全管理服务器,集中对网络异常、攻击和病毒进行分析和检测。

四、安全计算环境

(一)主机身份鉴别与访问控制

系统的主机环境涵盖了服务器、终端和网络设备操作系统、系统软件、应用系统、数据库等。这些设备和系统用户在登录时,须进行身份鉴别,并对系统访问进行最小化授权。主机身份鉴别采用专业的终端安全登录产品,并结合 CA 系统实现基于数字证书的双因素认证。针对主机访问控制的要求,进行以下安全配置。

(1)启用访问控制功能,依据安全策略控制用户对资源的访问。

(2)根据管理用户的角色分配权限,实现管理用户的权限分离,仅授予管理用户所需的最小权限。

(3)操作系统和数据库系统用户的权限分离。

(4)严格限制默认账户的访问权限,重命名系统默认账户,修改该账户的默认口令。

(5)对重要信息资源设置敏感标记。

(6)依据安全策略严格控制用户对有敏感标记重要信息资源的操作。

(二)终端安全防护

系统内部也面临着各种威胁,尤其是终端系统,面临着来自木马病毒的入侵、各种类型设备接入不同网络区域,不易管理、容易引发泄密等问题。对办公终端进行管理和监控,做到对终端接入进行控制并能够识别弱口令,对防病毒软件和系统补丁软件进行管理,并能够对系统进程、USB 接口操作、收发电子邮件行为进行监控。具体内容包含以下几点。

(1)终端恶意代码防范,通过集中管理端实现对病毒查杀策略、病毒库的统一升级管理。

(2)终端统一安全管控,基于安全策略进行全网中断的流量监控、非法外联监控、应用程序黑白名单控制、外设管控、桌面安全加固等。

(3)终端软件管理,通过策略配置和日志报表功能,掌握内网软件使用情况,及时发现异常。

（4）统一补丁升级和管理，对全网终端进行漏洞扫描，根据终端或漏洞进行分组管理。

（5）终端统一安全运维，实现全网终端硬件资产管理。

（6）终端综合审计，对终端用户的行为进行审计，并提供报表功能。

（三）主机脆弱性评估与检测

系统须规避软硬件开发设计导致的缺陷，即系统漏洞，这些漏洞可能是人为的，也可能是技术能力导致的，一旦这些漏洞被恶意利用，将会给系统带来巨大威胁。按照等级保护要求，新农合主机系统应定期进行漏洞评估并进行安全设置。通过部署漏洞扫描系统，对操作系统、网络设备、防火墙、远程服务等系统层漏洞进行渗透性测试，明确系统补丁更新情况、网络设备漏洞情况、远程服务端口开放情况等，并进行综合评估，在黑客发现系统漏洞前进行漏洞修复，预防黑客攻击事件的发生。

（四）虚拟机安全防护

虚拟化技术在传统架构上增加了新的虚拟化软件层，针对该层的攻击会直接对上层虚拟机和应用带来安全威胁。因此，须部署虚拟化安全管理平台，对新农合虚拟主机进行统一的安全防护，实现以下功能。

（1）恶意软件防护：防止虚拟机受病毒、间谍软件、木马和其他恶意软件的侵害，实现恶意代码特征库的自动更新。

（2）进程管控：支持白名单和黑名单，针对不同用户场景灵活配置管理规则。

（3）防火墙：对虚拟机进行微隔离，按照 IP 地址、端口、流量类型以及流量方向来配置防火墙规则。

（4）应用控制：对应用协议进行分类，自动更新应用解析规则库，不断增加新应用的支持。

（5）入侵防护：对已知漏洞进行修复，在虚拟机系统及应用不进行安全补丁升级的情况下，防御针对漏洞的攻击。

（6）DDoS 防护：对 TCP、UDP 和 ICMP Flood 攻击的防护，能针对每台虚拟机单独进行流量清洗。

（五）应用身份鉴别与访问控制

移动办公为新农合系统用户带来方便的同时，也带来诸如终端安全威胁、身份安全保障、用户权限管理、数据安全保护等亟待解决的问题。通过部署身份认证服务系统，实现对用户身份的统一管理和多种方式组合的强身份认证。身份认证服务系统与安全接入网关（SSL VPN）共同构建应用身份解决方案，实现多因素身份认证、口令传输安全加密、数据传输加密、访问控制等功能。

（六）Web 应用安全防护

Web 服务器端是 Web 安全防护的重要环节，由于服务器端的安全设置较为专业、复杂，一旦设置不合理,就使得 Web 服务器端容易成为恶意攻击入侵的对象。新农合平台安全防护主要采用 Web 应用防火墙,针对 Web 应用实现漏洞防护、攻击防护、网页代码检查、访问加速、挂马检测、网页防篡改等功能,以防范来自互联网的威胁,保障网站安全、稳定、高性能地运行。

(七)应用开发安全与审计

系统应用开发过程中,同步设计和开发安全功能,按照等级保护要求,应用系统需要具备身份鉴别、访问控制、安全审计、入侵防范、数据完整性、数据保密性、剩余信息保护、个人信息保护等安全措施。同时,要求第三方软件开发商具备相应开发资质,采用安全开发过程管理,采用代码安全检测与审计,并要求开发厂商提供系统源代码。

(八)数据加密与保护

数据是系统的核心资产,也是攻击者的最终目标,在数据产生、处理、流转、存储等生命周期中各个环节都面临着巨大的安全风险,须对数据安全风险进行分析,采取有效措施保护数据安全。针对数据完整性和保密性需求,在数据和文档的生命周期过程中对其进行安全相关防护,采用相关的数据防护措施。

(1)加强数据分级分类管理:对关键敏感数据设置标记,对重要数据进行相应的认证。

(2)加强数据授权管理:对文件系统访问权限进行限制,对网络共享文件夹进行必要认证和授权。

(3)数据和文档加密:对网络设备、操作系统、数据库系统和应用程序的鉴别信息、敏感的系统管理数据和用户数据采用加密或其他有效措施实现传输和存储保密性。

(4)加强数据和文件日志的审计管理:使用审计策略对文件夹、数据和文档进行审计,通过日志发现系统可能面临的非法访问,采取相应的措施,降低安全隐患。

(5)通信保密:通信信道符合相关国家规定,密码算法和密钥的使用须符合国家密码管理的规定。

(九)数据访问安全审计

针对数据库存在的安全风险,部署数据库审计系统对新农合业务网络中的数据库进行全方位的安全审计,具体包含以下内容。

(1)数据访问审计:记录所有对保护数据的访问信息,审计所有用户对关键数据的访问行为,防止黑客入侵和内部人员非法获取敏感信息。

(2)数据变更审计:统计和查询所有被保护数据的变更记录,防止外部和内部人员非法篡改重要的业务数据。

(3)用户操作审计:统计和查询所有用户的登录成功和失败尝试记录,记录访问操作和用户配置信息及其权限变更情况,用于故障追踪和诊断。

(4)违规访问行为审计:记录和发现用户违规访问,支持设定用户黑、白名单,发现复杂规则及告警。

（十）数据备份与恢复

根据等级保护制度,针对新农合数据的备份和恢复要求,应用数据的备份和恢复具有以下功能。

(1)提供重要数据的本地数据备份与恢复功能。

(2)提供异地数据备份功能,利用通信网络将关键数据定时批量传送至备用场地。

(3)采用冗余技术设计网络拓扑结构,避免关键节点存在单点故障。

(4)提供主要网络设备、通信线路和数据处理系统的硬件冗余,保证系统的高可用性。

五、安全管理中心

根据等级保护中提出的"进行集中的安全管理"和"系统运维管理"要求,信息安全管理中心配置以下管理策略。

（一）安全风险管理

安全管理平台基于资产管理、事件管理和评估管理,根据风险的三要素(资产、威胁、弱点),从单个资产、业务系统、安全域、物理地域等多个维度获取新农合系统的安全风险状况。

风险评估:风险管理是一个持续改进的过程,风险评估又是有效实施风险管理的一个重要环节,动态、实时、智能的风险评估,不仅可以简化评估过程、减少人为因素的影响,更为闭环的、持续改进的风险管理提供了有效保证。

风险分析:采用定量、定性的风险评估方法,根据资产的价值、面临的威胁、内在的漏洞以及已采取的安全措施等因素,综合分析出资产所面临风险数值。

风险分级:安全管理平台应将量化后的风险映射到逻辑上的风险级别,帮助系统管理人员快速地了解系统的风险态势,以便及时采取应对措施。

（二）信息资产管理

资产管理是安全管理平台的基础,要做到新农合系统的安全管理,必须知晓整个信息系统中都有哪些资产,资源以及其状态。安全管理平台应能实现对信息系统内所有的IT资产进行集中统一的管理,包括资产的特征、分类等属性;同时资产信息管理并不是为了简单地统计,而是在统计的基础上来发现资产的安全状况,并纳入平台的数据库中,为其他安全管理模块提供信息接口。

（三）系统脆弱性管理

各种重要信息资产存在的脆弱性是新农合系统网络安全的潜在风险,为了了解其安全脆弱性状况,通过安全管理平台提供脆弱性管理功能,实现对重要信息资产安全脆弱性的收集和管理。该模块收集和管理的脆弱性信息主要包括两类:通过远程安全扫描可以获得的安全脆弱性信息和通过人工评估的方式收集的脆弱性信息。在定期收集到这些脆弱性信息后可以利用脆弱性管理系统进行导入和处理,以利于安全管理员对脆弱性信息的查询、呈现并采取相应的措施进行处理。

(四)安全预警管理

安全管理平台能够管理并实时呈现风险评估中心所提供各类安全威胁、安全风险、安全态势、安全隐患等信息,能够在安全管理平台统一界面上给出网络安全的趋势分析报表,分析的内容包括漏洞的分布范围、受影响的系统情况、可能的严重程度等;能够根据全网安全事件的监控情况,在安全管理平台界面呈现新农合网络中主要的攻击对象分布、攻击类型分布等情况分析,指导全网做好有效的防范工作,防止类似事件的发生;具备接收风险数据的接口,能够在安全管理平台界面上预先定义数据格式,自动生成预警信息。

(五)安全响应管理

安全管理平台能够提供响应流程和响应方式的管理。提供专家系统和知识库的支持,针对各类用户所关心的安全问题进行响应。响应方式包括从专家系统调用相关脚本自动进行漏洞修补、防火墙配置下发、网络设备端口关闭等操作,从知识库自动/手动地进行解决方案的匹配,然后通过自动或手动产生工单,通知相关管理员进行处理,并对工单的生命周期进行监控,此外还包括利用短信、电子邮件等方式进行通知等。

(六)网络安全管理

安全管理平台应实现对新农合系统网络设备的集中管理,实现网络设备的升级、网络设备工作状态监管、网络流量监管、网络设备漏洞分析与加固等功能,同时具备对网络设备访问日志的统一收集和分析。

(七)安全事件管理

安全事件管理是一种实时的、动态的管理模型,通过关联分析来自不同地点、不同层次、不同类型的信息事件,帮助新农合系统管理人员发现真正关注的安全威胁,从而可以准确、实时地评估当前的安全态势和风险,并根据预先制定策略作出快速的响应,有效应对出现的各类安全事件。

第四节　安全管理架构设计

一、安全策略与制度体系

系统安全技术措施的有效实施需要安全管理制度的助力,同样,安全管理制度的落实也需要技术措施的支撑,两者相辅相成、相互关联。系统等级保护安全制度体系建设参照了 ISO 27001 等相关标准,覆盖物理、网络、主机、数据、应用、建设和运维等管理内容,并对管理人员或操作人员的日常管理建立规程,安全管理策略体系具体内容见图 8-4-1。

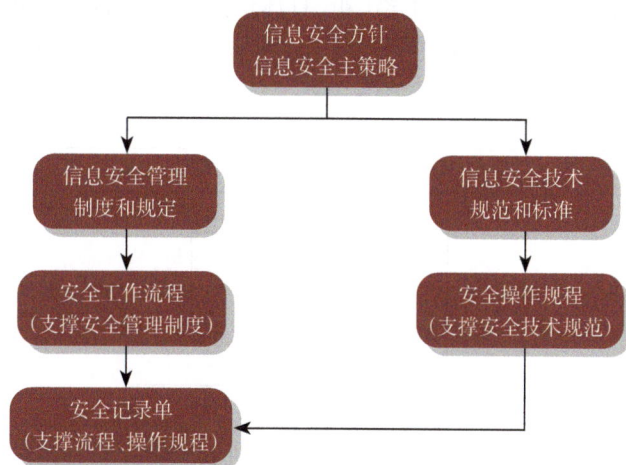

图 8-4-1　安全管理策略体系

(一)安全方针和安全策略

用于陈述安全策略的目的、适用范围、信息安全的管理意图、支持目标以及指导原则,信息安全各方面应遵守的原则方法和指导性策略。

(二)安全管理制度和安全技术规范

各类管理规定、管理办法和暂行规定。基于安全策略文档规定的原则提出具有可操作性的实施办法,安全技术标准和规范将作为网络设备、主机操作系统和应用程序的安装、配置、采购、审评、日常安全管理和维护是必须遵照的标准。

(三)安全工作流程和安全操作规程

建立信息安全工作流程,保障安全运营遵照标准流程制度执行,主要包括流程制订、流程变更维护、流程发布等。

(四)安全记录单

安全记录单是落实安全流程和操作规程的具体表单,根据三级等保要求通过不同方式的安全记录单落实并在日常工作中具体执行。

此外,制度文件在得到单位负责人的签发和认可后,被正式发布并定期进行评审修订和版本控制,以促进新农合系统安全管理能力的提升和安全技术措施的有效运行。

二、安全管理机构

由单位主管领导牵头信息安全领导小组,具体信息安全职能部门负责日常工作的组织模式。信息安全领导小组下设信息安全工作组,本节对信息安全工作组进行详细阐述(图8-4-2)。

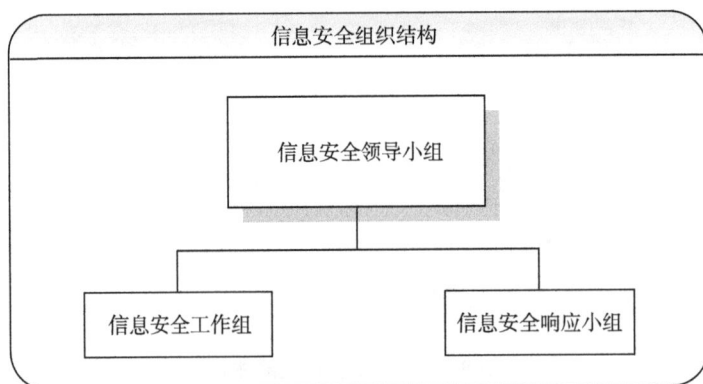

图 8-4-2　信息安全组织结构

(一)安全组织机构及职责

1. 信息安全领导小组

信息安全领导小组是单位信息安全工作的最高领导决策机构,负责信息安全工作的宏观管理,其最高领导由单位主管领导担任或授权,职责如下。

(1)贯彻执行国家关于信息安全工作的方针、政策,组织落实信息安全体系建设工作的目标、方针、政策。

(2)审定信息安全相关策略、规范及管理规定。

(3)监督、检查信息安全相关制度的落实与执行情况。

(4)协调指挥信息安全重大突发事件的应急处理。

(5)完成上级单位交办的其他工作。

2. 信息安全工作组

信息安全工作组负责落实信息安全领导小组各项决策,协调组织各项信息安全工作,具体职责如下。

(1)负责信息安全日常工作的协调和处理。

(2)负责信息安全总体规划的设计与实施。

(3)组织信息安全管理制度的编制。

(4)督促信息安全突发事件应急预案的落实。

(5)组织信息安全培训等相关工作。

(6)完成信息安全领导小组交办的有关工作。

(二)岗位职责及授权审批

设立安全管理员、网络管理员、系统管理员、安全审计员、数据库管理员、机房管理员、业务系统管理员、信息资产管理员。各管理员岗位中,安全管理员不能兼任网络管理员、系统管理员,各岗位职责如下。

1. 安全管理员

安全管理员不能兼任网络管理员、系统管理员,其职责如下。

(1)组织信息系统的安全风险评估工作,并定期进行系统漏洞扫描,形成安全现状评估报告。

(2)定期编制信息安全状态报告,向信息安全领导小组报告信息安全整体情况。

(3)负责核心网络安全设备的安全配置管理工作。

(4)编制信息安全设备和系统的运行维护标准。

(5)负责信息系统安全监督及网络安全管理系统、补丁分发系统和防病毒系统的日常运行维护工作。

(6)负责沟通、协调和组织处理信息安全事件,确保信息安全事件能够及时处置和响应。

2. 网络管理员

网络管理员不能兼任安全管理员,其职责如下。

(1)负责部门网络及网络安全设备的配置、部署、运行维护和日常管理工作。

(2)负责编制网络及网络安全设备的安全配置标准。

(3)能够及时发现、处理网络、网络安全设备的故障和相关安全事件,并能根据流程及时上报,减少信息安全事件的扩大和影响。

(4)定期到设备厂商官网检查设备固件/微码的更新版本,应急情况下为设备的固件更新版本和补丁。

3. 系统管理员

系统管理员不能兼任安全管理员,其职责如下。

(1)负责服务器的日常安全管理工作,确保服务器操作系统的漏洞最小化,保障服务器的安全稳定运行。

(2)负责编制服务器操作系统的安全配置标准。

(3)能够及时发现、处理服务器和操作系统相关安全事件,并能根据流程及时上报,减少信息安全事件的扩大和影响。

4. 安全审计员

安全审计员的职责如下。

(1)定期审计信息安全制度执行情况,收集和分析信息系统日志和审计记录,及时报告可能存在的问题。

(2)对安全、网络、系统、应用、数据库管理员的操作行为进行监督,对安全职责落实情况进行检查。

5. 机房管理员

机房管理员的职责如下。

(1)负责机房内的环境安全,保证设备的运行状态处于正常。

(2)负责机房出入的人员登记。

(3)负责对机房内维护人员的监控。

6. 数据库管理员

数据库管理员的职责如下。

(1)负责信息系统数据的本地和异地备份、数据备份测试恢复。

(2)数据的安全存储。

(3)负责数据中心数据存储、备份以及存储备份设备的日常安全运行管理工作。

(4)能够及时发现、处理数据和数据备份相关安全事件,并能根据流程及时上报,减少信息安全事件的扩大和影响。

7. 业务系统管理员

业务系统管理员的职责如下。

(1)负责对所管辖业务应用系统进行安全配置,负责应用系统设计、实施和运维的信息安全管理工作。

(2)负责对所管辖业务应用系统的用户权限分配和管理,对登录用户进行监测和分析。

(3)负责实施系统软件版本管理,应用软件备份和恢复管理。

(4)负责监督和管理第三方应用系统开发时的安全管理工作。

(5)能够及时发现、处理应用系统相关的安全事件,并能根据流程及时上报,减少信息安全事件的扩大和影响。

8. 信息资产管理员

信息资产管理员的职责是负责信息资产清单的记录和维护,清查、核对和统计信息资产的使用情况。

在明确岗位职责过程中,梳理在安全管理过程中需授权审批的事项,明确授权审批部门和批准人等,对于新农合系统变更、重要操作、物理访问和系统接入等重要事项,建立了审批程序,并按照审批程序执行审批过程。

三、安全管理人员

(一)内部人员

针对内部安全人员的安全管理从人员的录用、安全培训和教育、技能考核和调用、离岗审核等全过程进行,具体包含以下内容。

1. 录用前

(1)制定或授权专门部门或人员负责人员录用,对应聘者进行审查,确认其具有基本的专业技术水平,接受过安全意识教育和培训,能够掌握安全管理基本知识。

（2）对被录用人员身份、安全背景、专业资格或资质进行审查,对其技术技能进行考核。

（3）与被录用人员签署保密协议,与关键岗位人员签署责任协议。

2. 录用后

（1）定期进行安全意识教育和岗位技能培训,明确安全责任和惩罚措施。

（2）针对不同岗位制订不同培训计划,对安全基础知识、岗位操作规程进行培训。

（3）定期对各岗位人员进行技能考核。

3. 调离岗位

（1）及时终止离岗人员的所有访问权限,取回各种身份证件、钥匙、徽章等,以及单位提供的软硬件设备。

（2）办理严格的调离手续,承诺调离后的保密义务后方可离开。

（二）外部人员

系统业务涉及外部单位人员和业务的合作和往来,这些人员由于工作需要需临时或短期访问单位内部网络,进出单位工作场所,由于其流动性强、背景情况不明,给信息系统的安全带来较大隐患。因此,需制定外部人员物理访问和网络接入的管理制度,具体要求如下。

（1）外部人员物理访问受控区域前先提出书面申请,批准后由专人全程陪同,并登记备案。

（2）外部人员接入受控网络访问系统前先提出书面申请,批准后由专人开设账户、分配权限,并登记备案。

（3）外部人员离场后及时清除其所有的访问权限。

（4）获得系统访问授权的外部人员应签署保密协议,不得进行非授权操作,不得复制和泄露任何敏感信息。

四、安全建设管理

根据等级保护的要求,系统三级等保安全建设完全遵循 GB/T 25058—2010《信息安全技术 信息系统安全等级保护实施指南》等国家标准。信息系统安全建设管理通过《信息系统安全建设管理办法》进行落实。

1. 系统定级和备案

根据等级保护 2.0 要求,二级及以上（含二级）信息系统在定级工作中需要组织相关部门和有关安全技术专家对定级结果合理性和正确性进行论证和审定。新建信息系统在规划阶段就可根据信息系统将承载的业务重要程度对信息系统进行定级,按照相应等级进行等级保护安全体系设计和建设,对二级以上（含二级）信息系统按照公安机关要求进行备案。

2. 系统安全方案

新农合系统信息安全与信息化建设遵照"三同步"原则,即同步规划、同步建设、同步运行。系统建设规划阶段,已明确安全建设目标和建设需求,并进行安全规划方案设计,对安全方案进行评审,经过批准后实施。

3. 安全产品采购

新农合系统信息安全产品的采购和使用遵照国家有关规定。安全设备采购部分,严格遵照设备采购管理流程和政府设备采购目录进行产品采购。同时,对安全设备及软件进行测试和试运行,以防止对系统产生不可预见的影响。

4. 外包软件开发

新农合系统选择专业的安全公司作为第三方进行开发过程的安全管理,包括协助开发单位建立安全开发制度和流程,并在软件开发的关键节点进行代码检测,通过采用"自动化工具 + 专家审核"的检测方式,提高检测的准确性和效率,发现系统逻辑错误等问题。

5. 工程实施

新农合系统安全建设过程中,涉及产品安装部署、功能启用、策略配置与应用系统集成等方面的工作。系统实施过程中,指定了第三方监理单位,制定专门的安全工作责任,制定项目管理制度和项目实施方案。

6. 测试及交付

基于新农合系统的复杂性,要求系统交付时,提供交付清单,根据交付清单对交接设备、软件和文档等进行清点,对负责运行维护的技术人员进行安全防护技能培训,要求提供建设过程中的相关文档。

7. 系统等级测评

系统建设完成后,选择经过国家认可的等级保护测评机构进行测评,并在系统运行过程中定期进行测评。由于新农合系统为三级等保系统,因此,要求每年测评一次,对发现不符合该等级保护标准要求的问题进行整改。

8. 服务供应商选择

为加强供应链的安全管理,等级保护制度规定要求确保服务供应商的选择符合国家的有关规定,与其签订协议,明确相关安全义务和责任。

五、安全运维管理

按照等级保护要求,系统安全运维管理主要从环境管理、资产管理、设备维护管理、网络安全管理、漏洞和风险管理、系统安全管理、恶意代码防范管理、监控管理和安全管理中心、密码管理、变更管理、备份与恢复管理等方面进行考虑。

1. 环境管理

所有的服务器和核心网络设备均按照要求放置在集中的机房中,数据中心机房环境的安全管理要求应按《机房管理办法》中制定的机房管理部分的相关规定执行。为了防范系统终端的安全风险,杜绝从终端对业务系统和网络的安全威胁,提升业务人员和所有员工的安全意识,通过制定《办公环境安全管理办法》,对办公终端安全要求、保密要求、使用规范等进行规定。

2. 资产管理

信息资产是构成新农合网络和系统的基础,用于支撑各类业务功能。通过制定《信息资产安全管理办法》,明确新农合系统相关信息资产的种类、数量和责任人,建立清单,定期盘点,并对重要信息资产进行重点保护。

3. 设备维护管理

信息设备用于在日常工作存储和处理业务信息,设备的可用性和安全性对信息安全至关重要,因此,加强对新农合系统相关信息设备的维护管理,包括设备维护、外带、报修和报废等。

4. 漏洞和风险管理

信息安全漏洞是新农合系统脆弱性的主要表现。已被攻击者利用进而入侵系统进行破坏,对漏洞的发现和修补除了采取必要的技术措施外,还要加强对系统的日常安全评估,并及时进行整改修复,降低信息安全风险。

5. 网络安全管理

网络作为信息系统的基础性设施,为业务系统和办公应用提供连通和数据传输,实现信息共享。通过制定《网络安全管理规定》,明确责任部门,对网络安全配置、日志保存时间、安全策略、升级与打补丁、口令更新周期等方面作出规定,定义更新管理、漏洞管理、设备配置等流程和方法。

6. 系统安全管理

根据等级保护制度要求,为新农合系统制定相应的安全运维流程和规范,制定《系统安全管理规定》,用于指导如何根据业务安全等级和安全需求来制定相应的运维流程和规范,包含但不限于访问控制策略、权限分配原则、配置变更管理、安全运维流程等。

7. 恶意代码防范管理

根据等级保护制度要求,恶意代码防范应有详细的管理、处理、病毒库更新等管理方法,通过制定《防病毒管理办法》,明确责任部门,负责对网络和主机进行恶意代码检测并保存检测记录,定义防恶意代码软件授权使用、恶意代码库升级、定期汇报等流程。

8. 密码管理

服务器、网络设备中的账号、密码需要定期更改,需要规定密码复杂度。通过制定《口令管理办法》,明确责任部门,总结在密码设备的采购、使用、维护、保修及报废的整个生命周期内的有关规定,并严格执行。

9. 变更管理

网络和系统变化会带来信息安全风险,加强防范由于网络和系统变化对整体安全现状的影响,能够规避变更产生的风险。通过制定变更管理制度,其变更管理内容和要求按照《业务系统用户需求变更管理办法》和《信息系统变更管理办法》中变更管理制定的相关规定执行。

10. 备份与恢复管理

按照等级保护要求,三级信息系统需具备实时的数据备份能力,并能进行异地备份。制定并按照《备份与恢复管理规定》中的恢复流程和规范执行,明确责任部分,识别需要定期备份的系统业务信息、系统数据和软件系统等,制订备份策略和管理、备份与流程,组织备份恢复能力演练,实现新农合系统高可用性。

11. 信息安全事件管理和应急响应

针对出现突发安全事件应当制定相应的处理流程,针对不同的安全事件制订针对性的应急响应预案,指定责任部门,定期进行检查与培训。将安全事件的等级进行划分,包括响应的范围。安全事件管理和应急响应的安全管理和处置要求按照《应急管理规定及突发事件应急预案》中的应急流程与方法来执行。

第五节　安全运维架构设计

一、安全运维体系总体设计

新农合系统运维紧跟信息化发展趋势,通过提升安全产品、网络产品的数据收集、关联、分析等自动化分析能力,结合云端数据资源及安全威胁情报信息,形成一套规范有序、高效运转、快速响应的安全运营体系,提升对未知威胁感知和防御能力,有效防御各种新型攻击。

根据网络安全现状与安全运营需求,开展安全运维架构设计工作,以日常安全运维为基础,以重要时期、重大事件保障为抓手,建立系统网络安全监控管理体系,加强集中管理和监控,及时了解网络系统的安全状况、存在的隐患,技术上采取"集中监控、分级管理"的手段,发现问题后及时采取措施。

二、安全运维体系详细设计

(一)日常安全运维

1. 风险管控

风险管控主要包含互联网资产发现、基础安全评估、应用系统安全检测、Web 失陷告警等内容。

(1)互联网资产发现服务通过平台结合人工分析的方式,进行互联网资产梳理与暴露面筛查的综合服务。

(2)基础安全评估服务可以对系统脆弱性问题进行客观评估,及时发现漏洞及不合理的配置问题。

(3)系统脆弱性检测包括黑盒和白盒两种方式,黑盒检测通过渗透测试服务来实现,白盒检测通过代码安全检测服务来实现。

(4)Web 失陷告警主要通过对 Web 应用访问日志进行关联分析,发现内网中潜在的失陷主机,基于数据溯源技术,找到问题发生的根本原因。

2. 安全运维

安全运维主要包含应急响应、驻场运维、安全巡检、态势感知等内容。

(1)应急响应:针对已经发生或可能发生的安全事件进行检测、分析、协调和处理,保护资产安全。以"快速响应、力保恢复"为行动指南,在遇到突发信息安全事件后采取专业的安全措施和行动,保障网络安全,最大限度地减少安全事件带来的经济损失和负面影响;

(2)驻场运维服务:安全运维最需要的基础性安全服务,便于解决安全软硬件设备基本使用问题,及时发现安全技术体系在运行过程中存在的不足,并在第一时间快速响应;

(3)安全巡检:通过提供更高技术难度的增强服务,提升对安全软硬件产品的运维能力,包括但不限于漏洞扫描、策略检查、日志审计等;

(4)态势感知与运维平台服务:基于平台提供的专业服务,通过接入多探针数据进行关联分析,并在平台上流转多种安全业务操作,包括资产管理、漏洞管理、事件流程管理等。

3. 监控分析

监控分析主要包含流量分析、安全预警、网站监测、态势感知等内容。

(1)全流量分析系统:用于发现潜藏在网络中的安全威胁,对威胁的恶意行为进行早期快速发现。通过全流量分析系统采集全流量数据、云端的威胁情报,结合服务方的攻防实战经验,形成威胁分析结论;

(2)安全预警服务:基于自身威胁情报、安全大数据以及攻防能力推出的安全情报资讯类服务,包括威胁情报解读、高危漏洞预警、漏洞统计分析等;

(3)网站监测:能够实现对服务范围内网站的实时监测,以便及时发现网站可用性、脆弱性等安全问题。

(4)态势感知:用于发现平台数据隐藏的安全威胁,通过持续收集安全事件的分布情况、分类情况、损失情况等,研判分析终端安全、主机安全、网络安全、数据安全等方面的薄弱环节,以支撑系统安全运行。

(二)重要时期安全保障

重要时期安全保障服务(以下简称"重保服务")是在重要时期为新农合等信息系统提供组织架构设计、积极防御、实时监测、响应处置、攻击预测等安全服务,以提高网络安全保障能力,保障重大活动顺利进行。重要保障时期对安全事件的定义标准更加严苛、容忍度更低,因此在重保服务时期,业务系统在可用性、稳定性和可靠性方面的要求有更高的标准,因此需要对保障工作所需遵循的标准和规划进行调整。重保服务整体分为备战阶段、临战阶段、实战阶段和决战阶段。其中,备战阶段和临战阶段服务是在重大活动或者会议开始前为安全保障工作做准备,实战阶段和决战阶段服务为重大活动或者会议过程中的安全保障工作提供技术支撑。

第六节　安全风险评估

一、安全风险分析

（一）物理安全风险分析

对于新农合跨省就医结算与监管信息系统而言,物理安全风险可能导致网络系统平台或网络内数据资源的损毁,主要表现在如下几个方面:意外事故(如自然灾害、火灾)造成的系统破坏;电源故障造成的设备损坏或数据丢失(设备故障造成业务停止或数据丢失);设备失窃造成数据丢失或信息泄露;电磁辐射可能造成数据信息被窃取或偷阅。

（二）网络攻击安全风险分析

攻击者利用系统或网络服务的漏洞,导致数据窃取失密、服务性能下降,甚至网络不可用等严重安全问题。新农合平台可能会受到来自互联网、外网及内网的进攻。

（三）应用系统安全风险分析

随着新农合跨省就医结算与监管信息系统在通信接入点、数据量、应用上的扩展,应用系统所涉及的重要信息数据不断增加,不可避免地面临着众多的安全威胁。应用系统的安全风险将直接影响到整个网络的安全。

（四）数据安全风险分析

所有信息最终都是以数据文件的方式存储在系统中。因此,信息的安全保密性,很大程度上取决于其存储采取的保护措施上。对于数据信息的安全威胁,除应用系统对其存取控制外,主要还在于其存储的安全保护。数据面临的安全威胁主要表现在两个方面:一是异常情况,如自然灾害、存储介质损坏、攻击行为等都有可能导致数据被破坏,如果没有必要的备份措施,将使重要数据完全遗失,这直接影响到相关工作的开展,对系统的危害是相当大的。二是数据存储的安全性。对于重要数据信息,特别是涉密信息或工作敏感信息,如果在存储过程中缺少必要的保障措施,任何人都可以直接从存储介质中读取对应信息,这显然与信息的安全保密性要求相违背,可能直接导致泄密事件的发生。

（五）安全管理风险分析

安全管理是网络安全中最重要的部分。责权不明、安全管理制度不健全及缺乏可操作性等都可能引起管理安全的风险。责权不明,将可能导致一些员工对自身应承担的安全责任没有充分认识,有意无意泄露他们所知道的一些重要信息,而管理上却没有相应制度来约束。

安全管理制度不健全及缺乏可操作性,导致当网络出现攻击行为或网络受到其他一些安全威胁时(如内部人员的违规操作等),无法进行实时检测、监控、报告与预警。同时,当事故发生后,也无法提供黑客攻击行为的追踪线索及相关依据,即缺乏对网络的可控性与可审查性。

二、安全体系框架

根据信息系统安全需求和系统安全建设的目标要求,系统的信息安全体系是一个涵盖策略决策、组织管理、技术保障、运行安全、服务与安全协议等各个安全层面的完整、统一的安全保障体系。安全保障体系的整体框架包括安全技术体系和安全管理体系为主体,以及贯穿始终的安全策略。各部分之间协同工作,共同支撑着整个系统的安全。

三、安全策略体系

新农合跨省就医结算与监管信息系统的建设将依托电子政务外网和电子政务内网。在对业务流程和应用系统进行细致调查后,制定出符合信息系统实际情况的安全策略体系。新农合跨省就医结算与监管信息系统项目的安全策略包括如下三个方面。

(一)分域保护,深层防御

通过建立网络信任域,为新农合跨省就医结算与监管信息系统提供统一的基础信任环境,提供安全可信的网络接入、通信、交换和管理服务。同时将防火墙、漏洞扫描、网页防篡改等网络安全防御都纳入网络信任域的管理,构造从物理层到数据层的深层防御体系。

(二)访问控制,集中监管

采用统一的用户管理和授权认证,建立明确的访问控制和权限管理机制,用户访问应用程序和数据必须经过安全认证,只有合法用户才能进入系统,合法用户只能对授权使用的数据资源进行访问,拒绝未授权使用信息资源以及未授权公开和修改数据。通过集成先进、成熟的安全产品和安全服务,实现集中的配置、授权、审计、监测、预警、响应以及恢复等方面的监控和管理。

(三)安全管理,动态防范

提高安全管理手段,建立完善的安全管理制度规范和组织机构,建立安全培训、安全评估、紧急响应等安全服务体系。

四、安全域划分

在新农合跨省就医结算与监管信息系统安全体系的建设过程中,将秉承国家电子政务信息安全等级保护的指导思想,逐步完善信息安全技术体系、网络信任服务体系和管理体系,以保障新农合跨省就医结算与监管信息系统业务应用的顺利进行。

电子政务信息安全等级保护是国家在国民经济和社会信息化的发展过程中,提高信息安全保障能力和水平,维护国家安全、社会稳定和公共利益,保障和促进信息化健康发展的基本策略。

电子政务信息安全等级保护是根据电子政务系统在国家安全、经济安全、社会稳定和保护公共利益等方面的重要程度,结合系统面临的风险、系统特定安全保护要求和成本开销等因素,将其划分成不同的安全保护等级,采取相应的安全保护措施,以保障信息和信息系统的安全。

五、安全管理

(一)安全管理平台

信息安全管理平台是信息安全体系结构中的一个重要技术支撑平台。要求能够对网络系统、安全设备、重要应用实施统一管理、统一监控、统一审计、协同防护,以充分发挥网络安全防护系统的整体作用,提高网络安全防护的等级和水平。具体而言就是要求实现以下功能。

统一管理网内所有安全设备,以便实施全网统一的安全策略,避免安全漏洞。广泛采集各类设备的日志、报警和审计信息,统一保存,统一处理;强大的安全事件事后审计功能;定期产生安全状态和安全趋势报告。实时收集各设备的日志、事件和警告信息;实时对日志、事件和警告进行综合相关分析。根据用户的需求,可以方便地增加对新的第三方产品的监管。

(二)安全管理机构

建立新农合跨省就医结算与监管信息系统的信息安全管理中心,负责管理信息安全工作,统一组织和协调安全管理工作。

(三)安全管理制度

安全管理制度包括网络安全管理、软件管理、信息管理、人员安全管理制度、操作安全管理制度、场地与设施安全管理制度、设备使用安全管理制度、运行日志安全管理、应急管理制度、运行维护安全规定等内容。

(四)安全服务

安全服务体系包括应急响应、安全评估、安全培训等内容。

(1)应急响应:通过制定应急预案,保证在异常情况出现时,能够及时调整安全策略、跟踪安全系统的运行状态,在安全性破坏发生之前就应当计划和制定处理事故的过程,包括在破坏发生、评估破坏、恢复损失各环节应当采用的实际步骤,在尽可能短的时间内使系统恢复正常,并对事故进行深入地分析取证,提出改进建议。

(2)安全评估:依据安全评估指标,采用相关的安全技术,从系统结构、设备状态、运行日志、用户行为、更新升级等方面对安全运行机制进行定期评估,及时解决发现的问题,不断修补安全漏洞、消除安全隐患;分析数据的保密要求、重要程度和管理权限。

(3)安全培训:通过工作制度培训、软件使用培训、业务知识培训,使系统使用人员和系统维护人员更好地了解系统的建设目的、使用方法和有关的规定,提高系统使用的安全性和有效性,加强安全防范意识。

参考文献

[1] 朱胜涛,温哲,位华,等.注册信息安全专业人员培训教材[M].北京:北京师范大学出版社,2019.

[2] 李劲,张再武,陈佳阳.网络安全等级保护2.0定级、测评、实施与运维[M].北京:人民邮电出版社,2021.

第九章

标准规范建设

新农合跨省就医结算与监管信息系统建设的目标是实现跨地区、跨机构的卫生信息的互联互通,因此该系统的标准体系建设参考了国家电子政务标准体系,在遵循现有软件业通用标准、国家标准、行业标准等基础上,结合实际情况制定统一的、标准化的、可操作的、可扩展的信息管理标准规范,包括应用标准、应用支撑标准、信息基础设施标准、安全规范和管理规范。

第一节 标准规范总体框架

国家先后制定了《电子政务标准体系》《电子政务标准化指南》和《电子政务相关标准》,这些文件为电子政务标准化的有序发展打下了良好基础。根据电子政务标准技术参考模型与标准体系的定位体系之间的纵横关系,可确定电子政务标准体系结构。电子政务标准体系结构由两个层面的 6 个部分组成:总体标准、应用规范、应用支撑规范、信息基础设施规范、安全规范和管理规范。在此框架的基础上,结合以上电子政务标准的分类,可以构建如下图所示的电子政务标准体系。图中的电子政务标准体系是在电子政务标准分类的基础上构建的。电子政务标准的基础分类、业务分类和应用层次分类,这三者之间相互联系、相互影响,保证了应用的互联互通(图 9-1-1)。

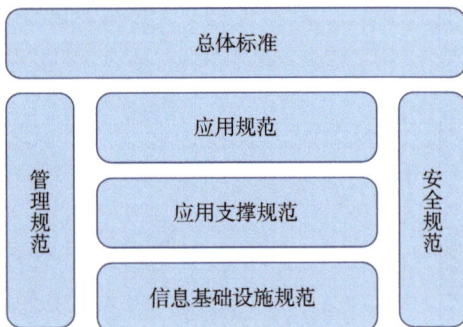

图 9-1-1 标准规范总体框架

第二节　应用规范

应用规范通常包含：数据类标准、共享文档类规范、系统功能规范、业务流程规范和接口规范。这些规范的制定对统筹系统开发,提高系统运作的兼容性和通用性有很大帮助。应用规范中重点建设的标准有以下五项。

一、数据类标准

数据类的标准确定了信息系统中有关数据的业务规范。数据涵盖的范围包括：数据元目录、代码目录、分类目录和数据类资源目录。数据元的目录确定了信息系统中涉及的所有数据指标的定义；代码目录确定了信息系统中数据项所采用的代码标准；分类目录确定了信息系统中对信息的基本分类方案的；数据类资源目录确定了信息系统中各类业务实体的数据结构。

数据类标准是在充分的业务分析、业务与应用需求分析的基础上,运用信息分类方法、信息建模方法（HL7 RIM）、信息编码方法以及数据标准化方法进行制定的,用于保障数据一致性、数据共享性和可交换性的一组数据集。同时,还包括用于指导信息资源规划和数据设计的规范。

二、共享文档类规范

数据集标准规范了业务范围及具体包含的数据元和值域代码。但是数据集本身只是一个数据元的集合,而卫生数据是以一定格式表示和保存的。数据集标准并未规范健康档案的格式。因此需要进一步规范卫生数据的格式。ISO/HL7 CDA R2 作为 HL7 V3 的一部分,专门规定临床文档内容的标准化,提供一个能够表达所有可能文档的通用架构。是目前临床文档应用中最为广泛采用的标准,得到了许多医疗卫生信息技术标准的开发和促进组织的支持。共享文档规范正是借鉴采用这个通用架构,在满足中国卫生信息共享文档的实际需求的前提下,保持与国际标准的接轨。并以卫生数据集标准中的数据元规范约束应用文档的数据元素,以模板库约束为手段来规范性描述卫生信息共享文档的具体业务内容,从而清晰展示了具体应用文档的临床语境以及数据单元之间的相互关系,从而支持更高层次的语义上的互联互通。

三、系统功能规范

系统功能规范用来为软件开发者详细描述一个产品的功能、表现以及与用户的交互性,确定产品必须支持的所有用户和程序接口的延伸。系统功能规范将在国家现有的各业务领域功能规范实施,国家现有的功能规范标准包括国家新农合信息化建设相关技术方案。现有的系统功能规范还远远无法满足整个新农合信息化建设的需要,对于新农合跨省就医结算与监管信息系统还需要大量的系统功能规范。

四、业务流程规范

业务流程规范应以需求为导向,以应用促发展。业务流程规范的制定过程中,准确描述并规范业务流程是十分重要的基础工作,很大程度上决定了整个项目的成败。因此,必须统一对该项目的基本原则、工作步骤、表达方法、成果形式的认识和理解。并且规范业务流程描述手段,便于业务领域专家和软件开发人员表达与理解业务流程,使业务领域的专家能够理解业务流程,提出信息化的功能需求。本项目需要解决新农合患者跨省就医的结算问题,需要结合项目的业务,制定新农合跨省就医的业务流程规范,包括跨省就医转诊流程、跨省就医费用结算流程、定点医院和新农合经办机构的基金结算业务流程,以及各个业务过程中涉及的转诊单、出院结算单等凭证和票据的版式规范等内容。

五、接口规范

接口规范是为了满足获取数据、推送数据的需求。获取数据是上层应用自身需求发起的,为了满足宏观业务的实现。上报数据是下层应用的需求发起的,为了满足微观业务的流转。

各业务系统中需要采集的数据,包括它们的描述、定义、编码、数据结构、字段类型、数据长度,保证采集数据的有效性与完整性,对采集数据进行逻辑性检测,保证采集数据的真实、准确、及时、有效。采集方法应坚持多数源、多途径的方式,包括人工的、自动的固态存储的方式。支持消息方式通过 Web Service 的途径进行数据交换。

新农合跨省就医结算与监管信息系统需要与省级新农合信息平台和 HIS 实现互联互通和数据共享,在信息共享的基础上实现新农合患者跨省就医的即时结算业务。由于涉及的省级新农合信息平台和 HIS 众多,标准不统一,必须制定统一的跨省即时结算接口规范。

第三节　应用支撑规范

应用支撑标准,一方面为解决系统间信息资源整合,另一方面为业务标准中的业务知识表示提供支撑技术。因此,从标准的体系框架角度分为资源数据类标准和资源整合类标准(图 9-3-1)。

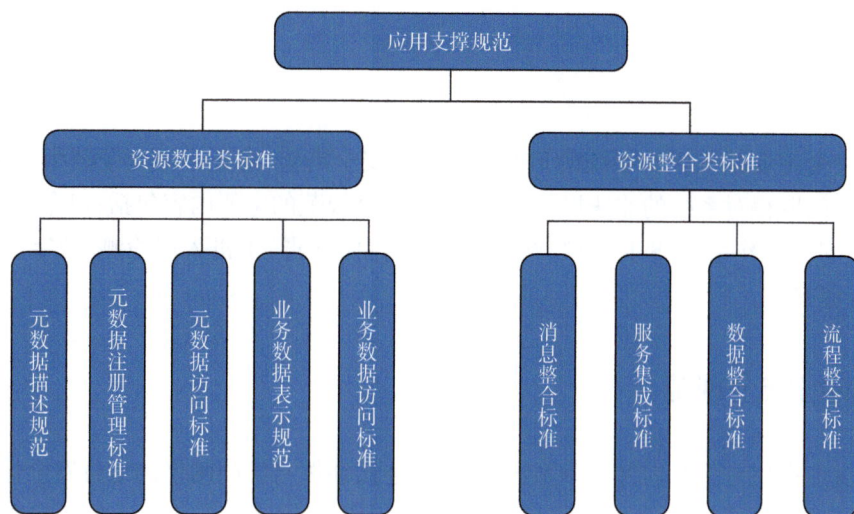

图 9-3-1 应用支撑规范体系

一、资源数据类标准

资源数据类标准包括数据的描述和数据的访问两个方面。数据又分为新农合元数据和新农合业务数据。其中元数据是用于描述新农合业务数据的数据。

二、资源整合类标准

资源整合类标准主要是解决系统间、系统内不同模块间的整合而设定的技术规则。资源整合可以分为四个不同层次的整合,分别是消息整合、服务集成、数据整合和流程整合。

第四节 应用安全规范

新农合信息化安全标准主要是为新农合信息数据的保密性和安全性而制定的标准,它提供安全保障,维护公众的个人信息和系统的安全稳定。安全标准主要包括信息安全标准、物理安全标准、系统安全标准和应用安全标准等。

一、物理安全规范

物理安全,主要提供对系统内部关键设备、存储介质的物理运行环境安全,确保设备能正常工作。物理安全规范的主要内容包括:门禁、物理隔离、链路加密、抗侦收、视频监控等。

二、系统安全规范

系统安全主要是从操作系统的角度考虑系统安全措施,防止不法分子利用操作系统的一些bug、后门取得对系统的非法操作权限。系统安全规范的主要内容包括:口令、身份认证、生物特征、安全操作系统、SSL协议、端端加密、主机防病毒、主机入侵检测、数字签名、审计跟踪、系统容灾等。

三、网络安全规范

网络安全提供对系统内部网络系统、广域网连接和拨号访问网络的运行安全保障,确保各类应用系统能在统一的网络安全平台上可靠地运作。网络层安全规范的主要内容包括:互联网安全协议(internet protocol security,IPSec)、防火墙、路由器、端端加密、网络病毒防护、网络入侵检测、审计跟踪、抗毁网络设计、网络容灾等。

四、应用安全规范

应用安全体系作为整个安全系统架构中最高一级的安全,是与最终用户密切相关、最体现系统特色的部分。该体系以密码技术为基础,建立一个统一的应用层的安全平台,针对各类具体的子系统统一提供相应的应用层安全保护,包括数据资源的保护和应用系统处理过程的保护。应用层安全规范的主要包括:口令、Kerberos、X.509协议、应用级网关、RBAC、PEM、PGP、S/MIME、SNMPv3协议、https数字摘要、数字签名、应用审计、容错设计、应用容灾等内容。

第五节　管理规范

管理规范是为了保障信息系统顺利建设和业务顺利开展而制定的相应的管理制度,本项目主要包括新农合信息化管理规范和新农合业务管理规范两大类。

一、新农合信息化管理规范

新农合信息化管理规范是指为确保新农合信息化工程建设管理顺利实施所需的标准,主要包括新农合信息化软件工程、项目验收与监管、系统测试与评估等涉及新农合信息化工程建设管理的标准,它贯穿于新农合信息化建设整个实施过程,为新农合信息化的监管和评估提供基本依据,确保新农合信息化建设质量和实施水平。

二、新农合业务管理规范

新农合业务管理规范是为了保障新农合跨省即时结算业务的顺利开展,必须制定的新农合有关的管理制度,即新农合跨省就医结算管理制度规范,主要内容包括跨省就医定点医疗机构管理制度、新农合基金跨省流转财务管理制度、新农合基金跨省流转会计制度管理规范等相关内容。

第六节　本信息系统标准建设内容

建设新农合跨省就医结算与监管信息系统需要新制定或修订数据类标准、业务流程标准、接口规范和业务管理规范等内容,共包括 4 类 5 项标准规范,见表 9-6-1。

表 9-6-1　标准规范列表

序号	项目标准规范体系分类	标准规范名称
1	数据类标准	新农合跨省就医结算基本数据集
2	业务流程规范	新农合跨省就医结算业务流程规范(包括跨省就医转诊流程、跨省就医费用结算流程、定点医院和新农合经办机构的基金结算业务流程,以及各个业务过程中涉及的转诊单、出院结算单等凭证和票据的版式规范等内容)
3	接口规范	跨省费用核查与即时结算接口技术规范(包括跨省费用核查接口技术规范和跨省即时结算接口技术规范等内容)
4		国家平台联通省级平台技术方案[《关于印发〈国家新型农村合作医疗信息平台联通技术方案〉的通知》(卫办卫农函〔2013〕456 号)]
5	业务管理规范	新农合跨省就医结算管理制度规范(包括跨省就医定点医疗机构管理制度、新农合基金跨省流转财务管理制度、新农合基金跨省流转会计制度管理规范等相关内容)

第十章

系统运维与数据分析

新农合跨省就医结算与监管系统的运行维护是指对信息系统相关的主机存储设备、网络安全设备、操作系统、数据库以及应用系统的运行维护服务,以保证现有信息系统的正常运行,降低整体管理成本,提高信息系统的整体服务水平;同时,根据日常维护的数据和记录,提供信息系统的整体建设规划和建议,更好地为信息化发展提供有力保障。在保证系统稳定运行的前提下,通过采集系统内的运行数据,根据业务需求进行统计分析,形成各类分析报表,并对数据进行多维度、多样化的可视化展示,以实时监测各地区新农合跨省就医结算运行情况,发现相关业务问题,及时优化新农合跨省就医结算工作。

第一节　系统运行维护

一、网络系统运行维护

(一)网络节点和拓扑管理

保持全网拓扑结构的自动生成及实时更新。以便于直观地观察和监控。拓扑图包括骨干线路的拓扑图、基于设备物理连接的物理拓扑图、按照地理位置的网络分布图、楼宇的网络结构视图、重要网络设备的管理视图、核心网段的网络拓扑图、根据网络管理员日常工作的维护视图等。

(二)网络性能管理

根据被管理对象的类型及其属性,定时采集性能数据,如流量、延迟、丢包率、CPU利用率、内存利用率、温度等,自动生成统计分析报告;可对每一个被管理对象,针对不同的时间段和性能指标进行阈值设置,通过设置阈值检查和告警,提供相应的阈值管理和溢出告警机制;监控网络系统节点之间的网络时延,搜索从源节点到目的节点的网络路径和从目的节点返回源节点的网络路径,并把沿途线路带宽和设备状态直观地显示出来。

(三)网络故障管理

实时监控网络中发生的各种事件,根据需要定制监控的对象和内容,当出现预定义的故障或超出性能阈值时,将按照管理员指定的处理方式自动报警或动作处理;使用网管系统的连通性故障自动定位和诊断功能,对于故障事件能进行自动关联,得出最直接的故障原因,并将明确的故障发生定位信息通过告警系统发送到网络管理员;告警系统提供多种报警方式,如电子邮件、声音、告警信息、发送手机短信等;管理员定期完成网络连通可用性分析报告;通过与帮助台联动,实现故障处理的规范化。

二、数据处理与数据库维护

(一)服务器系统维护

硬件系统管理。实时监控主机内温度、风扇状态、电源状态、主机板、cell 状态、盘阵状态;实时监视系统 CPU 的利用率,显示 CPU 运行队列的长度;对内存使用情况进行管理;观察硬盘及磁盘阵列的使用率,统计用于文件读或写操作的磁盘 I/O 利用率以及虚拟内存的使用率。

系统进程管理。实时监视系统进程的运行状况,并在系统进程出现异常时给出告警,针对出现异常和长时间占用内存或 CPU 的用户进程进行重点监控。

网络性能管理。监控服务器网络通断、冲突和错误的情况以及其网络流量的情况。

性能报告管理。监控系统资源的实时变化,设置异常门限值,当正监测的系统性能参数达到门限时产生报警,并按时间段生成系统资源的历史性能报告。

文件系统空间管理。实时监视文件系统空间的使用情况,并在文件系统达到一定的阈值时给出告警;对系统中的重要文件进行管理,监视重要文件的存在与文件的大小变化情况,监视文件系统的挂载情况,出现不能正常挂载文件系统时给出告警。

群集管理。实时监控 unix 服务器群集和包的运行状态信息。

(二)数据库系统维护

监视数据库的状态、SGA 的各种参数、日志事件(警告)、侦听器状态、进程状态、可用性如死锁、资源争用、不一致性以及会话和结构化查询语言(structured query language,SQL)活动、等待状况、数据库碎片情况等。

监视关系型数据库归档日志和可用空间量,以及关系型数据库归档日志目的地中可用空间的百分比;监视转储目的地目录的使用空间百分比。

监视并警告当前分配的扩展数据块数超出指定阈值的数据库对象。

对表空间的使用情况和增长情况进行定期分析和预警。

针对数据库中的 I/O 情况进行实时监控。

定期提供数据库运行性能的分析、帮助提出诊断和优化调整建议。

将监控到的数据库性能指标保存下来,生成性能趋势报告,为管理者提供决策依据。

定期检查系统日志和备份作业日志,根据日志解决潜在问题。

三、数据存储备份运行维护

对 IT 环境中的存储和备份资源集中监控,统一管理,实时得出设备性能参数,如 I/O 请求的数量、物理 I/O 读写响应时间和数据传输峰值、cache 使用的统计数据等;规划总体存储空间,分析数据量随时间增长的趋势图表,合理分配资源,并对系统性能进行优化。

对应用进行数据迁移前,进行风险分析和评估,制订应用迁移方案,提交风险回退方案;数据迁移后对数据一致性、完整性和可用性进行测试,确认移植成功。

制订主机操作系统、文件系统和应用软件系统数据备份策略,以及自动或人工备份介质管理规范。

检查日常备份任务的完成情况,确保数据按要求成功备份。

定时进行备份恢复演习,保证操作系统、文件系统和数据库出现异常时能够迅速解决。

四、应用系统运行维护

(一)日常基本维护

实时监控应用系统服务和进程的运行状态,对关键进程占用系统资源的情况进行管理;在服务出现异常时给出告警,并能在进程终止时给予自动重启该进程的操作;定期针对应用系统运行中生成的记录文件进行监测,从而判断应用中的重要错误、警告以及性能等问题;实时监控关键服务的响应时间,当服务响应时间不正常时予以排查处理。

(二)专项高级维护

配合应用系统建设工作,完成应用程序的 bug 修改和功能拓展;针对应用程序特点,完成网络、数据库、主机内核参数、存储设备的调整和优化,提高应用系统性能。

五、机房运行维护

计算机各类机房的安全性、稳定性、可靠性是工商业务应用系统运营的基础。为保证机房安全连续不间断运行,与之配套的机房动力系统、环境系统、消防系统、保安系统必须时时刻刻稳定工作。机房动力及环境设备一旦出现故障,轻则影响全系统的运行,重则造成服务器及网络设备故障,使系统陷入瘫痪,后果不堪设想。因此对计算机机房的动力及环境系统进行实时、集中的监控极其必要,提供综合有效的运维管理手段至关重要。

机房管理方案分为设备运维和人员管理两部分：①设备运维。主要设备运转状况、环境参数实时监控；设备故障及环境参数报警信号实时通报。②人员管理。主要是通过门禁系统对进出机房的工作人员进行授权，限定人员工作区域，杜绝随意走动造成的安全隐患。

六、安全运行维护方案

（1）在网络上建立比较完整的安全防护体系，为业务应用系统提供安全可靠的网络运维环境。

（2）实现多级的安全访问控制功能。

（3）实现对重要信息的传输加密保护。

（4）建立安全监测监控系统。

（5）建立系统网络全方位的病毒防范体系。

（6）建立数字证书认证服务基础设施和授权系统。

（7）建立系统网络安全监控管理中心，加强集中管理和监控，及时了解网络系统的安全状况、存在的隐患，技术上采取"集中监控、分级管理"的手段，发现问题后及时采取措施。

（8）建立有效的安全管理机制和组织体系。

七、计算机终端运行维护

主要针对计算机终端运行过程中遇到的问题。计算机终端作为信息存储、传输、应用处理的基础设施，广泛涉及每个用户，由于其分散性、不被重视、运维管理手段缺乏的特点，已成为应用系统体系连续运行的薄弱环节。终端安全是一个综合的系统问题，涉及管理计算机本身、计算机应用、计算机操作者、计算机使用单位规范等多个方面的要求性因素。

网络客户端运行维护方案主要从终端的状态、行为、事件三个方面着手解决十大类功能，主要包括：终端运行状态管理、终端资产管理、终端补丁管理、终端防毒管理、终端联网行为管理、终端安全事件处置、终端桌面行为审计、终端桌面安全审计、终端访问控制和终端安全报警。

第二节　数据分析

数据分析是指通过采集系统内所有运行数据，监测运行情况，随时发现相关问题或故障，根据业务需求形成各类分析报表，并对多维度、多样化数据进行可视化展示。

一、信息资源概况

根据信息资源规划架构的分类标准,新农合信息资源可以分为基础信息资源类和业务类信息资源类。

基础类信息资源包括:农民家庭基本数据、医疗机构基础数据、县／乡镇／村／组自然档案基础数据、农民个人基本数据、新农合管理机构基础数据、新农合三大目录数据、新农合术语标准数据等内容。

业务类信息资源包括:核查申请单数据、申请单核查结果数据、费用单数据、跨省就诊患者信息、跨省就医患者明细、医疗机构年度数据、农民家庭参合数据、农民个人参合数据、门诊就诊基础数据、就诊诊疗数据、住院就诊基础数据、住院诊疗数据、转诊申请与审核数据、申请单信息、费用单数据、患者门诊就诊基本信息、患者住院就诊基本信息、基金筹集数据、基金分配数据、基金支出数据、体检基础数据、跨省患者转诊、跨省患者住院登记、患者跨省就医补偿信息、新农合资金拨付基础数据、新农合资金拨付明细数据等。

二、统计分析与辅助决策

参考《新型农村合作医疗信息系统基本功能规范(2012年版)》统计分析与辅助决策是将原始信息经过汇总、整理、交换、分析等加工处理,形成宏观决策数据库,建立决策支持系统,为政策的制定和调整提供支持。具体分析维度如下。

参合群体分析:分析农民参合资料,获取参合群体的社会经济数据、既往参合数据和补偿受益数据,比较分析社会经济水平、既往受益情况、补偿方案、参合属性等因素对参合、筹资的影响,结果可查询、打印。包括参合群体资料采集、参合群体分析等功能。

疾病信息分析:采集行政区域内门诊和住院疾病信息,比较分析人群疾病结构、发病人次、发病率、病种医药费用、病种补偿费等因素对人群的影响,生成患病人数、诊疗费用、迁延影响等因素的疾病排序表,生成慢性病患病情况统计表、特殊疾病患病情况统计表、重大疾病患病情况统计表、常见病患病情况统计表、同期疾病对照表、同期患病情况对照表等,分析参合农民患病情况。

参合及受益情况分析:对覆盖的新农合参合情况、参合人员住院和门诊等补偿情况和补偿水平等进行分析,按年度、不同级别医疗机构、不同医疗单位、不同行政区划等提供多种形式的分析对比。主要指标包括:参合人员数、参合户数、参合率、住院补偿人次数、住院受益率、门诊补偿人次数、门诊受益率、医疗服务总受益人次数、医疗服务总受益率、实际住院补偿比、实际门诊补偿比、名义住院补偿比与实际住院补偿比差值、名义门诊补偿比与实际门诊补偿比差值、次均住院补偿额、次均住院补偿比、次均门诊补偿额、次均门诊补偿比等。

医疗服务利用和医药费用控制情况分析:对参合人员的医疗服务利用和医药费用控制情况进行统计分析,按住院率、次均住院费用、不同季度、不同年度、不同级别医疗机构、不同医疗单位等提供多种形式的分析对比。主要指标包括:参合人员住院人次数、参合人员住院率、参合人员门诊就诊人次数、参合人员门诊就诊率、不同流向住院补偿人次数、不同流向住院补偿人次比、不同流向门诊补偿人次数、不同流向门诊补偿人次比、住院补偿资金流向、门诊补偿资金流向、参合人员住院医药费用总额、参合人员次均住院医药费用、参合人员门诊医药费用总额、参合人员次均门诊医药费用、获得补偿人口次均住院医药费用、获得补偿人口次均门诊医药费用、次均住院医药费用增长率、次均门诊医药费用增长率等。

基金筹集与到位情况分析：对本年度应筹集资金、筹资来源构成、筹资水平和资金到位情况等进行分析，按不同月、季或年度进行分析对比，测算新农合基金的筹集与到位情况等。主要指标包括：基金总额、年度筹资总额、实际人均筹资额、基金筹资来源构成比、资金到位率等。

基金分配与使用情况分析：对基金的分配与实际支出、基金的使用效率等情况进行比较和分析，提供多种形式的分析对比，如预算、收入、支出、结存的分析对比，按不同年度、不同月份和不同地区进行分析对比，基金结存与银行存款的分析对比等。主要指标包括：各项基金分配额度、各项基金分配比例、基金支出额度、基金支出构成比、年度基金使用额度、年度基金使用率、年度统筹基金结余总额、年度统筹基金结余率、累计统筹基金结余额、累计统筹基金结余率等。

参合人员疾病经济负担情况分析：对参合人员就医的自付费用以及疾病经济负担进行统计分析，提供多种形式的分析对比，如住院自付费用占农民人均纯收入的比重进行分析对比，按不同年度进行分析对比，按不同参合人员家庭类型进行分析对比等。主要指标包括：次均住院自付医药费用、次均门诊自付医药费用、住院自付医药费用占农民人均纯收入的比重等。

经办机构人员及收支情况分析：对新农合经办机构人员情况和收支情况进行统计分析。主要包括经办机构实际人员数、经办机构编制人员数、经办机构经费收入总额、经办机构经费支出总额、经办机构人员人均支出、经办机构人员人均服务人数以及经办机构支出占统筹基金比等指标。

地市新农合指标比较分析：比较指标是经办机构支出占统筹基金比，是指区域［全国、省、地（市）、县（区）］经办机构经费支出总额占年度区域新农合统筹基金比，计算方法：经办机构支出占统筹基金比 = 经办机构经费支出总额 / 年度区域统筹基金总额 ×100%。

跨省就医及补偿情况：对比分析参合人员跨省就医地区、医疗机构类型、就诊人次、补偿人次、各级医疗机构的费用和补偿情况以及药品使用情况等内容，了解参合农民就医流向和基金流向等情况。

附录 1

等保备案材料

电子政务信息系统安全等级保护
备案材料接收回执

<u>国家卫生和计划生育委员会规划与信息司</u>：

你单位提交的《信息系统安全等级保护备案表》已接收，具体备案材料（备案日期 2014 年 7 月 7 日）如下：

■表一 共 2 份　　■表二 共 2 份　　■表三 共 2 份

■定级报告 共 1 份 ■专家意见共 1 份■电子数据 共 1 份

拟备案的信息系统名称及安全保护等级：

1、<u>全民健康保障信息化工程主信息系统</u>　　　　　第三级

2、<u>全民健康保障信息化工程健康服务门户信息系统</u>　　第三级

3、<u>全民健康保障信息化工程中医药分信息系统</u>　　　第三级

4、<u>全民健康保障信息化工程疾病预防控制分信息系统</u>　第三级

5、<u>全民健康保障信息化工程综合监督分信息系统</u>　　第三级

6、<u>全民健康保障信息化工程食品安全风险评估分信息系统</u> 第三级

7、<u>全民健康保障信息化工程新农合分信息系统</u>　　　第三级

请你单位在电子政务建设项目立项审批通过之后 <u>30</u> 日内，根据立项通过后的网络与信息系统建设内容，补充提供有关立项证明材料和备案材料，经审核通过后颁发《信息系统安全等级保

护备案证明》。

接收人：夏　雨　　　　　联系电话：010-66262723

接收单位（盖章）
2014 年 7 月 7 日

（本回执一式两份，一份存档）

附录 2

相关政策文件

<table>
<tr><th colspan="3">政策文件列表</th></tr>
<tr><th>序号</th><th>年份</th><th>政策文件名称</th></tr>
<tr><td>1</td><td rowspan="4">2017</td><td>《国家卫生计生委办公厅关于协调医疗机构做好异地就医费用核查工作的通知》（国卫办基层发〔2016〕55号）</td></tr>
<tr><td>2</td><td>《国家卫生计生委办公厅关于开展城乡居民基本医疗保险（新型农村合作医疗）跨省就医结报服务框架协议签署工作的通知》（国卫办基层发〔2017〕6号）</td></tr>
<tr><td>3</td><td>《国家卫生计生委办公厅关于加快推进城乡居民基本医疗保险（新型农村合作医疗）跨省就医联网结报工作的通知》（国卫办基层函〔2017〕355号）</td></tr>
<tr><td>4</td><td>《国家卫生计生委办公厅关于印发城乡居民基本医疗保险（新型农村合作医疗）跨省就医联网结报定点医疗机构操作规范（试行）的通知》（国卫办基层发〔2017〕17号）</td></tr>
<tr><td>5</td><td rowspan="2">2016</td><td>《关于印发全国新型农村合作医疗异地就医联网结报实施方案的通知》（国卫基层发〔2016〕23号）</td></tr>
<tr><td>6</td><td>《国家卫生计生委办公厅关于印发新型农村合作医疗跨省就医联网结报转诊流程与信息交换操作规范（试行）的通知》（国卫办基层函〔2016〕900号）</td></tr>
<tr><td>7</td><td rowspan="2">2015</td><td>《国家卫生计生委、财政部关于做好新型农村合作医疗跨省就医费用核查和结报工作的指导意见》（国卫基层发〔2015〕46号）</td></tr>
<tr><td>8</td><td>《国家卫生计生委办公厅关于全面推进国家新型农村合作医疗信息平台建设工作的通知》（国卫办基层函〔2015〕870号）</td></tr>
<tr><td>9</td><td>2014</td><td>《国家卫生计生委办公厅关于做好新型农村合作医疗几项重点工作的通知》（国卫办基层发〔2014〕39号）</td></tr>
<tr><td>10</td><td>2013</td><td>《国家卫生计生委 国家中医药管理局关于加快推进人口健康信息化建设的指导意见》（国卫规划发〔2013〕32号）</td></tr>
<tr><td>11</td><td>2011</td><td>《办公厅关于开展国家新型农村合作医疗信息平台建设试点工作的通知》（卫办综函〔2011〕1150号）</td></tr>
<tr><td>12</td><td>2009</td><td>《中共中央 国务院关于深化医药卫生体制改革的意见》（中发〔2009〕6号）</td></tr>
</table>